方旭东 著

新儒学义理要诠

Explorations
in
Neo-Confucian
Essential Doctrines

生活·讀書·新知 三联书店

This Academic Book
is subsidized by
the Harvard-Yenching Institute,
and we hereby express
our special thanks.

图书在版编目（CIP）数据

新儒学义理要诠／方旭东著. —北京：生活·读书·
新知三联书店，2019.7
（三联·哈佛燕京学术丛书）
ISBN 978 − 7 − 108 − 06484 − 4

Ⅰ.①新…　Ⅱ.①方…　Ⅲ.①新儒学−研究−中国−现代
Ⅳ.① B261.5

中国版本图书馆 CIP 数据核字（2019）第 032874 号

责任编辑　曾　诚
装帧设计　蔡立国
责任印制　宋　家
出版发行　生活·讀書·新知 三联书店
　　　　　（北京市东城区美术馆东街 22 号 100010）
网　　址　www.sdxjpc.com
经　　销　新华书店
排　　版　北京金舵手世纪图文设计有限公司
印　　刷　河北鹏润印刷有限公司
版　　次　2019 年 7 月北京第 1 版
　　　　　2019 年 7 月北京第 1 次印刷
开　　本　880 毫米 × 1230 毫米　1/32　印张 12
字　　数　288 千字
印　　数　0,001 − 5,000 册
定　　价　48.00 元
（印装查询：01064002715；邮购查询：01084010542）

本丛书系人文与社会科学研究丛书，

面向海内外学界，

专诚征集中国中青年学人的

优秀学术专著（含海外留学生）。

·

本丛书意在推动中华人文科学与

社会科学的发展进步，

奖掖新进人才，鼓励刻苦治学，

倡导基础扎实而又适合国情的

学术创新精神，

以弘扬光大我民族知识传统，

迎接中华文明新的腾飞。

·

本丛书由哈佛大学哈佛－燕京学社

（Harvard-Yenching Institute）

和生活·读书·新知三联书店共同负担出版资金，

保障作者版权权益。

·

本丛书邀请国内资深教授和研究员

在北京组成丛书学术委员会，

并依照严格的专业标准

按年度评审遴选，

决出每辑书目，保证学术品质，

力求建立有益的学术规范与评奖制度。

目　录

Explorations in Neo-Confucian Essential Doctrines

Contents

内容提要

本书是按体—用模式对新儒学义理所做的整体研究，既有对新儒学基本原理的重点考察，又有对新儒学实践的多方探索，以期全面把握新儒学义理的特质，收"明体见用"之功。全书凡七章，前六章依次讨论新儒学的物性论、鬼神观、穷理说、一体观、悌道观、科举论，附论则对新儒学的准经典——《近思录》做了考辨。

（一）新儒学的物性论

本章拈出以往论者较少注意的朱熹的《太极图》解释中有关"各一其性"的论述，讨论新儒学关于事物个性（差异）的认识，指出此问题实为朱熹哲学中的难题之一，它为尔后朝鲜儒学的发展埋下了伏笔，值得重视。从哲学上看，朱熹的困难在于，如何在坚持"理同"的前提下谈论事物本质上的差异。

（二）新儒学的鬼神观

新儒学用阴阳理气来解释鬼神现象，在《近思录》中，有关鬼神问题的讨论被置于"道体"卷下。本章以朱熹为中心对新儒学鬼神观的特质做一探索。关于鬼神之有无，朱熹否定活生生的具象的鬼神，肯定抽象的鬼神之理。其说以"无（鬼）神论"为归宿，这种"无（鬼）神论"不是简单地否定鬼神存在，而是对鬼神存在予以有限承认。朱熹对鬼神做过三种不同的界说：气之屈伸往来，阴阳或阴阳之灵，精气。在朱熹的理论系统中，这三种理解并非相互隔绝，而是彼此相通。在生死问题上，如果说程颐、朱熹主张的是一种新陈代谢的不息论，那么，张载、王夫之主张的则是一种反复归本的循环论。朱熹认为，死与生有着共通的道理，他把"原始反终"纳入穷理范畴讨论，这就大大消解了这个说法所可能有的神秘意味。

（三）新儒学的穷理说

"穷理"之说虽非新儒家所首倡，但将其发展为一种系统的理论，进而成为一种方法或道路，则不能不推新儒家学者。二程"穷理"说的一大特色是把穷理与他们着力表彰的《四书》之一的《大学》的格物思想挂搭起来。在穷理的具体路线上，二程既反对尽格天下之物而后知理的无限论，同时也反对"格一物便通众理"的简便论，而倾向于一种积累主义的中间路线。如果说二程奉行的是一种同时论，那么，张载坚守的则是一种先后说。张载强调，在"至命"之前还有一个"知命"的环节。张载将"至命"与"知命"联系起来讨论，是为了整合另一部儒家经典《论语》的相关说法。与二程在穷理过程中比较多地依赖类推的做法不同，张载更重视理性思考的作用。运用穷理尽性之说，张载对《中庸》做了富于个人特色的演绎，大大拓展了穷理说的理论空间。二程的穷理说在其门人那里得到继承与发展，吕大临，谢良佐，杨时，胡安国、胡宏父子，乃至李侗，对穷理说都各有发挥。最能反映吕大临在穷理问题上的个人见解的是"必穷万物之理同至于一"这一命题。按照谢良佐，穷理的结果使主体进入到一种纯粹的道德之境。穷理最终指向的不是知而是行，这一点反映出谢良佐的穷理说具有强烈的行动主义特征。杨时提出，穷理法门是反身而求。这个思路的形成，是他对经典进行创造性诠释的结果，糅合了《中庸》的"明善"、《大学》的"格物致知"、《孟子》的"万物皆备于我"，以及《诗经》的"有物有则"等思想元素。胡安国的穷理说可以概括为：观物察己，穷理明心。胡安国对穷理的认识还没有达到二程那种形而上的高度。为使主体能够全身心地投入格物，胡宏提出"立志"和"居敬"作为具体落实的办法。格物、穷理、致知这些问题不是李侗的主要关注，不过他在穷理说上也有所贡献，这主要反映在他的"穷一事必待融释脱落后才别穷一事"的观点上。

（四）新儒学的一体观

本章对于具有广泛影响的新儒学的万物一体思想做了细致辨析，重构了程颢与王阳明的论证，结合现代西方哲学的有关讨论，从他人的痛、同情的限度等方面检讨了二人观点的得失。文章认为，作为一种伦理主张，万物一体之仁说主要建立在对社会的一种拟人化想象之上，在理论上存在着不可克服的困难。虽然它的基础是一种虚构的天赋决定论，但在一个既定的等级社会，它却最大限度地容纳了对他人痛苦的关心。

（五）新儒学的悌道观

本章以程、朱的相关论述为材料考察新儒学有关悌道的认识。文章围绕程（颐）、朱（熹）对与悌道有关的一个著名案例——在生病的儿子与生病的侄子之间加以区别对待的汉代第五伦——的评论的分析来展开，从中揭示新儒家伦理学对于不偏不倚（impartiality）原则的理解：新儒家伦理学并非不关心不偏倚性，但它所关心的不偏倚性是建立在一种承认人性情感合理流露的自然主义立场之上。由此，它既不同于承诺不偏倚性的康德伦理学，也不同于反对不偏倚性的美德伦理学。

（六）新儒学的科举论

科举取士的利益导向与新儒家对精神生活的理想主义追求格格不入，但科举作为一种客观存在，让新儒家无法绕开。在现实中，新儒家经常扮演安慰开导落榜者的角色，其劝慰多从修身理论出发。比如，在朱熹看来，那些汲汲从事科举者像是得了心病，他将自己看作一个医生，"义利之辨"与"立志为己"是他推荐给病人的两个方子。朱熹的治心术吸收了二程的"有命"说、"志""气"论，又以义利观、工夫论进行充实，呈现出多重理论意蕴。另一方面，从二程开始一直到朱熹，新儒家就不断谋划改变科举取士的方式、内容。二程及其门人在选举取士问题上的论议，既有对现实制度的激烈批评，也有参酌古今而做的制度设计。而朱熹对科举取士所涉及的机会与成本之间的复杂关系则做了一系列考量，其基本主张是"均解额（科举考试名额）"，既充分考虑到国家财力以及社会承受能力，有效地控制了供养官员的经济成本，同时也照顾到人数自然增加的实情，体现了一种机会均等原则。

附论 《近思录》：新儒学之"经"

《近思录》为后世提供了一个全面了解新儒学义理的范本，称之为新儒学之"经"当不为过。从编纂过程看，《近思录》不是朱熹个人哲学的投射，而是凝聚了朱熹所在的新儒家共同体（其中包括吕祖谦、张栻等人）的共识。《朱子语类》"《近思录》，四子之阶梯"条中的"四子"不是指《四书》，而是指周张二程四子。无论是编排的水平还是日后实际影响，《诸儒鸣道集》跟《近思录》都不可同日而语。在目前的情况下，《近思录》依然是我们研究宋代新儒学义理为数不多的标本之一。

明体见用

新儒学，亦即新儒家之学。作为一个专有名词，新儒学是比较现代的用法 ❶，20 世纪以降，英语世界更是普遍使用 Neo-Confucian 来指代宋明新儒家，用 Neo-Confucianism 来指代宋明新儒学。❷晚近中文学界亦多有采纳，本书接受这种用法，相对于道学、理学等名目，"新儒学"一词的包容性更大，且在宏观上更能凸显它与古

---

❶ "新儒学"一词何时为何人首用，已不可考，但其下限应不晚于 20 世纪 30 年代，因冯友兰在其 1934 年由商务印书馆出版的《中国哲学史》中即说："宋明道学家，即近所谓新儒家之学。"（自序）由是观之，将宋明道学称为新儒家之学，在冯氏撰写此著之前不久。新儒家之学，简称即新儒学，奉命为冯书做审查报告的陈寅恪即用此语，后者且提出了一个著名论断："中国自秦以后，迄于今日，其思想之演变历程，至繁至久。要之，只为一大事因缘，即新儒学之产生，及其传衍而已。"（见冯书附录）陈来在《宋明理学》（第 2 版）的"序"中转引了陈荣捷的看法："17 世纪天主教传教士来华，见宋明儒学与孔孟之学不同，因仿西方哲学历史之进程而称之为新儒学，近数十年我国学人大受西方影响，于是采用新儒学之名以代理学。"随后他评论认为，现在并没有证据表明 20 世纪二三十年代中文学界的"新儒家"的用法是直接来源于西方的。（上海：华东师范大学出版社，2004，第 2 页）

❷ 晚近也有一部分学者提出应当用"道学"的音译 Tao-hsüeh 来取代虽然流行却不准确的 Neo-Confucianism，比如美国学者田浩。不过，事实是，一直以来学界就是这样用的，而且，也没有明显的迹象显示将来会因此改变。另一方面，因为现代（当代）新儒家的存在，使得人们在用 Neo-Confucian 与 Neo-Confucianism 时，为了有所区分，特别在前面加上一个表示时段的名词，但多数情况下，说到 Neo-Confucian、Neo-Confucianism 就是指宋明新儒家、宋明新儒学。

典儒学的连续与差异。在具体研究对象上，本书更多集中于宋代，盖新儒学的义理规模在宋代已经基本确立。

对新儒家群体或集团的研究，学界早有先声，然从思想史、社会史乃至地域研究者居多，以概念、议题分析为面向的哲学性研究则为数甚少。譬如，美国学者田浩（Hoyt C.Tillman）所著 *Confucian Discourse and Chu Hsi's Ascendancy*（Honolulu: University of Hawaii Press, 1992）一书，虽然中译作《朱熹的思维世界》（西安：陕西师范大学出版社，2002 初版；增订本，台北：允晨文化有限公司，2008；南京：江苏人民出版社，2009），但实际上它并不以分析朱熹本人的思维世界为己任，而是旨在描画朱熹前后及同代众多学者（也就是田浩本人所理解的道学群体），且严格按时间顺序展开，观其目录可知：导论，第一部分　第一阶段：1127 年至 1162 年，第一章　第一代：张九成及胡宏；第二部分　第二阶段：1163 年至 1181 年，第二章　张栻，第三章　朱熹与张栻，第四章　吕祖谦，第五章　朱熹与吕祖谦；第三部分　第三阶段：1182 年至 1202 年，第六章　陈亮，第七章　朱熹与陈亮，第八章　陆九渊，第九章　朱熹与陆九渊；第四部分　第四阶段：1202 年至 1279 年，第十章　朱熹之门徒及其他道学儒者；结论。相比之下，田浩本人将此书中文标题译作"儒家论述与朱熹之执掌学术牛耳"，反倒更为准确。

日本学者市来津由彦所著《朱熹门人集团形成の研究》（东京：创文社，2002），采用的也是典型的思想史研究路数，重在揭示朱熹思想形成的场域以及朱熹思想形成的外缘——他的交游、讲学，其书目录如下：序说；第一篇　朱熹思想形成的"场"——北宋末南宋初的闽北程学，第一章　程学在北宋末的展开，第二章南宋初的程学与在闽北的朱熹；第二篇　朱熹门人、交游者对朱熹思想的理解，第一章　五旬之前的朱熹与其交游者们，第二章　乾道、淳熙之学——地域讲学与广域讲学，第三章　五旬六旬的朱熹与其门人、交游者们；结语。

余英时先生所著《朱熹的历史世界：宋代士大夫政治文化的研究》（北京：生活·读书·新知三联书店，2004），是少有的从政治诉求角度对道学群体做出详细研究的著作，全书以朱熹为中心，但不限于朱熹，而是广泛涉及宋代道学群体与政治的交涉。不过，正如作者所言，本书的用力不在哲学方面，"现代讨论理学的专著已多至不可胜数，主要都是从哲学的观点阐释它的含义。哲学既不是我的专业，我自然没有理由，更没有资格，在众说纷纭之外，再增一解。本书则是一篇史学研究的初步报告，主旨在通过宋代的历史脉络和具体情境，重建理学从开始到完成的实际过程"。❶

另一方面，现有的对新儒学形成过程的研究，多偏重于历史与个案，较少从问题角度展开系统理论研究者。❷就此而言，本书拟

---

❶《宋明理学与政治文化》序，桂林：广西师范大学出版社，2006，第2页。

❷ 这方面的专著，譬如复旦大学教授徐洪兴所著《思想的转型：理学发生过程研究》（上海：上海人民出版社，1996），全书分上、中、下三篇，上篇为引论，首先讨论了"理学"这一概念，其次对传统以朱熹《伊洛渊源录》为代表的理学发生史观做了批评，提出应当从时代思潮的角度对北宋理学进行再认识。中篇为总论，内分为三章。首章论述了两汉以后儒学的演变及其中衰的原因，第二章论述唐宋之际儒学更新运动所引出的思想文化上的种种变迁，第三章总论北宋理学思潮。下篇为分论，内分五章，是一组思想家的个案研究，包括范仲淹、欧阳修、胡瑗、孙复和石介五人。可以看到，此书是以思潮研究为主调，辅以相关个案研究。日本早稻田大学教授土田健次郎所著《道学の形成》（东京：创文社，2002；中译本，上海古籍出版社，2010），全书目录如下：序章，第一章　北宋的思想运动，第二章　二程的先行者，第三章　程颢思想的基本构造，第四章　程颐的思想与道学的登场，第五章　道学与佛教、道教，第六章　对立者的思想，第七章　道学的形成与展开，终章。可以看到，它是以时间先后为序、以人为单位，对道学的形成做了描述、重构，是中规中矩的理学史写法，它的特色主要不是体现在采用了什么新的视角，而是在一些具体论断上大胆推翻了前人之说，比如，他通过对周、程授受之说的再考察，否定了朱熹关于二程受学于周敦颐的说法，提出要打破朱熹编织的"周敦颐神话"，树立程颐"才是道学这一学派的实质性创立者"的观点。

对新儒学义理展开整体研究，对既有成果或能起到补充之功。

本书采用中国哲学传统的体—用模式来观照新儒学义理，换言之，本书是将新儒学理解为一种有体有用之学。事实上，宋代新儒学的集大成者朱熹就曾以明了"全体大用"作为其理论追求 ❶，而新儒学出现之初，就有人以"明体达用"对其进行概括，以区别于当时流行之学。 ❷

尝试对新儒学的义理做一融贯的把握，对现代研究者来说是一种不无冒险的诱惑。笔者的这一想法，最初是在阅读新儒学的经典读本——《近思录》时萌芽的。《近思录》一书将北宋那些最重要的新儒家（虽然后世对于这个名单不无争议）的经典表述置于十四个门类之下予以辑录。《近思录》的主题划分虽然有失芜杂 ❸，但它却启发笔者去寻找一个更简明的方式去对新儒学的义理加以归纳。在某种意义上，可以说本书是向《近思录》致敬之作。

按体—用模式，新儒学义理的原理部分就是所谓"体"。原理，通俗地说，就是基础性的理论，在《近思录》中，卷一"道体"是最接近这个意义的范畴。但本书无意对新儒学的形上学做深入研究，这样做的理由主要有两点：首先是基于新儒学既有研究的考虑，20世纪以降，受近代西方哲学影响，对新儒学哲学研究的很大一块就在形上学这里，宇宙论、本体论之类，屡见不鲜，似无重

---

❶ 见其所补"格物致知传"（《大学章句》，《四书章句集注》，北京：中华书局，1983，第7页）。

❷ 这是刘彝用以评价其师"宋初三先生"之一的胡瑗的话，见《宋元学案》卷一《安定学案》（北京：中华书局，1986，第25页）。

❸ 论者已经注意到，《近思录》的布局并没有形成一个系统的条理。张岱年即言："中国哲学书向来没有形式上的条理系统，朱子作《近思录》，目的在分类辑录北宋诸子的哲学思想，似乎应该做一个条理分明系统严整的董理了，但结果却分成十四部分，各部分互相出入的情形颇甚。"（所著《中国哲学大纲》"序论"，《张岱年全集》第二卷，石家庄：河北人民出版社，1996，第4页）

复的必要；其次，就新儒学义理的实际来看，集中讨论太极阴阳问题的"道体"部分并不占很大比重，从《近思录》的编纂情况可知，至少朱熹就不认为这个部分是必不可少的或值得大书特书的。以此之故，本书对于新儒学形上学研究采取"略人之所详，详人之所略"的策略。笔者选择一般论者较少注意的新儒学关于物性（事物个体属性）的议题加以研究，具体文本则是朱熹的《太极解义》。本书拈出以往论者较少注意的朱熹的《太极图》解释中有关"各一其性"的论述，讨论新儒学关于事物个性（差异）的认识，指出此问题实为朱熹哲学中的难题之一，它为尔后朝鲜儒学的发展埋下了伏笔，值得重视。从哲学上看，朱熹的困难在于，如何在坚持"理同"的前提下谈论事物本质上的差异。

新儒学用阴阳理气来解释鬼神，易言之，在新儒家学者那里，鬼神问题是隶于阴阳理气范畴的。事实上，在《近思录》中，有关鬼神的讨论就被置于"道体"卷下。就此而言，对新儒学鬼神观的研究可视为广义的新儒学形上学研究。这是以往研究新儒学形上学较少注意的。本书以朱熹为中心对新儒学鬼神观的特质作一探索，朱熹的鬼神观反映了新儒学处理鬼神问题的基本立场和主流认识。这不仅是因为朱熹广泛继承了宋代新儒学鬼神论的遗产，而且朱熹表现出一种有意识的努力，要对这种遗产做出一个贯通性的说明。

朱熹对鬼神问题的基本态度，是比较自觉地继承了孔子的立场，不过，较之于孔子含蓄而富有暗示的言说方式，朱熹对于鬼神问题的回答显得更为直截，那就是不必去理会。朱熹的这个态度与其师李侗的教导有关。在朱熹看来，鬼神之事与日用常行并非息息相关，所以大可不必急于理会。这个思想无疑反映出一种务实精神。然而，在朱熹所处的宋代社会，强调"生死事大，无常迅速"的佛教对一般民众乃至士人的影响已不容低估，事实上，在《朱子语类》中可以看到，朱熹一再被要求就鬼神诸问题发表看法。

关于鬼神是否存在，朱熹否定的是那种活生生的具象的鬼神，肯定的是抽象的鬼神之理。因此，如果说朱熹意识中存在着某种鬼神的概念，那么，这个概念的所指是一种理论抽象物（理），而不是现实具体物（物或事）。经朱熹概括，程颢的有无之说凝练为如下十个字："说道无，又有；说道有，又无。"❶这个表述清楚地显示，程、朱对于鬼神有无的认识呈现为一个否定之否定的动态进程：无——有——无。虽然经历了中间的"有（鬼）神论"阶段，但从最终结果看来，整个认识过程无疑是以"无（鬼）神论"为归宿的。只不过，这个"无（鬼）神论"不再是那种简单的根本否定鬼神存在的无（鬼）神论，而是对鬼神存在予以有限承认的比较复杂的无（鬼）神论。不妨说，这是具有新儒学特色的无（鬼）神论。这种无（鬼）神论的提出，其直接的意义是自觉地与佛教以及世俗所主张的那种有（鬼）神论划清界限。

《中庸》第十六章，学者又称"鬼神"章，以一种近乎赞颂的语气对鬼神之德做了描绘，这对推崇《中庸》的新儒家学者不能不发生深刻影响，实际在很大程度上就充当了朱熹鬼神言说的基础。在理解"鬼神之为德"时，朱熹特别提到了程颐与张载对鬼神的有关看法：前者的功用以及造化之迹说，后者的二气良能说。程、张之说实际上是从不同角度对鬼神所做的观察，朱熹将之糅合到自己对《中庸》的评注当中，表现出某种整合的意识。经过朱熹的解释，程颐的造化之迹说似乎是基于鬼神是气之往来屈伸者而立言的。就朱熹想要表达的主要思想——鬼神是气之往来屈伸而言，程颐的这个说法未免显得不够直接，而张载的"鬼神者，二气之良能

---

❶《朱子语类》卷六十三，第 1547 页。

也"之说 ❶ 更佳。在朱熹看来，程、张之说各有侧重，可相互补充。二说在他编《近思录》时都被收录其中，造化之迹说为卷一第八条，良能说为卷一第四十六条。

朱熹对鬼神做过三种不同的理解：气之屈伸往来、阴阳或阴阳之灵、精气。在朱熹的理论系统中，这三种理解并非相互隔绝，而是彼此相通。在朱熹的意识当中，阴阳、生死、鬼神、精气、魂魄、屈伸这些概念是相互粘连的，总体上，这些概念可以分为两边，阴、死、鬼、精、魄、屈是一边，阳、生、神、气、魂、伸是一边，凡属一边的概念都可以类比，分属两边的概念都可以对举。

按照新儒学的鬼神理论，一方面人死气散，另一方面万事万物都离不开阴阳之气的屈伸往来，那么，屈伸往来之气究竟是新的气不断加入还是旧的气反复循环？张载的回答是后者。朱熹一方面对张载讲鬼神屈伸的话甚表欣赏，另一方面又指出其有沦为轮回说的危险。导致朱熹下此断语的依据是张载的"形聚成物，形溃反原"之说。程颐以及朱熹不是不讲反原，但他们所说的反原是形器彻底打散不再保留原状；他们也讲新气从大原里生出，但他们不赞成说生出的新气直接脱胎于原有之形气。为了说明前者，程颐将宇宙比作一个大的洪炉。程、朱与张载意见相左之处在于是否认定"方伸之气"就是"既屈之气"。往深里说，他们之间的分歧在于，是否相信宇宙间存在着常存不灭之物。朱熹完全了解程颐的"生生之理，自然不息"说应用到屈伸问题上的意味："方伸之气"并不就是"既屈之气"，一方面气屈，而另一方面物也不断地生出来。从这个立场出发，朱熹自不会相信什么托生转世之说。程颐以轮回转化与造化之义不合而予以否定，朱熹肯定其为穷理精熟后的必然认

---

❶《正蒙·太和篇第一》，《张载集》，第9页。

识，他自己用来批评轮回说的武器也是造化论。

在朱熹看来，生死与鬼神的道理是相通的，因此他常常将鬼神与生死的道理合在一处讨论。在生死问题上，《易·系辞上》的两句话对后世儒家谈论生死鬼神问题起着纲领性作用，此即"原始反终，故知死生之说"与"精气为物，游魂为变，是故知鬼神之情状"。朱熹对生死问题的言说亦建立其上。基于其一贯的穷理思想，朱熹将"原始"理解为"原其始之理"，从而把"原始反终"又纳入穷理的范畴，这就大大消解了这个说法所可能有的神秘意味。

说"格物穷理"是新儒学最为人所知的具有标识性的理论，应无异议。现有研究侧重于朱熹的穷理思想，而对早期道学的穷理学说疏于考察，本书即着重研究朱熹之前新儒家（二程、张载以及程门后学）的穷理思想。

克实言之，无论是格物还是穷理，这些语汇皆非新儒学首创，前者来自《大学》，后者出自《易传》，然而，只是到新儒学这里这些概念才得到充分的发挥，最后形成一种系统的理论。又，新儒学倾向于将格物解释为穷理，因此，新儒学有关格物穷理的思想可以统摄到穷理说的名下一并加以研究。

《易传·说卦传》称："穷理尽性以至于命。"此语受到二程、张载高度重视，他们从中抽出"穷理"话头，结合其他儒家经典，演绎出了一套系统的工夫理论。从经典解释的角度看，这是对《易传》的创造性运用。❶

---

❶ 正如包弼德（Peter K. Bol）等人所注意到的，宋代学者对《周易》（包括《易传》）这一儒家经典有着浓厚兴趣，对它做了深入研究和广泛运用，详 *Sung Dynasty Uses of the I Ching*, edited by Kidder Smith, New Jersey: Princeton University Press, 1990。该书主要研究了苏轼、邵雍、程颐、朱熹这四位有代表性的学者对《周易》的应用。笔者所取的角度以及考察的对象都与之有别，详正文。

与常规理解不同，二程认为，穷理、尽性和至命三者说的是一件事："穷理，尽性，至命，一事也。才穷理便尽性，尽性便至命。因指柱曰：'此木可以为柱，理也；其曲直者，性也；其所以曲直者，命也。理，性，命，一而已。'"❶

穷理，尽性，至命，之所以是一回事，是因为，在二程看来，"理""性""命"是同一个东西。然而，按照这种理解，穷理、尽性、至命这三者的关系就是"穷理则尽性，尽性则至命"。不难看出，这与《易传》原文在意思上已有不同，《易传》包含的历时性、次序性被同时性、并列性所取代。二程对同时性或同质性的这种强调，在根本上是为了将工夫统一收纳到穷理之中。对他们而言，穷理是唯一可用的工夫："若实穷得理，即性命亦可了。"❷二程"穷理"说的一大特色是把穷理与他们着力表彰的《四书》之一的《大学》的格物思想挂搭起来："格犹穷也，物犹理也，犹曰穷其理而已也"❸，使这两个原本不相干的早期儒家观念发生联系从而都获得了新义。这也是二程"穷理"说的重点所在。

从经典解释的角度看，二程以"穷理"释"格物"，自不合汉学故训，因为，在训诂上，"格"不对应于"穷至"，"物"也不对应于"物理"。然而，这正是以义理解经的宋学本色。二程相信，物不可穷（尽），可穷的只能是事物之理。穷理之可能，在很大程度上，是由"万物一理"❹的原理所保证的。"万物一理"不是说万物共享一个终极原理，而是说万物在更高的意义上属于同类。因为万物皆属同类，所以人能够借助类推，触类旁通、闻一知十，而不

---

❶ 伊川语，《外书》卷十一，《二程集》，第 410 页。
❷ 明道语，《遗书》卷二上，《二程集》，第 15 页。
❸ 伊川语，《遗书》卷二十五，《二程集》，第 316 页。
❹ 二先生语，《粹言》卷一，《二程集》，第 1191 页。

必完全依靠实地调查与研究："格物穷理，非是要尽穷天下之物，但于一事上穷尽，其他可以类推。"❶

在穷理的具体路线上，二程既反对尽格天下之物而后知理的无限论，同时也反对"格一物便通众理"的简便论，而倾向于一种积累主义的中间路线："所务于穷理者，非道须尽了天下万物之理，又不道是穷得一理便到，只是要积累多后，自然见去。"❷

二程强调"穷理格物便是致知"❸，也就是说，"致知"在"穷理"那里得到落实，在某种程度上，"穷理"承担了"致知"的认知功能。但是，穷理对于二程来说，主要还是一种工夫实践，而非认知活动，二程曾经这样告诫："不可将穷理作知之事。若实穷得理，即性命亦可了。"❹

在二程之外，张载独立发展了一种对于穷理的认识。与二程一样，张载也很重视《易传》的"穷理尽性以至于命"，但两者的解释颇有不同。如果说二程奉行的是一种同时论，那么，张载坚守的则是一种先后说："既穷〔物〕理，又尽〔人〕性，然后至于命。"（《横渠易说·说卦》，《张载集》，第235页）张载不同意二程的同时论解释，他强调，在"至命"之前还有一个"知命"的环节："'知'与'至'为道殊远，'尽性'然后'至于命'，不可谓一。不'穷理尽性'即是戕贼，不可'至于命'。然'至于命'者止能保全天〔之〕所禀赋本分者，且不可以有加也。既言'穷理尽性〔以至于命〕'，则不容有不知。"（《横渠易说》，《张载集》，第234页）

本来，《易传》在说"穷理尽性以至于命"时，并没有涉及知

---

❶ 伊川语，《遗书》卷十五，《二程集》，第157页。
❷ 二先生语，《遗书》卷二上，《二程集》，第43页。
❸ 伊川语，《遗书》卷十五，《二程集》，第171页。
❹ 明道语，《遗书》卷二上，《二程集》，第15页。

的问题。张载将"至命"与"知命"联系起来讨论，是为了整合另一部儒家经典《论语》的相关说法，孔子"五十而知天命"之说（《论语·为政第二》）。

张载坚持从穷理到至命之间还有一些不可省略的步骤，他实际上是把《易传》的"穷理尽性以至于命"理解为"穷理尽性，然后至于命"（《正蒙·三十篇》，《张载集》，第40页）。从穷理到至命需要经过一定的次序，这个思想，张载有时也表达为"穷理当有渐"。需要注意的是，张载所说的这个穷理渐进论并不只对穷理而言，而是指从穷一物之理到穷多物之理，然后尽人之性、尽物之性，再到至于己命这样一个整体过程。这与二程所说的由积累而成的穷理不同，后者主要就"穷理"本身而言，指穷理内部的步骤。

与二程在穷理过程中比较多地依赖类推的做法不同，张载更重视理性思考的作用。他提出：人不可能接触到所有的事物（尽物），人所能做的只是最大限度地发挥心灵的功能（尽心）而已。张载认为，仅仅根据闻见来类推，终究是有限的，穷理并不只是类推这么简单，更要发挥心灵对事物进行比较与综合的能力。

二程用穷理解释《大学》的"致知格物"，从而使《大学》原有的工夫体系焕然一新。而张载则把注意力投向同在《四书》之列的另一文本——《中庸》。张载运用穷理尽性之说对《中庸》做了富于个人特色的演绎，这集中体现在他对其中"自诚明"与"自明诚"之分的话语转换：前者相当于"由穷理而尽性"，后者则相当于"由尽性而穷理"。大大拓展了"穷理"一说的活动空间，这与二程利用"穷理"对《大学》的"格物致知"进行的阐发属同一性质。不仅如此，张载还以穷理说为武器对佛、道做了批判。

张载还注意到《易传》的另一个提法"顺性命之理"，对穷理与顺理的关系也做了一些讨论。对新儒学而言，穷理主要是为了弄清所以然之故与当然之则，然而，在逻辑上，知道一件事该怎么做并不保证人一定会那样做，也就是说，从穷理到循理，必须有另外的动力。而张载则提出，顺理而行是穷理的自然结果，也就是说，他相信，这是理性的力量使然；同时，他还暗示，顺理而行使人在灾祸发生时可以做到问心无愧。这种论证多少有些想当然的意味，不过，这样一来，穷理在理论上却获得了一个明确的下落。这也可以说是张载对于新儒学穷理说的一个贡献。

张载在世时，关学与二程开创的洛学不相上下，但随着张载逝后其高弟亦相继而亡，关学就渐渐衰微，而洛学则颇为兴旺。因此之故，二程的穷理说在其门人那里得到继承与发展，而张载的穷理思想卒归于沉歇。吕大临，谢良佐，杨时，胡安国、胡宏父子，乃至李侗，对穷理说都各有发挥。

总体观之，朱熹之前新儒学穷理说呈现出多重理论进路，其中又以程颐的影响为最大，无论是同时代的张载，还是后来的程门学者，无不以二程尤其是程颐的穷理说作为理论起点，直到朱熹，穷理说的内向、外向路线皆有试验，穷理与《大学》《中庸》《易传》乃至《论语》《孟子》等经典的关联亦一一被发掘，而自始至终，穷理都隶属于新儒学的工夫论，新儒学一直未能发展出独立的像西方哲学中存在的那种知识论（epistemology）系统。

从宋到明，新儒学义理的内在主题以及思想基调随时代而变化屡迁，比如，在宋代新儒家那里炙手可热的穷理问题到王阳明这些明代新儒家学者那里就风光不再，不过，新儒学义理的若干线索始终不曾中断，万物一体之仁说就是一例。万物一体之仁的思想，简称一体观，虽然程颐、朱熹都表示很难接受，但在宋明新儒家中却不乏坚持者，程颢与王阳明即是其中重要代表。本书重构了程颢与王阳明的论证，结合现代西方哲学的有关讨论，从他人的痛、同情的限度等方面检讨了二人观点的得失。本书认为，作为一种伦理主张，万物一体之仁说主要建立在对社会的一种拟人化想象之上，在理论上存在着不可克服的困难。虽然它的基础是一种虚构的天赋决定论，但在一个既定的等级社会，它却最大限度地容纳了对他人痛苦的关心。

如果说对新儒学原理的研究是为了明新儒学义理之体，那么，对新儒学实践学说的研究，则是为了见新儒学义理之用。本书首先讨论的是新儒学的悌道观。悌道是儒家处理家庭伦理的一个子集。新儒学所关心的并非后世某些批评者所想象的那样是所谓空谈心性，而是对如何做到人伦和谐投入了异乎寻常的热情。事实上，待人接物就是新儒学格物穷理的主要场域。在对一个历史人物言行的评点中，程朱对儒家的悌道做了精微的辨析，其中体现了新儒学对于不偏不倚原则的特殊理解。

如果说悌道处理的题材尚限于《大学》所说的"齐家"范围，那么，在科举问题上，则充分展示新儒学对于"治国"乃至"平天下"的抱负与筹划。本书对新儒学实践的研究将科举论也包括进去。

上文已提及，学界以往对新儒学的研究着重发掘形上意蕴，相关论著层出不穷。本书认为，新儒家的形上学当然值得研究，但需要注意的是，新儒学并非只有形上一个维度，事实上，新儒学在政教制度政策设计方面也颇有建树 ❶，新儒家对科举方案的设计以及

---

❶ 社会思想史学者比较早地注意到新儒家对现实社会政治的影响，尤其是儒家精英在其中的重要作用。这方面的论著有：韩明士（Robert P. Hymes）的 *Statemen and Gentlemen: The Elite of Fu-chou, Chiang-hsi, in Northern and Southern Sung*（Cambridge: Cambridge University Press, 1986）；韩明士与谢康伦（Conrad Schirokauer）合编的 *Ordering the World: Approaches to State and Societyin Sung Dynasty China*（Berkeley and Los Angeles: University of California Press, 1993）；裴德生（Willard Peterson）等合编的 *The Power of Culture*（Hong Kong: Chinese University of Hong Kong Press, 1994）；包弼德的"Neo-Confucianism and Local Society,

改革纲领，就是一例。通常，这个议题是被放在教育史领域进行讨论的，然而，只有将其置于新儒家改造社会整体方案的广阔背景中，才能对它有深刻的理解。新儒家的科举论所涉及的不仅仅是制度建构所衍生的一系列复杂的社会学考量（其中包括经济成本的计算），同时也联系到富有新儒学特色的身心治疗理论。

二程论科举的语录凡九条，其中蕴含的重要教训有二：一是"有命"说，二是"夺志"论。前者使人安命受命，后者则向上提点学者：举业之外更有真学在。二程所贡献的修身理论成为尔后新儒学处理此一问题的津梁与准绳。《朱子语类》的编者将朱熹有关科举的语录分置于两个标题之下，一是"力行"（卷十三），一是"论取士"（卷第一百九）。前者主要是从为学的角度谈，侧重个体的心态、意向等精神层面；后者则是从制度层面说，侧重相关政策及其影响下的公共设施、个体行为。如果说前者属于治心之论，也就是我们所说的具有"治疗学"意味的内容，那么后者则属于更制之议，也就是我们所说的具有"建筑学"意味的内容。朱熹《文集》中相关论述都可以纳入这两个部分来分析。在治心方面，朱熹吸收了二程的"有命"说、"志""气"论，又以义利观、工夫论进行充实，从而使他的治心之说呈现出多重理论意蕴。有意思的是，朱熹在分析学者从事科举之弊时，将自己看作一个医生，他直接用"病"这样的词来对事状进行描述。"义利之辨"在朱熹的治心术中是一味重要的药方。除此之外，朱熹用以治疗应举者心病的另一个重要方子是"立志为己"说。朱熹继承了程颐在应举求仕问题上强调意向（志）之重要的做法，又进一步将其与工夫论挂搭起来，从

（接上页）Twelfth to Sixteenth Century: A Case Study", *The Song-Yuan-Ming Transition in Chinese History*, ed. Paul Jakov Smith and Richard von Glahn, Cambridge: Harvard University Asia Center, 2003, pp.241—283, 以及 *Neo-Confucianism in History*, Cambridge: Harvard University Asia Center, 2008。

而使新儒学在这个问题上的立场显得更加圆融。所谓夺志，朱熹将其具象为这样一种图景：科举与读书竞相争夺人的"志"，最后科举夺得份额更多甚至全部的"志"。在朱熹看来，以为应举就不能读书，要读书就不能应举，或者以应举作为不读书不从事为己之学的理由，虽然表面上是两个极端，但在认识上却犯了同样的错误，都是没有意识到：能否读书关键不在于要不要应举，而在于自己的意向是否放在读书、做人上。朱熹认为，如果意向确定不移，则无论何时何地都可以为学，无处不可以做工夫。

新儒家学者怀着极大的热情投入到完善国家选举制度的行动之中，他们或上书朝廷献计献策，或在教学之中评论时政得失，为后人留下了一大批嘉言善制。二程及其门下的科举改制论十分丰富。程颢在给朝廷的奏劄中几次提议改革学校取士制度，其中心思想是要充分发挥学校作为人才选拔机构的作用。在那篇后来被称为"熙宁之议"的疏文中，程颢完整地陈述了他的学校选士方案，按照这个方案，不仅人才的培养，而且官员的选拔，都直接依赖学校。相比之下，程颐未能如程颢那样提出建设意见，他对科举取士的议论主要集中在对现行制度弊端的揭露上。他在宋仁宗皇祐二年（1050）上皇帝书中对当时的取士制度条分缕析地批评，指出其得人之不能。宋英宗治平二年（1065），程颐在代父程珦应诏上给皇帝的书中，再次谈到取士之弊。程颐对当时的科举取士之制毫不留情地做了几乎全盘否定。他直截了当地指出，当时实行的"投名自荐、记诵声律"的考试办法根本不是"求贤之道"。他明确告诉皇帝：采用当时的选举之科与进任之法，要想得天下之贤、兴天下之治，无异于南辕北辙。二程门人中，对科举留下议论的有吕大临（与叔）、杨时（龟山）。吕大临曾经提出过一个四科取士的方案。相比于程颢的以推荐为选拔方式的学校选士方案，吕案对固有的科举取士之法做了较多保留，比如保留了明经、文学两科，允许投牒自试，等等。另一方面，相对于以往的科举考试之法也有一些新的举措，比如设立德行科，用州县举荐的方式，在考试科目中增加了政事科，以及在正式授官前有一年的挂职试用期的"试辟"制度。杨时没有像吕大临那样对选举取士制度做过系统筹划，但零散的议论却不少。首先，科举取士之弊是杨时关心的问题之一。熙宁年间，神宗用王安石谏，复古兴学，于太学立三舍之法。杨时指出，三舍取士的效果并不理想，它固然革除了辞赋声律之习，但却带来了浓重的浮诞诡异之风。他认为，学校培养的人才应当是那种"进可以经世""退可以安享孔颜之乐"的士君子。其次，对于当时施行的科举取士之法，杨时跟程颐一样，也基本持否定态度。在杨时看来，科举所取之士往往不如资荫为官者。二程及其门人在选举取士问题上的议论，既有对现实制度的激烈批评，也有参酌古今而做的制度设计。虽然变化屡迁的宋代选举制度不是由他们所左右，但不可否认的是，他们的意见是构成改制呼声的一个重要部分。

朱熹对科举取士所涉及的机会与成本之间复杂关系做了一系列考量，构建了一套富有特色的"科举经济学"。科举名额就是所谓解额。朱熹的观点，简单地说就是"均解额"。其完整的表述见于《学校贡举私议》一文。"均解额"有两手做法，一手是确定新的解额，即所谓"立定额"；另一手是拉平太学与诸州之间解额数，主要是损太学解额。朱熹之所以主张立定额而不用比例解额制，是因为，他担心如果用后一种办法将会发生所谓"诡名纳卷"，即为了获得更多名额，一些考区出现捏造人名提交假卷的现象。"立定额"对"诡名纳卷"无异于釜底抽薪。此外，其建设性意义还在于，它充分考虑到国家财力以及社会承受能力，有效地控制了供养官员在经济上的成本。同时，它也照顾到人数自然增加的实情，体现了一种机会均等原则。就后一点来说，对于冗官已经成为一大社会问题的南宋政府尤其具有现实意义。如果说"立定额"所着眼的是对后备官员的规模控制，属于科举经济学的宏观部分，那么，朱熹关于精简发解途径的意见则着眼于内部优化组合，属于科举经济学的微观部分。南宋发解有多重途径，州府解试只是其中之一，且难度最大，除此而外，尚有太学试与漕试。政出多门，且存在明显的机会不均，这当然是制度性缺失，其弊病非常明显。最简单的解决办法，就是如朱熹所建议的那样，一方面重新确定诸州解额，另一方面损太学之有余以补诸州府之不足。宋廷为了缓解不同发解途径之间的不均，又出台了太学补试政策。而从施行效果上看，补试不仅没有缓解机会不均的状况，反而滋长了新的不均。另一方面，补试以高昂的社会成本付出为代价。从机会与成本这两个参数出发，朱熹对太学冗员的现象做了精辟的分析。比较而言，机会均等属于正义原则（义），成本最小化则属于功利原则（利）。可以看到，朱熹对科举制度的考量不是仅仅关注正义原则（义），而是同时也将功利纳入视野。在科举问题上，程朱等新儒家的考量从来就不排斥功利因素。在对叶适等人主张实行的"混补"制进行评论时，朱熹没有自居道德高地，而是颇具理解之同情，不同于一般人所想象的古板迂腐的新儒家形象，朱熹对趋利避害的人性有着深刻认识。朱熹对混补与三舍之说一概反对。他反对的不是政策主导下的社会流动，而是经济成本过大的社会流动。混补法的经济成本高昂，已如时相赵汝愚所言，而赵本人所倾向的三舍法，在朱熹看来，同样成本不菲，所不同的是，太学混补有可能使京城财政告急，而州县三舍则使地方财政吃紧。无论是朱熹所代表的新儒家团体，还是叶适、陈傅良等人所在的永嘉学派，或者当时执政的赵汝愚，他们对于现行的科举政策及社会现状都表示不满，其改革方案都以实现公平为目标，所不同的是，他们所设想的实现这一目标的手段不同。朱熹及其先辈程颐实际上认为，公正不能无偿获得，人们为达到公正需要付出一定的代价，而代价最低就成了我们在不同的旨在实现公正的方案中间进行选择的根据。

本书对新儒学义理的研究主要围绕以上这些议题。在进行这些研究之后，本书还专辟一章讨论新儒学的准经典《近思录》作为"附论"。《近思录》为后人全面了解新儒学义理系统提供了一个良好的范本。对《近思录》逐篇进行研究，需要一本专书才能完成，本书在此只能做一初探。本书首先分析了《近思录》的结构，虽然《近思录》在义理框架上明显受到《四书》之一的《大学》的影响，但《近思录》却自出新意。随后，本书针对学界有关《近思录》的一些陈说做了考辨。借助当事人自述及往来书信，本书对《近思录》的编纂过程做了详细考察，指出，《近思录》不是朱熹个人哲学的投射，而是凝聚了朱熹所在的新儒家共同体（其中包括吕祖谦、张栻等人）的共识。本书还提出，《朱子语类》"《近思录》，四子之阶梯"条中的"四子"不是指《四书》，而是指周、张、二程。无论是编排的水平还是对后世的实际影响，《诸儒鸣道集》跟《近思录》都不可同日而语。本书的基本观点是，在目前的情况下，《近思录》依然是我们研究宋代新儒学义理为数不多的标本之一。

本书认为，作为具有高度理论思维水平的义理之学，新儒学既有"体"也有"用"。本书所明所见，或许挂一漏万，但通过前六章的描述，新儒学的"全体大用"至少已经露出冰山一角。总之，新儒学不仅是一种形上学或心性理论，它同时也是一种社会政治理论。对个体而言，它不仅仅提供一套世界观以及精神修养方法，它还具体指导个体如何介入社会生活，它不仅帮助人在现世中安身立命，它还为人的生死大事指点迷津。以往的研究往往只注意到这些议题的某一方面，或着重探讨新儒学的宇宙论、本体论、认识论，或着重阐发新儒学作为一种精神修炼之学的内涵，或注重揭示新儒学的政治维度以及社会教化功能，或在比较宗教学的视野下讨论新儒学对鬼神生死的看法，本书则强调，应该将这些方面综合起来才能得到符合新儒学本来面目的丰满形象。

第 1 章

新儒学的物性论

基于理气论，新儒学倾向于认为事物在根本原理上是相通的，只是所禀之气不同而造成事物千差万别。对此观念最经典的表述就是"理一分殊"。然而，这样理解下的事物，似乎只有个别（particularity）而无个性（individuality），事物究竟有没有真正的个性？易言之，事物的差异究竟是就什么层面来讲的？这个问题在新儒学那里似乎并没有得到很好的解决，本章以朱熹的相关论述为中心考察新儒学在这个问题上遇到的困难。

众所周知，朱熹对《太极图说》非常重视，亲自整理并为之做注。朱熹的注虽然不乏争议，但对后世理解《太极图说》影响至巨，直到今天，这些注解都附在传世本《太极图说》后，合成一个文本呈现给读者。作为具有独立思想的哲学家，朱熹对《太极图说》的注解不是简单地随文释义，而是利用注释阐述自己的哲学见解。研究周子《太极图说》的思想，无疑要将《太极图说》与朱熹的解义分开，这一点已成为研究者的常识。然而，将朱熹对《太极图》（以下简称《图》）、《太极图说》（以下简称《说》）的相关诠释作为独立的哲学文本进行研究，到目前为止，还并不多见。❶笔者在对这些文本进行细读时发现，朱熹对"各一其性"的解释涉及如何看待事物差异这个哲学问题，构成富于其个人特色的物性论。

《说》第四章❷：

> 4.1 五行，一阴阳也；阴阳，一太极也；太极，本无极也。
> 4.2 五行之生也，各一其性。
> （《周敦颐集》卷一，第 5 页。节号为笔者所加）

《说》被朱熹引来解剖《图》体。第四章在被引来说《图》时，朱熹又添加了一些说明性的文字。

> 【图略】"五行一阴阳"，五殊二实，无余欠也。"阴阳一太极"，精粗本末，无彼此也。"太极本无极"，"上天之载，无声臭也"❸。"五行之生，各一其性"，气殊质异，各一其〇，无假借也。（图解，《太极图说解》，《朱子全书》第十三册，第 70 页。❹标点有所改动，引号皆为笔者所加。）

---

❶ 以笔者阅读所及，专门讨论朱子对《太极图说》的诠释的论文并不多见，已故日本学者山井涌"朱子哲学中的'太极'"一文（收入所著《明清思想史研究》，东京大学出版会，1980；中译见吴震、吾妻重二主编《思想与文献：日本学者宋明儒学研究》，华东师范大学出版社，2010，第 66—83 页）择要介绍了朱熹对《太极图》一至五章的诠释，但不是以朱熹的诠释为面向的，而是广泛考察朱熹论述中的"太极"用法。国内学者杨柱才的论文"朱子《太极解义》研究"（《哲学门》2011 年第 2 期，第 301—320 页）着重考察了《太极解义》一文从稿本到定本的过程，比较了稿本与定本蕴含的思想的不同，对哲学命题本身的阐发则相对简略。

❷ 此分章依朱熹《太极图说解》。

❸ 此处"上天之载，无声臭也"是化用"上天之载，无声无臭"的典故，后者语出《诗·大雅·文王》。因此，笔者为之加上引号，以示其为用典。

❹ 关于本文所用朱熹解义的版本，在此略作说明。《朱子全书》与《周敦颐集》

相对于《太极图解》（以下简称《图解》）中的这些说明性文字，《太极图说解》（以下简称《说解》）对《说》各章的解释明显要详细得多。对第四章，《说解》如下：

　　　　五行具，则造化发育之具无不备矣，故又即此而推本之，以明其浑然一体，莫非无极之妙。而无极之妙，亦未尝不各具于一物之中也。盖五行异质，四时异气，而皆不能外乎阴阳；阴阳异位，动静异时，而皆不能离乎太极。至于所以为太极者，又初无声臭之可言，是性之本体然也。天下岂有性外之物哉！然五行之生，随其气质而所禀不同，所谓"各一其性"也。"各一其性"❶，则浑然太极之全体，无不各具于一物之中，而性之无所不在，又可见矣。（太极图说解，《说解》，《朱子全

（接上页）都收有朱子解义（《通书解》，《朱子全书》本作《通书注》）。《全书》所收《太极图说解》以国家图书馆所藏元刻《朱子成书》本为底本，以明初刻本《朱子成书》本对校，以明嘉靖郑氏崇文堂刻《性理大全》本、明万历徐必达刻《周张全书》本参校（黄坤：《太极图说解》校点说明，《朱子全书》第十三册，第66页）。《朱子全书》所收《通书注》亦以《朱子成书》元刻本为底本，校以《朱子成书》明刻本、《性理大全》明永乐十三年刊本（简称《大全》本），并以《周元公先生集》本（简称刘本）、《周张两先生全书》本（简称徐本）、清道光二十七年邓显鹤所刻《周子全书》本（简称邓本）参校（刘永翔：《通书注》校点说明，《朱子全书》第十三册，第89—90页）。而《周敦颐集》所收《太极图说》、《通书》皆附朱子解，据整理者说，点校周敦颐著作，找到五种版本，即：明嘉靖五年吕柟编《宋四子抄释》内《周子抄释》（简称吕本），清康熙四十七年张伯行编《周濂溪先生全集》（简称张本），清乾隆二十一年江西分巡吉南赣宁道董榕编辑进呈本《周子全书》（简称董本），清道光二十七年邓显鹤根据《道州濂溪志》原本编辑《周子全书》（简称邓本），清光绪十三年贺瑞麟编辑《周子全书》（简称贺本），最后决定以贺本为基础，参照其他各种版本进行互校（陈克明：《周敦颐集》校点说明，《周敦颐集》第1—2页）。比较而言，《朱子全书》所用版本年代更久，可谓后出弥精，而《周敦颐集》在部分文句的处理上时有胜义，故本书所引朱熹《太极图解》、《太极图说解》以及《通书注》皆用《朱子全书》本，间以中华书局校点本《周敦颐集》参校。

❶ 此处引号为笔者所加，以明此语为《太极图说》原文而为朱熹所引。

书》第十三册，第 73 页）

比照可知，在《图解》中，朱熹主要还是以周子《说》原文为主体来疏通《图》意，而在《说解》中，朱熹则做了极大程度的发挥。如果说《图解》尚是以"述"为主，那么，《说解》就明显属于"夹述夹议"。从篇幅上看，《说解》较之《图解》已扩展很多。《说解》与《图解》这种不同在解说《说》4.2（"五行之生，各一其性"）时体现得尤为明显。

在《图解》中，关于《说》4.2，朱熹说得比较简略，意思分两层。一层说事物的气质各自不同，所谓"气殊质异"。另一层说事物都各具一个太极，所谓"各一其〇，无假借也"，"〇"表示太极，"无假借"表示内部自足，无须外求。❶就前一层意思而言，"各

---

❶ 朱熹《太极解义》"附辨"有一段话是为反驳"或谓不当言一物各具一太极"，对理解"各一其〇，无假借也"不无帮助，兹录如下：万物之生，同一太极者也；而谓其各具，则亦有可疑者。然一物之中，天理完具，不相假借，不相陵夺，此统之所以有宗、会之所以有元也。是则安得不曰"各具一太极"哉！（太极图说解，《说解》，《朱子全书》第十三册，第 77—78 页）从中可见，朱熹说的"一物各具一太极"意谓"一物之中天理完具"。关于"不相假借"，朱熹的意思是指事物各具天理，不用假之于人、求之于外，看下面一条材料可知。行夫问："万物各具一理，而万理同出一源，此所以可推而无不通也。"曰："近而一身之中，远而八荒之外，微而一草一木之众，莫不各具此理。如此四人在坐，各有这个道理，某不用假借于公，公不用求于某，仲思与廷秀亦不用自相假借。然虽各自有一个理，又却同出于一个理尔。如排数器水相似；这盂也是这样水，那盂也是这样水，各各满足，不待求假于外。然打破放里，却也只是个水。此所以可推而无不通也。所以谓格得多后自能贯通者，只为是一理。释氏云：'一月普现一切水，一切水月一月摄。'这是那释氏也窥见得这些道理。濂溪《通书》只是说这一事。"（《朱子语类》卷十八"大学五或问下传五章"，第 399 页）按：朱熹在引程子语时有所文饰，"万物各具一理，而万理同出一源"本作"万物皆是一理，至如一物一事，虽小，皆有是理"（《遗书》卷十五，《二程集》，第 157 页）。"万理一源"与"万物一理"其实是两个哲学命题，前者表示本原与派生的关系，而后者则表示不同的事物受共同的理支配。对朱熹本人来说，他可能并不觉得这两个命题有什么差别，因为他把本原与派生、一理与万物都理解为"理一分殊"。

一其性"表示事物有各自具体的属性；就后一层意思而言，"各一其性"表示事物遵循共同的规律。

在《说解》中，这两层意思得到进一步阐明。关于事物有各自具体的属性，《说解》提出："五行之生，随其气质而所禀不同，所谓'各一其性'也。"这个表述与《图解》略有不同，后者只说到气质的差异，所谓"气殊质异"，而这里则说"各一其性"是指"所禀"不同，而非气质差异，气质差异只是造成"所禀"不同的原因。这个讲法更符合朱熹哲学有关事物之性的规定，按照朱熹的"理"学，事物之性不是指气质而言，而是指事物所禀（之理）。从理论上说，气质的不同跟所禀之理的不同完全是两种情形，前者可以毫不相同，后者则可以异中有同，即：就质而言，所禀之理相同；就量而言，所禀之理不同。如此一来，事物之性的差异不过是数量上的不同，而没有本质的不同。这比较符合朱熹"理一分殊"的思维模型。然而，既然是由气质不同造成所禀（之理）不同，那么，从逻辑上说，这个所禀的不同就不应当局限于量的不同，也会影响到质的不同。而且，如果事物的质都是相同的只有量的不同，那么，就很难说它们具有不同的性，而只能说它们其实就是性质相同的事物。对于朱熹哲学来说，这是一个理论困难。❶

---

❶ 在朱熹哲学当中，这个问题是以讨论人、物理气同异的形式出现的，依陈来之见，朱熹由于未能对"理"做出"性理"（事物所禀得的天理，本然之性）与"分理"（具体事物的规律本质，气质之性）的分疏，因而无法说清人、物究竟是"理同气异"还是"理异气异"。原朱熹之意，人、物的性理相同，而分理有异，即：性理随事物各自之形气而成为该物的分理（陈来把它称之为"气质之理"）。详陈来：《朱子哲学研究》第六章"理气同异"，尤其第141—143页。这个问题在古代朝鲜时期还引起了更深入的讨论，以巍岩李柬（1677—1721）为代表，主张人和禽兽草木等物的道德本性相同；以南塘韩元震（1682—1751）为代表，主张人物之性相异。巍岩几乎全用朱熹之说，而南塘在朱熹说外又提出自己独创的"性三层说"。详邢丽菊："朝鲜朝时期'人物性同异'论争的理论来源及其差异——巍岩李柬与南塘韩元震之人物性同异论比较"（《哲学研究》2008 年第 11 期）。

不过，无论是指气质不同，还是指所禀（之理）不同，这两种情况下的"各一其性"都是在强调事物属性的差异。这样解读"各一其性"，就相当于说每个事物都有自己特殊的本性。事实上，陈荣捷就是这样来翻译这段话中的"各一其性"的："...each has its special nature"（Chan，1967：6）。

关于事物遵循共同的规律，较之于《图解》的语焉不详，《说解》则做了充分发挥，认为，"各一其性"即意味着（在原文中是通过关联词"则"表示的），太极"无不各具于一物之中"，"性"无所不在。显然，这是朱熹一贯的"理一分殊"思维。

从语义上分析，"各一其性"既可以理解为是说事物各有各的特殊本质，这里的"性"字当是指所谓个性，用亚里士多德的语言说，即事物之所是（what a thing is）或本体（substance）。[1]比如，人有人之性，犬有犬之性，牛有牛之性。虽然都有"性"这个语素，但这些性是各异的，从中我们并不能抽象出某种实质性的相同要素，如朱熹所说的"太极"或"理"。

另一方面，"各一其性"也的确可以按朱熹那样从"理一分殊"，即共相与殊相、一般与个别的关系角度去理解，把它理解为是说每个事物都遵循共同的规律，从而将之转换为一种本体论叙述，太极作为本体，是万物存在的根据。这个意义上的"性"就是指普遍规律。

很明显，基于不同角度来理解"各一其性"，其中的"性"字所指也不同。一段之中，同一句话出现两种不同的解释，这在文本诠释上是有问题的。对于朱熹的解释，读者不禁要问，它与周子原

---

[1] 详亚里士多德《形而上学》，尤其卷七第四至六章。亚氏还指出，某物是什么？其原义所指为本体（substance），其狭义则指其他范畴，如一个质（quality，such and such）或一个量（quantity）。（亚里士多德，1959：131）

意是否相符？朱熹所提到的两层含义其本身如何统一？

事实上，当时就已经有人向朱熹提出了这些疑问。《朱熹文集》为我们保留了这方面资料，此即《答严时亨》两书，朱熹论述中的矛盾以及他何以如此的苦心在他跟严氏的往复中得到充分展开。其中，第二书更全面地呈现了朱熹所面临的疑问与他所做的回应，因此，下面我们以第二书为主进行分析。

严氏首先质疑朱熹对"各一其性"的解释不合周子原意，他说：

> "各一其性"，周子之意固是指五行之气质。然水之润下，火之炎上，木之曲直，金之从革，土之稼穑，此但可以见其气质之性所禀不同，却如何便见得"太极之全体无不各具于一物之中"，而"性（此性字是指其义理之性——原注）之无不在"也？莫是如上一节所谓"五行异质而不能外乎阴阳，阴阳异位而皆不能离乎太极"，即此可见得否？觉得此处传文似犹欠一转语，每读至此，未能释然。（答严时亨二，《文集》卷六十一，《朱子全书》第二十三册，第 2963 页）

严氏认为，"各一其性"在周子那里是指五行气质不同。这个看法可以说是顺着周子《太极图说》原文脉络得出的自然结论。按照这种理解，"各一其性"的"性"就是"气质之性"。而朱熹所说的"性之无所不在"的"性"，正如严氏所正确指出的，乃是指"义理之性"。因此，严氏的质疑就几乎无可避免："此但可以见其气质之性所禀不同，却如何便见得'太极之全体无不各具于一物之中'，而'性之无不在'也？"

严氏敏锐地看出，周子原文"五行之生，各一其性"与朱熹解义"各一其性，则浑然太极之全体，无不各具于一物之中，而性之无不在又可见矣"之间存在的意义断裂。不过，他并不以驳倒朱熹为目的，相反，他尽量设身处地为朱熹辩护。他自问，朱熹所说的这层意思是不是从上一节说的"五行异质而不能外乎阴阳，阴阳异位而皆不能离乎太极"❶中推导出来的？按，上一节这段话，从文本上看，是解释周子原文"五行一阴阳，阴阳一太极"的。如果严氏的这个猜测成立，那么，《太极图说》第四章两节文字实际就是在表达同一思想：太极为五行之本体，五行可以归结为太极。4.1 与4.2 的确可以找到一点形式上的相似，那就是在两个概念之间都用了"一"字作为连接词。而在朱熹那里，"各一其性"与"……一太极"几乎是同一类表达式，在《说解》第五章，可以看到朱熹直接将这两种表达式放在一起：

> 自男女而观之，则男女各一其性，而男女一太极也。自万物而观之，则万物各一其性，而万物一太极也。（太极图说解，《说解》，《朱子全书》第十三册，第74页）

"男女各一其性，而男女一太极"，"万物各一其性，而万物一太极"，朱熹好像在做替换练习。之所以在《说解》中出现这样的排列，是因为朱熹所理解的"性"就是"太极（理）"。换言之，"五行之生，各一其性"的"性"并不是什么"气质之性"，而就是"太极之全体"。在答复严氏的质疑时，朱熹清楚地表述了这个意见。他说：

> 气质是阴阳五行所为，性即太极之全体。但论气质之性，

---

❶ 按，严氏引文较朱熹原文为简，省去了"四时异气"与"动静异时"两句话。

则此全体堕在气质之中耳，非别有一性也。（答严时亨一，《文集》卷六十一，《朱子全书》第二十三册，第 2960 页）

据此看来，朱熹只承认一种"性"，那就是作为共相或普遍规律的"太极之全体"。❶因此，对他来说，"各一其性"中的"性"完全可以用"太极"去置换。朱熹的意思，如果用严氏的语言来说，就是："性"只有一个，那就是义理之性，所谓"气质之性"不过是陷在气质之中的义理之性罢了。

"性即太极之全体"，朱熹说得如此斩截，这固然是朱熹从其自身"理"学而得出的必然结论，但他似乎未能意识到，这个讲法对他在《说解》中提到"各一其性"两层含义的做法实际形成了否定。如前所述，《说解》第四章明明有这样的话："然五行之生，随其气质而所禀不同，所谓'各一其性'也"这个讲法无异是承认，"各一其性"的一个意思是说"随其气质而所禀不同"，也就是说，事物具有各自不同的气质禀赋。在这里，"各一其性"的"性"不可能是"太极全体"或"理"，而只能是"气"。

正是在这一点上，引来严氏对朱熹的第二点质疑，那就是：朱熹解释自身是否统一？在质疑这一点时，严氏先做了一个让步，表示愿意接受朱熹对于"各一其性"的"理"学解释：

　　某反复思之，诚非别有一性，然观圣贤说性，有是指义理而言者，有是指气禀而言者，却不容无分别。（答严时亨二，《文集》卷六十一，《朱子全书》第二十三册，第 2963 页）

---

❶ "全体"这个说法并没有什么特别的含义，虽然其字面让人容易产生集合的联想。参看朱熹另一处"性是太极浑然之体"之说（答陈器之　问《玉山讲义》，《文集》卷五十八）可知。

可以看到，严氏即使让步，仍有所保留，他指出，性固然只有一个，但圣贤在说到性的时候，并非只指义理而言，也有指气禀而言。按，严氏所言非虚，程颢即有"性即气，气即性"之说❶，而程颐则明确指出性字有多种用法："性字不可一概论。'生之谓性'，止训所禀受也。'天命之谓性'，此言性之理也。"❷严氏没有举出具体人名，也许是因为彼此心照不宣。事实上，朱熹本人在《孟子精义》"告子曰生之谓性"条下曾辑录过这些材料。❸

关于前人对"性"字的用法问题，严氏点到为止，没有穷追不舍。他对朱熹的观点再次做了同情的理解。

> 敬读诲语谓："气质是阴阳五行所为，性即太极之全体"，始悟周子所谓各一其性，专是主理而言。盖五行之气质不同，人所共知也，而太极之理无乎不具，人所未必知也，此周子吃紧示人处。（答严时亨二，《文集》卷六十一，《朱子全书》第二十三册，第 2963 页）

严氏宣称，在拜读朱熹的教言之后，他终于领悟到，周子所说的"各一其性"，"专是主理而言"。他还对周子的心理加以揣摩：说五行气质不同，人所共知，何劳重复，而太极之理无不各具于一物之中这一点，人未必皆晓，故周子特别于此致意。

不能不说，严氏对周子心理的这番揣测，有求之过深之病。不过，严氏并未丧失判断力，他还能清醒地指出，朱熹自己对"性"字就有两种用法，让读者无所适从。

---

❶《遗书》卷一，《二程集》，第 10 页。
❷《遗书》卷二十四，《二程集》，第 313 页。
❸《孟子精义》卷十一，《朱子全书》第七册，第 767、768 页。

今所在板行《传》文 ❶皆云："五行之生，随其气质而所禀不同，所谓各一其性也（详此文义，这个性字当指气而言——严注）。各一其性，则浑然太极之全体，无不各具于一物之中，而性之无不在又可见矣（详此文义，这个性字当是指理而言——严注）。"一段之间，上下文义颇（不）❷相合，恐读者莫知所适从。（答严时亨二，《文集》卷六十一，《朱子全书》第二十三册，第 2963—2964 页）

前已分析，朱熹对"各一其性"本来就分两层来说，那时他还没有自觉到"性"只能用于"理"，而不能用于"气"。现在被人家用他自己制定的"性一"说来衡量，结果立刻就现出文义不够统一的问题。其实，毛病并非出在《说解》中朱熹对"性"字的用法不够统一，而是出在他在答书中对"性"字做了窄化处理。

严氏还积极为朱熹消除矛盾出谋划策：

若但云："五行之生，虽其气质所禀不同，而浑然太极之全体，无不各具于一物之中，所谓各一其性。"如此，则辞约而义明，正是回教所谓全体堕在气质之中底意思。伏乞指教。（答严时亨二，《文集》卷六十一，《朱子全书》第二十三册，第 2964 页）

与朱熹《说解》原文相比，严氏所建议的改本，在文字上主要有两处调整：一是删除了第一个"所谓各一其性"，二是将第二个

---

❶ 即朱熹《太极图说解》，严氏依古人撰书有经有传的体例将其称为传。
❷ 原文无此"不"字，系笔者据文义所补。

"所谓各一其性"的位置从文中移到文末。经过这样的删、移，的确达到了严氏所说的"辞约义明"的效果。可是这样一来，"五行之生"与"各一其性"之间就变成了一种转折关系（注意严氏所用的"虽"、"而"等关联词），而"浑然太极之全体，无不各具于一物之中"则变成了"各一其性"的注脚，而在周子原文当中，"五行之生"与"各一其性"是顺承关系（注意周子所用的过渡词"也"字），至少不是转折关系，在朱熹《说解》中，"浑然太极之全体，无不各具于一物之中"不过是"各一其性"的一个推论，而并不就是对"各一其性"的直接解释。总之，严氏提供的改本不仅改变了周子原文语脉，也没有将朱熹《说解》的意思包括进去，两边皆失。也许，这可以解释为什么从朱熹的答书看不出他对严氏的建议有多少兴趣。

> 阴阳五行之为性，各是一气所禀，而性则一也。故自阴阳五行而言之，则不能无偏。而人禀其全，所以得其秀而最灵也。（答严时亨二，《文集》卷六十一，《朱子全书》第二十三册，第 2964 页）

朱熹这里所说，是在讨论禀性的差别问题，"性"只有一个，万物皆禀受此性（实际上按朱熹哲学应该是"理" **❶**）而为性，由

---

❶ 另一则材料显示，朱熹对这个说法有所反省而打算放弃。问："先生说太极'有是性则有阴阳五行'云云，此说性是如何？"曰："想是某旧说，近思量又不然。此'性'字为禀于天者言。若太极，只当说理，自是移易不得。《易》言'一阴一阳之谓道'，继之者则谓之善，至于成之者方谓之性。此谓天所赋于人物，人物所受于天者也。"（寓）（《语类》卷九十四，第 2371—2372 页）盖朱熹意识到，禀于天者是理，成之者才是性。说到性，必然已经是落在气质之中者："才说性时，便有些气质在里。若无气质，则这性亦无安顿处。所以继之者只说得善，到成之者便是性。"（《朱子语类》卷四）然而，这个讲法意味着不存在什么本然之性，所谓"性"必然就是气质之性。这与朱熹的理本论是相违背的。详正文。

于气质不同，有的禀得多，有的禀得少；有的禀得偏，有的禀得全。从阴阳五行所禀的性来看，多少都有些偏，因为它们都是一气所禀，不像人那样禀得全。按，朱熹这个说法并不圆融。既然说"性"一，那么，人性的高贵（得其秀而最灵）又从何说起？"人禀其全"的"其"应当是指"理"，既然有偏有全，那么，人物最后所禀的理就不可能是相同的理。"气异"最后只能导致所禀之理也异，也就是说，"气异""理异"。如此，则"性"实际上只能是气质之性（或气质之性理）。这与朱熹的理本论是相违背的。因此，从朱熹的立场出发，他应该用气质蒙蔽说而不是禀理"偏全"说来说明人物性之不同。❶

通观朱熹与严氏往复之词，问者语气虽恭，但理势逼人，相形之下，朱熹的回答并不精彩，他不仅没有真正消除对方的疑问，而且答词中还时与前说抵牾。

就朱熹本人的倾向来看，他无疑更习惯于从"理一分殊"角度理解"各一其性"，即把"各一其性"与"太极各具于一物之中"勾连。可是在为《太极图说》做注时，他也不能不顺着周子原文脉络，而对"各一其性"做出类似于"物各有自性"这样的理解。而一旦承认"物各有自性"，就不能不面对在坚持"理同"的前提下解释万物之异的困难。

在哲学上，事物间的差异究竟意味着什么？站在朱熹理一分殊的立场，对此的回答必然是：事物间不存在本质上的差异，在本质（本性）上，事物是相同的，犹如万川之水、万实之间（这是朱熹喜欢用的两个比喻），差异只是外在形式而已。这种观点在哲学上不能不认为有失偏颇。

---

❶ 关于这一点，详陈来：《朱子哲学研究》，第142—143页。

第 **2** 章

新儒学的鬼神观

　　鬼神问题不是新儒学的主要兴趣所在。明代中叶以后随着西方传教士陆续进入中国，儒家的宗教观开始受到关注，连带之下，新儒学的鬼神观也时被论及。就此而言，中国学术界的新儒学鬼神论研究，也是一个跨文化交流的产物。新儒学对鬼神的态度及其理据究竟为何，言人人殊，迄无定说。本章拟以朱熹为中心对新儒学鬼神观的特质作一探索。

　　之所以从朱熹切入，在笔者看来，是因为朱熹的鬼神观反映了新儒学处理鬼神问题的基本立场和主流认识。这不仅因为朱熹广泛继承了宋代新儒学鬼神论的遗产，还因为朱熹表现出一种有意识的努力，要对这种遗产做出一个贯通性的说明。无论是广度还是深度，朱熹的鬼神论说都给人留下深刻印象。以朱熹的论述为中心进行研究，可以有效地把握新儒学鬼神话语的丰富意蕴，同时亦有助于正确认识新儒学的宗教观。前贤时杰关于朱熹鬼神观的讨论已不少，但全面而深入的研究尚待来者。❶ 这或许是因为朱熹鬼神论牵

---

❶ 较早的研究文献有钱穆："朱熹论鬼神"（见氏著《朱熹新学案》第一册壹之五，初版1971），〔韩〕金泳植（Yong Sik Kim），"Kuei-shen in Terms of Ch'I：Chu Hsi's Discussion

扯甚广，某些表述含混晦涩，不经深入剖析，微言奥旨难以大白。本章拟在既有研究的基础上做进一步探讨，以期全面而深入地呈现以朱熹为代表的新儒学鬼神论的面相，进而澄清以往学界对新儒学宗教观的一些误解。

关于叙述脉络，这里略作说明。朱熹高徒陈淳（字安卿，学者称"北溪先生"，1159—1223年）曾编《北溪字义》一书，该书从《四书》中选取了一些与新儒学关系密切的重要范畴，如性、

<hr>

（接上页）of Kuei-shen", *Tsing Hua Journal of Chinese Studies* 17（1985）。晚近的研究文献则有：〔美〕Daniel Gardner，"Ghosts and Spirits in the Sung Neo-Confucian World：Chu Hsi on Kuei-shen"，*Journal of the American Oriental Society* 115.4（1995），以及"Zhu Xi on Spirit Beings"，in *Chinese Religion in Practice*（Princeton：Princeton Univ. Press，1996）；〔美〕艾周思（Joseph A. Adler），"Varieties of Spiritual Experience：Shen in Neo-Confucian Discourse"，Conference on Confucian Spirituality，Harvard University Center for the Study of World Religions，July 30-August 3，1997；〔美〕田浩："朱熹的鬼神观与道统观"（收入《迈向21世纪的朱熹学——纪念朱熹诞辰870周年逝世800周年论文集》，2001）；吴展良："朱熹之鬼神论讲义"（东亚近世儒学中的经典解释传统第七次会议论文，广州：中山大学，2001）；〔日〕吾妻重二："朱熹の鬼神论と气の论理"（收入氏著《朱熹学の新研究》，2004；中译《朱熹的鬼神论和气的逻辑》，收入《朱子学的新研究——近世士大夫思想的展开》，北京：商务印书馆，2017，第141—155页）；杜保瑞："从朱熹鬼神观谈三教辨正问题的儒学理论建构"（《东吴哲学学报》第10期，2004年8月）等。其中，笔者重点检读了钱穆、艾周思、田浩、吾妻重二的论文。钱文不分节，无小标题，盖原系读书札记，初无周密规划，其论列次序，先宇宙论，次人生论，再次魂魄说，复次祭祀感格说，终之以辟佛说。大略谓朱熹论鬼神"主要固是综合横渠、伊川两家之言，而又会通之于古经籍，乃至汉儒旧注、前贤往说，而又必会通之于社会习俗、耳目之所见闻、群信之所流布"（第377页）。艾文考察了新儒学话语中"神"（Spirit 或 Spirituality）的不同含义，尤其是它的认识论功能和它在修养方面的作用。艾氏将新儒学中的"神"理解为一种"突发的神性"（Emergent Spirituality），它是"气"的一种内在属性，仅仅在最纯粹的层面上才显现出来。田文的主要观点是，随着朱熹的气哲学强调只有自己的子孙才能从祭祖中得益的重要性，朱熹需要进一步把他看成想象中的孔子后代，鬼神、文和道最终共同增强并产生出他的哲学系统内的"理"（Coherence）。吾妻文主要从自然哲学与祭祀两大方面来考察朱熹的鬼神论，前者侧重气的存在论，后者侧重气的实存意味。吾妻氏指出，朱熹鬼神论的破绽就存在于气的存在论与实存说解释之间，集中体现在"祖考来格"问题上。

命、诚、敬等，分二十六门，"荟萃周、程、张子之绪言成语，而折衷于所闻之师（引者按：朱熹）说与夫《章句》、《集注》之精意"（引自〔清〕施元勋序，《北溪字义》，北京：中华书局，1983，附录二，第91页），其中就设有"鬼神（魂魄附）"一门，从四个方面对新儒学（尤其是朱熹）的鬼神论述做了介绍，即：圣经说鬼神本意，古人祭祀，后世淫祀，后世妖怪。陈淳的归纳整理无疑值得参考，但总体观之，其所述各项之间并无紧密的逻辑关联，因此，我们在叙述脉络上不拟效法《字义》，而是围绕以下问题依次展开：鬼神问题在新儒学的关注中处何种地位？新儒学对鬼神之存在究竟承认与否？其理由又为何？新儒学对鬼神如何界说？新儒学对生死问题如何看待？

一　有无

虽然朱熹对鬼神问题做了很多论述，但其实他对这一问题并不热衷，他一再教导学生说，鬼神的问题不是最紧要的，而是属于"第二著"："因说鬼神，曰：'鬼神事自是第二著。'"（《朱子语类》，以下简称《语类》，卷三，第33页）

1. 第二著

朱熹对鬼神问题的基本态度，比较自觉地继承了孔子的立场，事实上，他也一再引用后者的语录"未能事人，焉能事鬼！"（《论语·先进》），认为"此说尽了"（《语类》卷三，第33页）。

不过，较之于孔子含蓄而富有暗示的言说方式，朱熹对于鬼神问题的回答显得更为直截❶，那就是："未消去理会"、"莫要枉费心力"，"且推向一边"（《语类》卷三，第33页）。

何以鬼神事"不必理会"？历史地看，朱熹的这个态度与乃师李侗（字愿中，学者称"延平先生"，1093—1163）的教导有关：

> 问："'敬鬼神而远之'，则亦是言有，但当敬而远之，自尽其道，便不相关。"曰："圣人便说只是如此。尝以此理问李先生，曰：'此处不须理会。'"（《语类》卷三，第36页）

李侗认为"此处不须理会"的具体原因是什么，从这则语录不得而知。不过，朱熹自己倒是做了很多说明，其论证可归纳如下。

首先，鬼神的事看不见摸不着，一时难以了解，所谓"那个鬼神事，无形无影"，"那个无形影，是难理会底"（《语类》卷三，第33页）。注意，朱熹说的是鬼神事难理会，而不是鬼神事不可理会。这自是朱熹哲学的基本理念使然，盖朱熹相信，万事皆有理，无事不可理会。

其次，相对于日用常行的事，鬼神的事是"没紧要底"，如果把精力都花在研究这些不紧要的事上，时间一长，那些亟待了解的事就都被耽误了："若合理会底不理会，只管去理会没紧要底，将间都没理会了"（同上），"理会得那个来时，将久我着实处皆不晓得"（同上），所以他建议"今且须去理会眼前事，莫要枉费心力"，"且就日用紧要处做工夫"（同上）。

再次，如果将日用常行处研究透了，鬼神之事自然也就不难明

---

❶ 胡适曾认为，朱熹在死生与鬼神的问题上，其基本观点与孔子一致，即"一种存疑论"（参楼宇烈：《胡适的朱子研究》，《朱子学刊》1991年第2辑）。按：此说大体不差，但似乎未能分辨朱熹与孔子在鬼神观上的差异，详下文所论。

白。"合理会底理会得，将间鬼神自有见处"（《语类》卷三，第33页），"人且理会合当理会底事，其理会未得底，且推向一边。待日用常行处理会得透，则鬼神之理将自见得，乃所以为知也"（同上）。按照这个逻辑。不明鬼神之事（惑于鬼神之事），即意味着尚未参透日用常行之理。事实上，程颐曾提出，相信鬼怪异说者，只是没有先明理，"今日杂信鬼怪异说者，只是不先烛理。若于事上一一理会，则有甚尽期。须只于学上理会"（《遗书》卷二下，《二程集》，第52页；此条亦收作《近思录》卷三第五条）。

归根结底，朱熹认为，鬼神事与日用常行并非息息相关，故大可不必急于理会。朱熹对鬼神问题的这种后置态度，在《近思录》中有直接反映：整个《近思录》有关鬼神生死问题的语录仅11条。❶

这个思想无疑反映出一种务实精神。按儒家一贯的行事标准，也堪称明智。比如孔子在回答樊迟问"知"时，即简单地告之以"敬鬼神而远之"（《论语·雍也》）。

然而，对于那些关心鬼神问题并想一知究竟的人来说，朱熹的这种解答几乎没有涉及一点实质内容，看上去更像是在回避问题。在朱熹所处的宋代社会，强调"生死事大，无常迅速"❷的佛教对于一般民众乃至士人的影响已不容低估，事实上，在《朱子语类》中我们可以看到，朱熹一再被要求就鬼神诸问题发表看法。面对这种

---

❶ 其卷次及内容如下：卷一第五条，以功用谓之鬼神；卷一第八条，鬼神者造化之迹；卷一第三十三条，论生生之理；卷一第四十六条，鬼神者二气之良能；卷一第四十七条，论气之屈伸；卷三第五条，论理会鬼怪；卷三第十六条，论物怪神奸；卷九第十五条，论祭以报本；卷九第十六条，葬说；卷十三第十条，论神仙；卷十三第十四条，论浮图不明生死。其中，属于二程的语录有七条（又以小程语居多），属于张载的语录有四条。

❷ 原为永嘉玄觉禅师（665—713）语，见《六祖坛经·机缘品》。

情况，要维护一个有影响力的教师和受人尊敬的儒家学者形象，朱熹就不能总以"不用理会"这样的说辞相告，而必须正面陈述新儒家对此问题的主张。事实上，朱熹对此有高度自觉，他对张载"物怪神奸不必辨"说的评论显示，他将鬼神问题置于后着，乃是一种以守为攻之策。

张载曾提到他对范巽之 ❶ 神奸物怪说的驳难。原文甚长，为方便分析，我们做了分章处理，标点亦为后加。

范巽之尝言神奸物怪，某以言难之，谓：天地之雷霆草木至怪也，以其有定形故不怪；人之陶冶舟车亦至怪也，以其有定理故不怪。

今言鬼者，不可见其形，或云有见者且不定，一难信。

又以无形而移变有形之物，此不可以理推，二难信。

又尝推天地之雷霆草木，人莫能为之，人之陶冶舟车，天地亦莫能为之。今之言鬼神，以其无形则如天地，言其动作则不异于人，岂谓人死之鬼反能兼天人之能乎？

今更就世俗之言评之：如人死皆有知，则慈母有深爱其子者，一旦化去，独不日日凭人言语托人梦寐存恤之耶？言能福善祸淫，则或小恶反遭重罚而大憨反享厚福，不可胜数。

又谓："众人所传不可全非"，自古圣人独不传一言耶？圣人或容不言，自孔孟而下，荀况、扬雄、王仲淹、韩愈，学亦未能及圣人，亦不见略言者。

以为有，数子又或偶不言，今世之稍信，实亦未尝有言亲

❶ 范巽之，名育，以字行。壮岁 1087 年前后，张载门人，传见《宋元学案》卷三十一，中华书局校点本，第 1113 页。

见者。(《性理拾遗》,《张载集》,第373页)

张载认为,神奸物怪(亦即鬼神),无(定)形,无(定)理,不可见,不可以理推,这都让人难以置信。而且,从道理上说,人死之鬼不可能同时兼具天人之能。如果说鬼神有知,能福善祸淫,这于情理和事实都不吻合。最后,如果果有其事,为什么圣人乃至后世贤者都不传一言?即便是当世那些相信有鬼神的人,也没有说亲眼见过的。

张载还说,神奸物怪的问题其实不难讲清楚,只是讲了人也未必肯信,所以关键在于提高认识。他建议范巽之将前人有关鬼神的论述牢记在心,"守之不失",这样就不会为怪妄之说所蔽了。

> 所访物怪神奸,此非难说,顾语未必信耳。孟子所论知性知天,学至于知天,则物所从出当源源自见,知所从出,则物之当有当无莫不心喻,亦不待语而知。诸公所论,但守之不失,不为异端所劫,进进不已,则物怪不须辨,异端不必攻,不逾期年,吾道胜矣。若欲委之无穷,付之以不可知,则学为疑挠,智为物昏,交来无间,卒无以自存,而溺于怪妄必矣。(答范巽之,《张载集》,第349页;此条亦收作《近思录》卷三第十六条)

曾有学生问到朱熹,如何理解《近思录》所收的这段话。朱熹指出,张载说这话的用意在于提醒学者"存意",不可"放倒此意"。

> 问:"横渠语范巽之一段如何?"曰:"惟是今人不能'脱然如大寐之得醒',只是捉道理说。要之,也说得去,只是不

透彻。"又曰："正要常存意，使不忘，他释氏只是如此。然他逼拶得又紧。"直卿曰："张子语比释氏更有穷理工夫在。"曰："工夫固自在，也须用存意。"问直卿："如何说'存意不忘'？"曰："只是常存不及古人意。"曰："设此语者，只不要放倒此意尔。"（《语类》卷九十八，第2528页）

在另一处，朱熹还专门拈出"守之不失"一语加以发挥。

　　横渠所谓"物怪神奸不必辨"，且只"守之不失"。如"精气为物，游魂为变"，此是理之常也。"守之勿失"者，以此为正，且恁地去，他日当自见也。若"委之以无穷，付之不可知"，此又溺于茫昧，不能以常理为主者也。伯有为厉，别是一种道理。此言其变，如世之妖妄者也。（《语类》卷九十八，第2529页）❶

朱熹将张载所说的"守之不失"解释为"以常理为主"，进而提出理之常与理之变的问题。朱熹所谓常理，是指儒家经典文献上关于鬼神的那些论述，像《易·系辞》用气之聚散来解释鬼神，所谓"精气为物，游魂为变"；像孔子所说的对鬼神应当保持一种敬而远之的态度，等等。

　　问："横渠'物怪神奸'书，先生提出'守之不失'一句。"曰："且要守那定底。如'精气为物，游魂为变'，此是

---

❶ 今本《张载集》已收此条，见《张子语录·后录下》，第344页，唯文字、标点小有出入。二者相较，中华书局校点本《朱子语类》为优，故从之。

鬼神定说。又如孔子说'非其鬼而祭之谄也','敬鬼神而远之'等语，皆是定底。其他变处，如未晓得，且当守此定底。如前晚说怪，便是变处。"（《语类》卷九十八，第2529页）

所谓"定说"，也就是前文所说的"常理"。而所谓理之变，则主要是指"伯有为厉"以及"世之妖妄"这类现象。"伯有为厉"，事载《左传》：

> （鲁昭公七年夏四月）郑人相惊以伯有，曰："伯有至矣！"则皆走，不知所往。铸刑书之岁，二月，或梦伯有介而行，曰："壬子，余将杀带也。明年壬寅，余又将杀段也。"及壬子，驷带卒，国人益惧。齐、燕平之月，壬寅，公孙段卒，国人愈惧。其明月，子产立公孙洩及良止以抚之，乃止。（《春秋左传正义》卷四十四，《十三经注疏》，第2049页）

伯有死后变成厉鬼接连杀人，这个发生在郑国的恐怖事件，即使在当时，也有人怀疑其真实性，而处理这件事的郑国执政官子产则明确予以肯定，并从理论上对它做了说明：

> 及子产适晋，赵景子问焉，曰："伯有犹能为鬼乎？"子产曰："能。人生始化曰魄，既生魄，阳曰魂。用物精多，则魂魄强。是以有精爽，至于神明。匹夫匹妇强死，其魂魄犹能冯依于人，以为淫厉，况良霄，我先君穆公之胄，子良之孙，子耳之子，敝邑之卿，从政三世矣。郑虽无腆，抑谚曰'蕞尔国'，而三世执其政柄，其用物也弘矣，其取精也多矣。其族又大，所冯厚矣。而强死，能为鬼，不亦宜乎？"（《春秋左传

正义》卷四十四,《十三经注疏》, 第 2050 页)

子产解释说, 伴随人的出生而有魂魄, 生活条件越是优厚, 其魂魄也就越强。一般人如果突然死亡, 其魂魄能依附于人成为厉鬼, 更何况像伯有这样出身于世家生活条件又极为优厚者, 他成为厉鬼, 又有什么好奇怪的呢? 子产在这里没有具体说魂魄是什么, 据后人注疏, 魂魄乃是从形气而有:

> [孔颖达疏] 人禀五常以生, 感阴阳以灵。有身体之质, 名之曰形; 有嘘吸之动, 谓之为气。形气合而为用, 知力以此而疆, 故得成为人也。此将说淫厉, 故远本其初。人之生也, 始变化为形。形之灵者名之曰魄也。既生魄矣, 魄内自有阳气。气之神者名之曰魂也。魂魄神灵之名, 本从形气而有。形气既殊, 魂魄亦异。附形之灵为魄, 附气之神为魂也。
>
> (同上)

新儒家在对"伯有为厉"进行解释时, 继承了子产魂魄不散而为厉之说, 并吸收孔疏以形气说魂魄的做法。运用气之聚散理论, 朱熹对"伯有为厉"之事做了理性化解释:"盖其人气未当尽而强死, 自是能为厉。"(《语类》卷三, 第 37 页)

本来, 按照人死即气散的原理, 不应当出现死后为鬼为厉的事, 但是, 朱熹指出, 某些非正常死亡者, 死后一段时间气都不散, 从而出现为鬼为厉这样的怪事, 伯有就属于这种情况。因为伯有是突然死亡, 即所谓强死, 而生前生活条件又优厚, 所禀之气相对较强, 因此, 他的气不散而能为厉。

光祖问："先生所答嵩卿书云云。如伊川又云：'伯有为厉，别是一理。'又如何？"曰："亦自有这般底。然亦多是不得其死，故强气未散。……"（《语类》卷三，第 37 页）

按：此中所言"答嵩卿书云云"系指朱熹《答连嵩卿（正颜色斯近信矣）》一书就"死而不亡"问题所做的答复。❶

朱熹还表示，"不得其死"者也包括受刑者、猝死者以及含冤而死者。这些人的气一时都不会散去，不像因病而死的人，他的气在死前已经慢慢散尽了。

---

❶ 原文如下："所谓'天地之性即我之性，岂有死而遽亡之理？'，此说亦未为非，但不知为此说者以天地为主耶，以我为主耶？若以天地为主，则此性即自是天地间一个公共道理，更无人物彼此之间、死生古今之别。虽曰死而不亡，然非我之得私矣。若以我为主，则只是于自己身上认得一个精神魂魄、有知有觉之物，即便自为己性，把持作弄，到死不肯放舍，谓之死而不亡，是乃私意之尤者，尚何足与语死生之说、性命之理哉？释氏之学，本是如此。今其徒之黠者，往往自知其陋而稍讳之，却去上头别说一般玄妙道理，虽云滉漾不可致诘，然其归宿实不外此。若果如此，则是一个天地性中别有若干人物之性，每性各有界限，不相混杂，改名换姓，自生自死，更不由天地阴阳造化，而为天地阴阳者亦无所施其造化矣。是岂有此理乎？烦以此问子晦，渠必有说，却以见谕。"（《晦庵先生朱文公文集》卷四十一，《朱子全书》第二十二册，第 1853—1854 页）按："子晦"即廖子晦（德明），朱熹曾与之讨论鬼神死生之说，其说如下：夫子告子路曰："未能事人，焉能事鬼？未知生，焉知死？"意若曰：知人之理则知鬼之理，知生之理则知死之理，存乎我者，无二物也。故《正蒙》谓"聚亦吾体，散亦吾体，知死而不亡者，可与言性矣。"窃谓死生鬼神之理，斯言尽之。君子之学，汲汲修治，澄其浊而求清者，盖欲不失其本心，凝然而常存，不为造化阴阳所累。如此，则死生鬼神之理将一于我，而天下之能事毕矣。彼释氏轮回之说，安足以语此？（《答廖子晦（德明旧尝极力寻究》，《文集》卷四十五，《朱子全书》第二十二册，第 2079 页）。朱熹认为自己关于死生问题的主要观点就在这两封信当中："死生之论，向来奉答所谕'知生事人'之问已发其端。而近答嵩卿书，论之尤详。意明者一读，当已洞然无疑矣。而来书之谕，尚复如此。虽其连类引义，若无津涯，然寻其大指，则皆不出前此两书所论之中也。岂未尝深以鄙说思之，而直以旧闻为主乎？"（《答廖子晦（德明平日鄙见）》，《文集》卷四十五，《朱子全书》第二十二册，第 2081 页）

问："'伯有之事，别是一理'，如何？"曰："是别是一理。人之所以病而终尽，则其气散矣。或遭刑，或忽然而死者，气犹聚而未散，然亦终于一散。释道所以自私其身者，便死时亦只是留其身不得，终是不甘心，死御冤愤者亦然，故其气皆不散。……"（《语类》卷三，第44页）

问："世俗所谓物怪神奸之说，则如何断？"曰："世俗大抵十分有八分是胡说，二分亦有此理。多有是非命死者，或溺死，或杀死，或暴病卒死，是他气未尽，故凭依如此。又有是乍死后气未消尽，是他当初禀得气盛，故如此。……"（《语类》卷六十三，第1551页）

一方面，朱熹认为，伯有为厉这样的事应当而且可以给予理性化的解释；另一方面，他又提醒人们注意，这类现象终究是特例，"非生死之常理"，因为常理是"人死则气散"，不会为厉。正是在这个意义上，他把它叫作"别是一理"。❶

伯有为厉之事，自是一理，谓非生死之常理。人死则气散，理之常也。它却用物宏，取精多，族大而强死，故其气未散耳。（《语类》卷三，第44页）

死而气散，泯然无迹者，是其常。道理恁地。有托生者，是偶然聚得气不散，又怎生去凑着那生气，便再生，然非其常也。伊川云：《左传》伯有之为厉，别是一理"，言非死生之常理也。（同上）

---

❶ "伯有为厉，别是一理"这个说法，本是程颐所提，"至如伯有为厉，伊川谓别是一般道理"（《语类》卷三，第37页），朱熹不过沿用而已。

虽然一时可能不散，但终久还是会散，"要之，久之亦不
会不散"。(《语类》卷三，第37页)

"然终久亦消了。盖精与气合，便生人物。'游魂为变'，
便无了。"(《语类》卷六十三，第1551页)

就是传说中的神仙也不能例外：

又曰："气久必散。人说神仙，一代说一项。汉世说甚安
期生，至唐以来，则不见说了。又说钟离权、吕洞宾，而今又
不见说了。看得来，他也只是养得分外寿考，然终久亦散了。"
(《语类》卷三，第44页)

如人说神仙，古来神仙皆不见。(《语类》卷六十三，第
1551页)

人言仙人不死，不是不死，但只是渐渐消融了，不觉耳。
盖他能炼其形气，使渣滓都消融了，唯有那些清虚之气，故能
升腾变化。《汉书》有云："学神仙尸解销化之术。"看得来也是
好则剧，然久后亦须散了。且如秦汉间所说仙人，后来都不见
了。国初说钟离权、吕洞宾之属，后来亦不见了。近来人又说
刘高尚，过几时也则休也。(《语类》卷一百二十五，第3003页)

不管怎样，"别是一理"终究不是常理或正理，在此问题上，新
儒学的基本立场是，更值得关注与了解的是那些存在于经典中的常
理或正理。朱熹自己在论述鬼神问题时就总是持守着他所相信的常
理，其选材范围上自早期儒家经典，下到本朝大儒语录，不一而足。
由此可见，对鬼神问题，新儒学有足够的理论资源可以利用。这在
一定程度上也说明，新儒学将鬼神问题置于第二著（second-order），

不是因为理论资源匮乏而不得不采取的回避措施，其中有深意焉。

2. 不可说

如前所述，在朱熹所提供的鬼神事不须理会的诸理由当中，有一条是说鬼神事"难理会"。这个说法表明，朱熹承认，鬼神是一个比较棘手的问题。的确，对朱熹来说，这个问题是如此棘手，以至于连一些最基本的问题，比如鬼神是否存在（有无），都不是一下子能说得清的：

> 或问鬼神有无。曰："此岂卒可说！便说，公亦岂能信得及。……"（《语类》卷三，第33页）

从逻辑上说，"有"与"无"是一组矛盾概念，当一个人被问到是有还是无的问题时，他必须选择其一，而不能两个都肯定或两个都否定。因此，当问者以鬼神有无发问时，他实际上已经预设，被问者只能就鬼神的存在做出单项选择，要么选择有，要么选择无。朱熹在答复时断然表示，他无法对此做出一个最终裁决，这无疑是对提问本身的一种否定。接着，像是要对自己的这个态度做出某种解释，朱熹又告诉对方，不是他不愿意做出一个最终裁决，而是即使他做出了一个最终裁决也未必能令问者信服。朱熹似乎从一开始就意识到，无论他在有无之间做何种选择，都会遭到对方的质疑。朱熹的这一回答表明，他不认为对于鬼神问题可以应用这种非此即彼的提问方式。

为什么对于鬼神问题不能采用是有还是无的提问方式？从朱熹以上的答词中找不到相关说明，需要联系其他论述才能了解。

前已述及，朱熹曾经指出，鬼神事是"无形无影底"（《语类》

卷三，第33页）。因为鬼神"无形无影"，所以朱熹不难想象那样一种窘境：说鬼神存在，却无法举证。

既然说鬼神存在面临举证的困难，那么，反过来，设想鬼神不存在，是否较可取呢？情况似乎不容乐观，因为这一设想带来新的麻烦：如果鬼神不存在，儒家经典上那些关于鬼神的记载又是怎么回事？

既不能说存在，又不能说不存在，可谓左右为难。这就是朱熹在讨论鬼神问题时所面临的困局。明白于此，就能理解他在回答鬼神有无之问时所采取的那种避而不谈方式。

不过，在言说鬼神存在问题上的这种两难处境，朱熹并非第一个经历。在他之前，程颢对此就有清醒的意识，并做了颇为精辟的论述：

> 问鬼神有无。曰："待说与贤道没时，古人却因甚如此道？待说与贤道有时，又却恐贤问某寻。"（《程氏遗书》，下引简称《遗书》，卷三，《二程集》，第59页）❶

---

❶ 此条列在"谢显道记忆平日语"名下，后注"明道先生语"，可知是谢良佐（字显道，号上蔡，1050—1103）与程颢之间的问答。今本《二程集》还收录了这一问答的另外两个版本，一、问："有鬼神否？"明道先生曰："待向你道无来，你怎生信得及？待向你道有来，你且去寻讨看。"（《程氏外书》卷十二，《二程集》，第426页）二、或问鬼神之有无。子曰："吾以尔言无，则圣人有是言矣；为尔言有，尔得不于吾言求之乎？"（《程氏粹言》卷二，《二程集》，第1225页）据其编者注，《外书》本采自《上蔡语录》，《粹言》本则是经过改造过的文言体（比如将问话从直接引语改成了间接引语），与前两个本子的口语体不同，盖《粹言》系杨时所编，其做法即是"变语录而文之"。三本合校，时见文字有所出入，如在假设说无时，各本所载反问就不尽相同：《遗书》作"古人却因甚如此道？"，《外书》作"你怎生信得及？"，《粹言》作"圣人有是言？"，其中，《遗书》与《粹言》相对接近，而《外书》自为一说。而在假设说有时，各本所载应对亦不尽相同，《遗书》作"又却恐贤问某寻"，《外书》作"你且去寻讨看"，《粹言》作"尔得不于吾言求之乎？"，其中，《遗书》与《外书》比较接近，而《粹言》自为一说。孰为原本，文献不足，遽难断定。整体观之，《遗书》本为胜。

事实上，朱熹不仅了解程颢的这个论述，而且深表认同。从《语类》可以看到，他多次引证程说，且一再表示，他对鬼神存在问题的处理直接受惠于此。在朱熹心目中，程说是有关鬼神存在问题的最好表述：

> 虚空逼塞，无非此理，自要人看得活，难以言晓也。所以明道答人鬼神之问云："要与贤说无，何故圣人却说有？要与贤说有，贤又来问某讨。"说只说到这里，要人自看得。（《语类》卷三，第49页）

"说只说到这里"，意即语言到此为止。由于程颢的回答对有和无两种答案都作了否定，也就杜绝了在这个问题上所有可能的选择，这实际上是宣告，正确答案无法用现成的语言加以描述。既然语言无法传达（也就是朱熹在这里说的"难以言晓"），于是他建议通过个人内省的方式获得，即所谓"要人自看得"。

朱熹还从儒家经典中帮程颢找到一些根据。

> 说鬼神，举明道有无之说，因断之曰："有。若是无时，古人不如是求。'七日戒，三日斋'，或'求诸阳'，或'求诸阴'，须是见得有。……"（《语类》卷三，第51页）

"七日戒，三日斋"，语出《礼记·坊记》。"求诸阳""求诸阴"，语出《礼记·郊特牲》，原文为"故祭求诸阴阳之义也。殷人先求诸阳，周人先求诸阴"。除了朱熹在这里提到的，《礼记》的《祭义》《祭法》等篇更是详细讨论了各种祭祀规定。按照朱熹的理解，如果没有鬼神，儒家经典当中不会有这么多有关祭祀的规定。

这在逻辑上的确是不言而喻的：如果鬼神不存在，制订这么多祭祀礼仪有什么意义？

由祭祀而肯定鬼神的存在，这种肯定主要是一种基于逻辑的推论。如果仅限于此，那么，充其量，鬼神的存在只是一个理论上的抽象的存在，而不必是一种现实的具体的存在。然而，如所周知，儒家经典当中不仅有祭祀礼仪的详细规定，同时也有关于祭祀中鬼神降临的生动描述，诸如"文王陟降，在帝左右"（《诗·大雅·文王之什》）、"洋洋乎！如在其上，如在其左右"（《礼记·中庸》）之类。这样看来，在经典文本中，鬼神似乎并不只是一个理论上的存在，也是一个具体可见的存在。如果认为鬼神只是理论上一种存在，朱熹将怎样解释经典当中有关鬼神降临的叙事？

对朱熹而言，鬼神是一种理论上的存在而不是现实的存在，这一点不存在任何问题。他需要解决的是：如何证明经典所载的圣人之言与自己的观点其实并不冲突。这个任务，朱熹是通过对经典所做的"创造性诠释"完成的。他对《诗经》"文王陟降，在帝左右"句的评论颇堪玩味。

> 又如云："文王陟降，在帝左右"，如今若说文王真个在上帝左右，真个有个上帝如世间所塑之像，固不可。然圣人如此说，便是有此理。（《语类》卷三，第48页）

这段话前半截显示，朱熹不认为"文王陟降，在帝左右"这句诗是说文王真个在上帝左右，同时，他也不相信真个有如同世间所塑之像那样的上帝。但是，紧接着，朱熹却话锋一转，声言："然圣人如此说，便是有此理"，这又似乎是对前说作了否定。朱熹的意思到底是什么呢?

要想了解朱熹的意向,需要仔细推敲后面这个转折——"圣人如此说,便是有此理"。从其中的"便是"一词看,朱熹是根据"圣人如此说"而做出"有此理"这个判断的。"圣人如此说"的语义重心在"圣人",就此而言,朱熹对鬼神之事的肯定("有此理"),与其说是出于他对"文王陟降,在帝左右"这句诗所描绘的情景的真实性的相信,不如说是出于他对圣人人格的信任。这是可以理解的,中国古代普遍存在圣人崇拜,朱熹当然也不例外。

如果对"有此理"这个说法多加捉摸,我们还能发现,虽然朱熹对这句诗所描绘的鬼神存在一事给予了承认,但这种承认是有很大保留的。因为朱熹所承认的只是"有此理",而不是"有此物"或"有此事"。❶

从语义上说,"有此理"与"有此事"对事物存在的肯定程度是有差别的。"有此理"仅仅允诺一种可能,而"有此事"则在陈述一种现实。可能不就是现实,可能也不一定都能化作现实。同样,"有此理"也不一定"有此事"。朱熹说"有此理"而不说"有此事",表明他只承认鬼神的存在有其可能但并不就是现实。

由于对鬼神之事的肯定不是出于对鬼神存在真实性的相信,所以朱熹可以一边否定世俗所说的鬼神,一边承认有鬼神之理。换言之,朱熹否定的是那种活生生的具象的鬼神,肯定的是抽象的鬼神之理。因此,如果说朱熹意识中存在着某种鬼神的概念,那么,这个概念的所指是一种理论抽象物(理),而不是现实具体

---

❶ 朱熹并不严格遵守自己的这一说法,有时谈到鬼神他也用"物事"相称:"鬼神是本有底物事。"(《语类》卷三,第47页)

物（物或事）。

如果联系其他相关论述，我们还会发现，"有此理"这样的说法，朱熹并非偶一使用，而差不多已经成为他的一种习惯用法。除了前面提到的"圣人如此说，便是有此理"，还有"虚空逼塞，无非此理"（《语类》卷三，第49页）。

如前所述，虽然朱熹强调道理有正有邪，有是有非，但是如果要说到没有这个理（无此理），他就不能同意了。

> 问："道理有正则有邪，有是则有非。鬼神之事亦然。世间有不正之鬼神，谓其无此理则不可。"（《语类》卷三，第55页）
>
> 曰："然则羊叔子识环之事非耶？"曰："史传此等事极多，要之不足信。便有，也不是正理。"又问："世之见鬼神者甚多，不审有无如何？"曰："世间人见者极多，岂可谓无？但非正理耳。如伯有为厉，伊川谓别是一理。……"（《语类》卷三，第38页）
>
> 又问："世人多为精怪迷惑，如何？"曰："《家语》曰：'山之怪曰夔魍魉，水之怪曰龙罔象，土之怪贲羊。'皆是气之杂糅乖乱所生，专以为无则不可。如冬寒夏热，春荣秋枯，此理之正也。忽冬月开一朵花，岂可谓无此理，但非正耳，故谓之怪。孔子所以不语，学者未须理会也。"[❶]（《语类》卷三，第38—39页）

朱熹用"有此理"而不用"有此事"，这个表述习惯在当时已

---

❶ 明作录云：如起风做雨，震雷闪电，花生花结，非有神而何！自不察耳，才见说鬼事，便以为怪。世间自有个道理如此，不可谓无，特非造化之正耳。此为得阴阳不正之气，不须惊惑。所以夫子不语怪，以其明有此事，特不语耳。南轩说无，便不是。

有人注意，并特地就正于他：

> 或问："颜子死而不亡之说，先生既非之矣。然圣人制祭
> 祀之礼，所以事鬼神者，恐不止谓但有此理，须有实事？"
> 曰："若是见理明者，自能知之。明道所谓'若以为无，古人
> 因甚如此说？若以为有，又恐贤问某寻。'其说甚当。"（《语
> 类》卷六十三，第 1552 页）

　　从提问者使用的"然"这个转折词可以看出，提问者对朱熹的
有关"圣人制祭祀之礼所以事鬼神者"的解说并不完全同意。"恐"
字带有一种商量的口气，以这种方式，提问者委婉却不失分量地向
朱熹表达了自己的异议："不止谓但有此理，须有实事。"言下之
意，朱熹对圣人制祭祀之礼所以事鬼神者的说明，其要义为"但有
此理"（而无实事）。这个理解是否为朱熹本人接受呢？
　　朱熹没有正面回答提问者的问题，他似乎已经习惯于将问题还
给对方："若是见理明者，自能知之"，意为：如果是了解事理的明
白人，自己就可以知道答案。这无疑是说，答案就在于各人自己领
会，根本用不着他来告诉。一般说来，在讨论中，一旦其中一方诉
诸内省与体验，也就意味着他放弃试图通过言语进行交流的努力，
讨论也就宣告中断。同样，当朱熹在对话中暗示对方，答案要靠他
自己理会时，可以认为，朱熹对自己能用语言使对方了解问题所在
这一点似乎已经不抱任何希望。然而，这样一来，我们对朱熹真实
想法的探询也就有半途而废之虞。我们说朱熹鬼神论有隐晦难解之
处，正表现在这些地方。不过，我们也并非完全束手无策。虽然朱
熹不愿意直接就鬼神是否"须有实事"表明立场，但我们并不因此
就对他的立场一无所知。不回答亦是一种回答，就像不作为亦是一

种作为。固然我们无法知晓朱熹明确主张什么，但我们却不难了解朱熹未曾主张什么，由此，我们能够将那些不属于他的看法予以排除。从朱熹的回答来看，他没有明确反对提问者对他有关鬼神思想的理解（当然，他也未加肯定），同时，朱熹对提问者"须有实事"的商讨没有做出积极的反应（当然，他也没有明确表示不同意）。从理论上说，默认与不苟同的可能性都存在，但是，如果考虑到朱熹在后面所附的暗示——他对程颢有无之说的引证 ❶，我们还是能够辨别出哪一种可能性更大或更合理。

初看之下，程颢的有无之说似乎依违于有无之间，并无明确取向，细加分析，其实不然。"若以为无，古人因甚如此说？"翻成现代汉语，即是："如果认为鬼神不存在（无），古人为什么要这样说（按：指古人有关祭祀以事鬼神的说法）？"言下之意，既然古人有鬼神那样的说法，就不能认为鬼神不存在。这里隐含着一个前提，那就是：古人不会无缘无故乱说话。亦即：凡古人说的，都有根据。

进一步推论，既然有关鬼神的话是有根据的，那么，就不能轻易说鬼神无。然而，程颢担心的困难在于，"若以为有，又恐贤问某寻"。据此而言，程颢有无之说落脚在"无"之说上，所谓"有"，不过是指"有此理"❷，而"无"则是指"无实事"。这让我们再次看到，朱熹在鬼神存在问题上对程颢的有无之说是何等倚重。

---

❶ 朱熹所引程颢有无之说，与《遗书》本最为接近，见前揭。

❷ 必须指出，朱熹对鬼神的认识并不只限于"理"的范畴，同时也进入到"气"的领域。他明确说："鬼神固是以理言，然亦不可谓无气。所以先王祭祀，或以燔燎，或以郁鬯。以其有气、故以类求之尔。"（《语类》卷八十七，第2263页）详下"二 名实"节所论。

经朱熹概括，程颢的有无之说凝练为如下十个字："说道无，又有；说道有，又无。"(《语类》卷六十三，第 1547 页）这个表述清楚地显示，程、朱对于鬼神有无的认识呈现为一个否定之否定的动态进程：无——有——无。虽然经历了中间的"有（鬼）神论"阶段，但从最终结果看来，整个认识过程无疑是以"无（鬼）神论"为归宿的。❶只不过，这个"无（鬼）神论"不再是那种简单的根本否定鬼神存在的无（鬼）神论，而是对鬼神存在予以有限承认的比较复杂的无（鬼）神论。❷

不妨说，这是具有新儒学特色的无鬼神论。这种无鬼神论的提出，其直接的意义是自觉地与佛教以及世俗所主张的那种有鬼神论划清界限，朱熹曾经简洁明快地指出："二程初不说无鬼神，但无而今世俗所谓鬼神耳。"(《语类》卷三，第 34 页）从而在鬼神问题上正确地坚持儒家立场。这是自程颢直至朱熹，新儒家有关鬼神言说的底线。

新儒学并没有彻底否定鬼神，它否定的只是佛教以及世俗所主张的存在论意义上的鬼神，由此，鬼神的实质获得了一种新的理解。这个理解的要点就是：鬼神不再是某种可见的形象 ❸，而是宇宙间一切运动变化的基本形式。而对鬼神的这种认识，新儒家是通过对儒家经典文献的重新诠释而建立起来的。

---

❶ 钱穆曾这样评论程颢的有无说："根据此一条，可见二程显然主张无鬼论与无神论。惟谓圣人有是言，当知在春秋前《诗》《书》中，确言有鬼神。春秋后《论》《孟》《易传》《戴记》之类，并不曾明白主张有鬼神。宋儒不效汉以下经师仔细分疏，因此只说圣人有是言。惟明知圣人有是言，而今仍不肯言其有，则二程之不信有鬼神，其态度更鲜明易见了。"（"中国思想史中之鬼神观"，《灵魂与心》，《钱宾四先生全集》第 46、108 页）按：钱说大体不差，然细微处未及深辨，详正文所论。

❷ 这个说法类似于僧肇的不真空论，所谓不真空，是说世界不真实故空，但事物的现象还是存在的，不过是假有而已。

❸ 这并不是说，在祭祀时祭祀者不可以通过回忆、想象见到被祭祀的形象。

二　名实

前已述及，新儒学对鬼神存在与否的申述，大抵从儒家经典文献中来。例如，程颢之所以主张不能对鬼神采取彻底的怀疑态度，就是因为他看到鬼神之说时见于《中庸》等经典文本之中。在讨论鬼神实质时，新儒学依旧寻根究源。

《中庸》第十六章，学者又称"鬼神"章，以一种近乎赞颂的语气对鬼神之德做了描绘，这对推崇《中庸》的新儒家不能不发生深刻影响。它实际在很大程度上就充当了朱熹鬼神言说的基础。朱熹在不同时期对"鬼神"章做过大量评述，散见于《四书章句集注》《四书或问》以及《语类》《文集》。其中，《语类》卷三、卷六十三相对比较集中，不过，就史料价值言，最重要的还是被他视为定本的《中庸章句》。作为朱熹鬼神言说的基石，《中庸章句》"鬼神"章值得我们全文引出。

"鬼神"章本文凡五句，朱熹逐句做了疏解，最后又对全章做了一个小结，据此我们将全文分为六节，每节前加上编号，同时，为醒目起见，我们在朱注下面加了着重号。

（1）子曰：鬼神之为德，其盛矣乎！程子曰："鬼神，天地之功用，而造化之迹也。"张子曰："鬼神者，二气之良能也。"愚谓：以二气言，则鬼者阴之灵也；神者，阳之灵也。以一气言，则至而伸者为神，反而归者为鬼，其实一物而已。为德，犹言性情功效。

（2）视之而弗见，听之而弗闻，体物而不可遗。鬼神无形与声，然物之终始，莫非阴阳合散之所为，是其为物之体，而物所不能遗也。其言体物，犹《易》所谓干事。

（3）使天下之人齐明盛服，以承祭祀。洋洋乎！如在其上，如在其左右。齐，侧皆反。齐之为言齐也，所以齐不齐而致其齐也。明，犹洁也。洋洋，流动充满之意。能使人畏敬奉承，而发见昭著如此，乃其体物而不可遗之验也。孔子曰："其气发扬于上，为昭明焄蒿凄怆。此百物之精也，神之著也。"正谓此尔。

（4）《诗》曰："神之格思，不可度思！矧可射思！"度，待洛反。射，音亦，《诗》作斁。《诗·大雅·抑》之篇。格，来也。矧，况也。射，厌也，言厌怠而不敬也。思，语辞。

（5）夫微之显，诚之不可掩如此夫。夫，音扶。诚者，真实无妄之谓。阴阳合散，无非实者。故其发见之不可掩如此。

（6）右第十六章。不见不闻，隐也。体物如在，则亦费矣。此前三章，以其费之小者而言。此后三章，以其费之大者而言。此一章，兼费隐、包大小而言。(《中庸章句》，《四书章句集注》，第25页)

以下我们就逐节加以分析。

1. 性情与功效

在（1）里，朱熹将"鬼神之为德"解释为"性情功效"。而在另一处，他还对性情与功效的内容做了具体提示："'视之而不见，听之而不闻'是性情，'体物而不可遗'是功效。"(《语类》卷六十三，第1549页）这样说来，（2）"视之而弗见，听之而弗闻，体物而不可遗"就成了对（1）"鬼神之为德"的说明。朱熹又认为，（3）的"使天下之人齐明盛服，以承祭祀"句也是指功效

（《语类》卷六十三，第1549页），而"洋洋乎！如在其上，如在其左右"句，"乃其体物而不可遗之验"，根据这些说法，可以认为，（3）是为（2）提供了一个论证。（4）是一段引文，它的作用是说明（3）的"洋洋乎！如在其上，如在其左右"句。（5）"诚之不可掩"是小结，感慨鬼神之德"其发见之不可掩如此"。（6）将本章与前后章做了一个比较，认为本章是"兼费隐、包大小"，具体说，"不见不闻，隐也。体物如在，则亦费矣"，这是一个相对宏观的概括。各节之间的关系大致如此。总之，按照朱熹的疏解，"鬼神"章的主旨是讨论鬼神之德。

值得注意的是，在理解"鬼神之为德"时，朱熹特别提到了伊川与横渠对鬼神的有关看法：伊川的功用以及造化之迹说❶，横渠的二气良能说。张、程之说实际上是从不同角度对鬼神所做的观察，朱熹将之糅合到自己对《中庸》的评注当中，表现出某种整合的意识。

按朱熹理解，"为德，犹言性情功效"。"功效"一词，近于伊川所说的"鬼神者，天地之功用"中的"功用"，朱熹以此形容鬼

---

❶ 世传二程尝著《中庸解》，今本《二程集》所收《河南程氏经说》卷八即有此篇，然朱熹作《中庸章句》不见采之，鬼神章所援功用及造化之迹说皆取自他书。盖朱熹考定，程书久佚，现存之文系出吕大临之手，无可观者。同治十年涂宗瀛刻本编校者于此卷后所加按语云："按晁昭德《读书志》，有明道《中庸解》一卷，伊川《大全集》亦载此卷。窃尝考之，《中庸》，明道不及为书，伊川虽言已成《中庸》之书，自以不满其意，已火之矣。反复此解，其即朱熹所辨蓝田吕氏讲堂之初本、改本无疑矣。用仍其旧，以备参考。"（《二程集》，第1165页）《二程集》卷首所附涂刻本《重校二程全书凡例》亦云：《中庸解》出吕大临，朱熹辨证甚晰。今以宋刻七卷之本无从购觅，姑仍吕刻。"（第2页）今按《中庸解》"鬼神"章称"此章论诚之本。惟诚所以能中庸，神以知来，知以藏往。往者屈也，来者伸也。所屈者不亡，所伸者无息。虽无形声可求，而物物皆体。弗闻弗见，可谓微矣。然体物弗遗，此之谓显。不亡不息，可谓诚矣。因感必见，此之谓不可掩"（《二程集》，第1155页）。此解着重发挥"诚"之意义，于鬼神之义反倒甚少触及。朱熹不采，良有以也。

神之德，于理亦通。"性情"一词，一般指人的性格气质，朱熹将之用于理解"鬼神之为德"❶，可以理解为是一种拟人手法，这种用法似乎未见先例，不过，将"性情"作为"德"的一项内容，已见于古人有关《易·乾》的讨论。❷

虽然朱熹对"鬼神之为德"使用了"性情功效"这样有个人印记的词汇，但他并不反对人们透过横渠、伊川的良能、功用说来认识鬼神之德。

> 问："性情功效，固是有性情便有功效，有功效便有性情。然所谓性情者，莫便是张子所谓'二气之良能'否？所谓功效，程子所谓'天地之功用'否？"曰："鬼神视之而不见，听之而不闻，人须是于那良能与功用上认取其德。"（《语类》卷六十三，第1685页）

性情与功效固然是一对相关联的概念，但性情与功效毕竟各有

---

❶ 这个用法朱熹不是偶一为之，此外还有这样一条材料："问：'鬼神之为德'，只是言气与理否？曰：犹言性情也。"（《语类》卷六十三，第1550页）

❷ 《易·乾》以"性情"释"利贞"："乾元者，始而亨者也。利贞者，性情也。"王弼注云："不为乾元，何能通物之始？不性其情，何能久行其正？是故，始而亨者，必乾元也；利而正者，必性情也。"（《周易正义》卷一，第5页，《十三经注疏》，第17页）孔颖达疏云："利贞者，性情也者，所以能利益于物而得正者，由性制于情也"，"性者，天生之质，正而不邪。情者，性之欲也。言若不能以性制情，使其情如性，则不能久行其正。"（同上）王注将"性情"解为动宾结构的"性其情"，其说可议，此且不论。如孔疏所云，作为名词的性，是指天生之质，而作为名词的情，则是指性之欲。综合而言，作为名词的性情，是指禀赋气质，这应当就是古汉语中关于性情的通解。根据《文言》，元亨利贞是所谓四德，为乾坤两卦所特有。而"利贞者，性情也"，意即，作为四德的组成部分，利贞专指性情。换言之，四德中包含性情这方面内容。熟悉《易》书的朱熹在谈到鬼神之德时，借用"性情"一词，是完全可以理解的。

所指，悬空思索，难得要领，问者想到，也许可以将之比拟于张、程的良能、功用之说。对此，朱熹予以默许，并解释说，由于鬼神无形无影，所谓"视之而不见，听之而不闻"，难以把握，因此，必须借助于张、程的良能与功用之说才能了解其性质特征。就此而言，朱熹将"鬼神之为德"理解为性情功效，无疑是对张、程两家鬼神观的一个综合。

既然朱熹要求必须借助于张、程的良能与功用之说才能了解他所说的性情功效，那我们就先来对张、程之说做一番考察。

2. 功用与良能

朱熹所引"程子曰：鬼神，天地之功用，而造化之迹也"，其实并不是伊川的原话，而是他自己对伊川在不同场合分别提出的两个鬼神论述的概括，这也反映，朱熹对于新儒家前辈的思想，并不是简单地袭取，而是有意识地给予加工整理。

鬼神是天地之功用，这个说法是伊川在讨论天的不同面相时提出的。

> 夫天，专言之，则道也，"天且弗违"是也；分而言之，则以形体谓之天，以主宰谓之帝，以功用谓之鬼神，以妙用谓之神，以性情谓之乾。(《周易程氏传》卷一，《二程集》，第695页）❶

鬼神与天、帝、神、乾等并列，分别代表天（道）的功用、

---

❶《遗书》另有一段与此类似的文字而稍略，"又曰：'天与上帝之说如何？'曰：'以形体言之谓之天，以主宰言之谓之帝，以功用言之谓之鬼神，以妙用言之谓之神，以性情言之谓之乾'"（《遗书》卷二十二上，《二程集》，第288页）。

形体、主宰、妙用、性情。这里每个词和它所代表的属性之间的这种对应，似乎看不出有什么必然的理由，比如，为什么"功用谓之鬼神"而"妙用则谓之神"？功用与妙用，鬼神与神，都只有一字之差，是否能构成值得辨析的区别？这是读者很自然就能联想到的问题，而伊川只做断语，此外并无交代，不能不启人疑窦。事实上，朱门弟子感到不解者即不在少数，从《语类》可以看到，朱熹曾多次被问到这一话题，虽然也许不胜其烦，但他还是一一做了分疏。

要对鬼神与神、功用与妙用进行辨析，首先比较容易注意到的是它们的相同部分。就字面来看，无论是功用还是妙用，都有一个用字。所谓用，在中文里通常都是与体对举的，有用必有体，有体必有用。既然说鬼神是天之功用，神是天之妙用，那么，也就是承认天为体，而鬼神与神皆为用，朱熹也说："天地是体，鬼神是用。"（《语类》卷六十八，第 1686 页）一般认为，体是根本的、内在的，而用则是体的外在表现。如果说鬼神（包括神）是天（地）的用，那就意味着，天需要通过鬼神与神这些方式才能表现出来。也就是说，鬼神（包括神）不是天的某种表现形式，而是天的唯一表现形式。

与以上所说的共通之处相比，"以功用谓之鬼神"与"以妙用谓之神"的差异则不是那么一目了然，相对比较隐秘与复杂。按照朱熹的理解，鬼神与神的主要区别在于：一个可见，一个不可见；一个有迹，一个无迹；一个可测，一个不可测。

> 问"以功用谓之鬼神，以妙用谓之神"。曰："鬼神者……此皆可见也。忽然而来，忽然而往，方如此又如彼，使人不可测知，鬼神之妙用也。"（《语类》卷六十八，第 1685 页）

这是说，鬼神都是可见的，而所谓鬼神之妙用（按：据文义当为"神之妙用"），则是形容神的使人不可测知的特征。鬼神可见是因为它有迹：

> "以功用谓之鬼神，以妙用谓之神"。鬼神如阴阳屈伸，往来消长，有粗迹可见者。"以妙用谓之神"是忽然如此，皆不可测。忽然而来，忽然而去，忽然在这里，忽然在那里。（《语类》卷六十八，第 1685 页）

这种迹是相对稳定的，而不是飘忽不定的，飘忽不定是人们用来形容神的说法：

> 庄仲问"以功用谓之鬼神，以妙用谓之神"。曰："鬼神是有一个渐次形迹。神则忽然如此，忽然不如此，无一个踪由。……"（《语类》卷六十八，第 1685 页）
> 鬼神是一定底，神是变而不可知底。（同上）

总结而言，"功用是有迹底，妙用是无迹底"（《语类》卷六十八，第 1685 页），"言鬼神，自有迹者而言之；言神，只言其神妙而不可测识"（《语类》卷六十三，第 1548 页）。

朱熹对功用与妙用、鬼神与神的辨异大致如上。不过，朱熹同时也指出，这些区别仅仅是程度上的，而不是本质上的。也就是说，神在宽泛的意义上仍然属于鬼神，"要之，（神）亦不离于鬼神，只是无迹可见。"（《语类》卷六十八，第 1685 页）鬼神所具有的性质，神一样具备，只不过，相对于前者，它无迹可见而已。而妙用也仍然还是一种用，只不过，相对于一般的用，妙用要显得精一些而已。

> 叔器问"功用谓之鬼神，妙用谓之神"。曰："功用兼精粗
> 而言，是说造化。妙用以其精者言，其妙不可测。"(《语类》
> 卷六十八，第 1686 页）

因为精，所以人们称之为妙，而所谓妙，往往是不可测的。如
前所述，可测还是不可测，是鬼神与神的一个区别，但这个区别并
不影响它们都是天地的表现形式（用）。

> 问"以功用谓之鬼神，以妙用谓之神"。曰："鬼神只是往
> 来屈伸，功用只是论发见者。所谓'神也者，妙万物而为言'，
> 妙处即是神。其发见而见于功用者谓之鬼神，至于不测者则谓
> 之神。……"（同上）

用朱熹的话说，无论是功用还是妙用，都是天地的"发见"
（表现、显露）。天地"发见"出来的一般形式被称为鬼神，当这
种形式到了不可预测的境地，则称之为神。这样理解的鬼神之功用
就几乎无所不包了，像季节的变换、四时的更替、昼夜的往复，等
等，都可以说是鬼神作用的表现。

> 问"以功用谓之鬼神，以妙用谓之神"。曰："鬼神者，有
> 屈伸往来之迹。如寒来暑往，日往月来，春生夏长，秋收冬
> 藏，皆鬼神之功用……"(《语类》卷六十八，第 1685 页）

自然现象尚且如此，原来被世俗视为鬼神的那些现象，就更不

例外了，不妨说，世间万事都可以解释为鬼神的作用。朱熹认为，伊川所说的"以功用谓之鬼神"正应当这样来理解。

> "雨风霜雷，日月昼夜，此鬼神之迹也。此是白日公平正直之鬼神。若所谓'有啸于梁，触于胸'，此则所谓不正邪暗，或有或无，或去或来，或聚或散者。又有所谓祷之而应，祈之而获，此亦所谓鬼神，同一理也。世间万事皆此理，但精粗小大之不同尔。"又曰："'以功用谓之鬼神'，即此便见。"（《语类》卷三，第34—35页）❶

前面当朱熹说"功用兼精粗而言，是说造化"，他已经将功用说与造化说打成一片，而不管在伊川那里，这两者并不相干。

鬼神是造化之迹，这个说法是伊川在释《易·乾·文言传》"夫大人者，与天地合其德，与日月合其明，与四时合其序，与鬼神合其吉凶，先天而天弗违，后天而奉天时。天且弗违，而况于人乎？况于鬼神乎？"时提出来的：

> 大人与天地日月四时鬼神合者，合乎道也。天地者道也，鬼神者造化之迹也。圣人先于天而天同之，后于天而能顺天者，合于道而已。合于道，则人与鬼神岂能违也？（《周易程氏传》卷一，《二程集》，第705页）

---

❶ 此段标点已经笔者改动，与中华书局本不同。"雨风霜雷"至"小大之不同尔"这段，当系记者所录朱熹语，应加双引号，而中华书局本未加，笔者据文意趋之，查《朱子全书》本，亦然。"以功用谓之鬼神"，系伊川语，当加引号，而中华书局本与《朱子全书》本皆疏脱，笔者据实添之。

伊川用"合乎道"来统括《周易》原文所说的合德合明合序合吉凶,反映了他以义理解易的特点 ❶,就像他将天地解为"道",将鬼神解为"造化之迹",同样没有什么文本根据。而朱熹对伊川的"鬼神者造化之迹"的解读(详下),更加远离了原文的语境。这一情况说明,新儒家对鬼神实质的认识,虽是在经典诠释的过程中出现的,但自我创建的成分却是居多。

本来,在《周易》原文中,鬼神是与天地、日月、四时相提并论的,而朱熹对鬼神的理解则将日月、四时都包括进去:

> 萧增光问"鬼神造化之迹",曰:"如日月星辰风雷,皆造化之迹。……"(《语类》卷六十三,第 1547 页)
>
> 或问"鬼神者,造化之迹",曰:"风雨霜露、四时代谢。"(同上)

伊川虽然将天地解释为道,但依旧还承认天地、人、鬼神三者是并立之物,而朱熹对造化之迹的理解,则将人也包括进去:

> 所谓"造化之迹"者,就人言之,亦造化之迹也。(《语类》卷六十八,第 1686 页)

---

❶ 本来,《周易》原文对大人的描绘不无神化之嫌,按孔疏解释:"此明九五爻辞,但上节明大人与万物相感,此论大人之德无所不合,广言所合之事。与天地合其德者,庄氏云:谓覆载也;与日月合其明者,谓照临也;与四时合其序者,若赏以春夏刑以秋冬之类也;与鬼神合其吉凶者,若福善祸淫也。先天而天弗违者,若在天时之先行事,天乃在后不违,是天合大人也;后天而奉天时者,若在天时之后行事,能奉顺上天,是大人合天也。天且弗违而况于人乎况于鬼神乎者,夫子以天且不违遂明大人之德,言尊而远者尚不违,况小而近者,可有违乎?况于人乎?况于鬼神乎?"(《周易正义》卷一,《十三经注疏》,第 17 页)

不仅如此，朱熹还表现出一种要将天下万事万物都统一到某个基础上的倾向。

> 天下万物万事自古及今，只是个阴阳消息屈伸。(《语类》卷三，第 45 页)
>
> 天地之间，只是此一气耳。(《语类》卷六十三，第 1547 页)

而鬼神正是气之往来屈伸：

> 问："'鬼神造化之迹'，何谓迹？"曰："鬼神是天地间造化，只是二气屈伸往来。神是阳，鬼是阴。往者屈，来者伸，便有个迹怎地。"(《语类》卷六十三，第 1551 页)

"造化"的本意是指自然的创造化育 ❶，按这里所说，造化表现为阴阳二气的屈伸往来运动，而这种运动是可见的，正是在这个意义上被称作"迹"。鬼是阴气，神是阳气，如果没有鬼神的屈伸往来所造成的痕迹，造化的过程就难以捉摸。鬼神与造化，一可见，一不可见，不可见者唯有借助于可见者才能被认识。这个道理，学生做出猜想后，得到朱熹认可。

> 问："'鬼神，造化之迹也'，此莫是造化不可见，唯于其气之屈伸往来而见之，故曰迹？……"曰："只是如此。"(《语类》卷六十三，第 1548 页)

---

❶ 参《辞源》，商务印书馆，1988，第 1667 页。

朱熹将造化与鬼神之间的关系简洁地表达为"微鬼神，则造化无迹"。

> "鬼神者，造化之迹"。造化之妙，不可得而见，于其气之往来屈伸者足以见之。微鬼神，则造化无迹矣。❶横渠"物之始生"一章尤说得分晓。(《语类》卷六十三，第 1547 页)

似乎是为了帮助学生更好地理解，朱熹还提示，横渠的"物之始生"章（按：横渠原文开头的四个字本作"物之初生"，朱熹记成"物之始生"）可供参考：

> 物之初生，气日至而滋息。物生既盈，气日反而游散。至之谓神，以其伸也。反之为鬼，以其归也。(《正蒙·动物篇》,《张载集》，第 19 页)（按：此条被收作《近思录》卷一第四十七条）

横渠将事物的生成变化描述为气从凝聚到游散的过程，凝聚的气称为神，游散的气称为鬼。神与伸，鬼与归，以音谐而训义，这本是训诂的常见做法，值得注意的是横渠所用的"反"与"归"这些词，它暗示气回到它原来的地方，这样说来，气似乎一直在做某种循环运动❷，而物不过是气凝聚时的一种状态。对

---

❶ 清人施璜对这句话的解说可以参考："盖造化指天地之作为处言。气一嘘而万物盈，所谓造也。气一吸而万物虚，所谓化也。造者自无而有，化者自有而无。谓之迹者乃一动一静，一往一来，一聚一散，一升一降之痕迹耳。非鬼神则造化无迹矣。非鬼神屈伸往来，何以造化? 故鬼神为造化之迹，程子恐人求鬼神于穷冥之乡，故以迹言之。"(《五子近思录发明》，卷一，页十一下，转引自陈荣捷《近思录详注集评》，第 11 页)

❷ 后来王夫之为《正蒙》做注，把这个意思发挥成他自己的全生全归之说："有形则有量，盈其量，则气至而不能受，以渐而散矣。方来之神，无顿受于初生之理，

某一物而言，不能确切地知道，气何时聚何时散，但可以知道的是：第一，气充满到极致，就开始散；第二，气来与气去，都是渐渐的，而不是突然的。横渠的这个描述也有一些不清楚的地方，比如，已经返回的气是否还会重新再来？如果会，那么它所成的物跟前面有过的物又是什么关系？如果是一样的，那么是否还存在本质上新的物种？这些问题，事实上，伊川与朱熹都不同程度地提出过。

朱熹看出横渠在讲气之屈伸时有循环的意思，不过，他欣赏横渠这段话的地方主要在于用气之往来屈伸解释物的生成变化。

> 横渠曰："物之初生，气日至而滋息；物生既盈，气日反而游散。至之谓神，以其伸也；反之谓鬼，以其归也。"天下万物万事自古及今，只是个阴阳消息屈伸。横渠将屈伸说得贯通，上蔡说，却似不说得循环意思。（《语类》卷三，第45页）

事实上，他自己就经常采用这一章的讲法来说"造化之迹"之义。

> "鬼神者，造化之迹。"神者，伸也，以其伸也；鬼者，归也，以其归也。人自方生，而天地之气只管增添在身上，渐渐大，渐渐长成。极至了，便渐渐衰耗，渐渐散。（《语类》卷六十三，第1548页）

（接上页）非畏、厌、溺，非疫疠，非猎杀、斩艾，则亦无顿灭之理。日生者神，而性亦日生；反归者鬼，而未死之前为鬼者亦多矣。所行之清浊善恶，与气俱而游散于两间，为祥为善，为眚为孽，皆人物之气所结，不待死而始为鬼，以灭尽无余也。""用则伸，不用则不伸，鬼而归之，仍乎其神矣。死生同条，而善吾生者即善吾死。伸者，天之化；归者，人之能，君子尽人以合天，所以为功于神也。"（《正蒙注》，第102页）这又另当别论了。

朱熹这里是以人为例进行说明，人的生、老乃至死亡，是天地之气从无到有，从少到多，又从多到少到无的过程。这里所说的气，其实就是通常我们所理解的生命，只不过换了一个名词而已。问题是：这一切跟鬼神与造化有什么关系？

前面说"造化之妙，不可得而见，于其气之往来屈伸者足以见之"（《语类》卷六十三，第1547页），这个说法隐含的前提是：气之往来屈伸者就是指鬼神。然而，鬼神怎么就是气之往来屈伸，这一点并不是自明的。现在，横渠为这一点提供了说明，因为，神指气之伸，鬼指气之归，合而言之，鬼神就是气的屈伸往来。

经过朱熹的解释，伊川的造化之迹说似乎是基于鬼神是气之往来屈伸者而立言的。回到伊川原文的语境，不能不说，朱熹的这个诠释有过度之嫌。另一方面，就朱熹想要表达的主要思想——鬼神是气之往来屈伸而言，伊川的这个说法又未免不够直接，相形之下，横渠的"鬼神者，二气之良能也"（《正蒙·太和篇第一》，《张载集》，第9页）应该是更理想的选择。事实上，朱熹曾经以遗憾的口气谈到程说不如张说的问题。

> "伊川谓'鬼神者，造化之迹'，却不如横渠所谓'二气之良能'。"直卿问："如何？"曰："程子之说固好，但在浑沦在这里。张子之说分明便见有个阴阳在。"曰："如所谓'功用则谓之鬼神也'与张子之意同。"曰："只为他浑沦在那里。"（《语类》卷六十三，第1548页）❶

问者讨论说："如所谓'功用则谓之鬼神'也与张子之意同"，

---

❶ 此条亦见《语类》卷九十三，第2363—2364页。

这大约是习闻朱熹平日之言："'以功用谓之鬼神'，此以气之屈伸往来言也"（《语类》卷六十八，第1685页）。朱熹不否认这二者的确意思相近，但仍然坚持自己原来的评价。

如果没有明确指出阴阳的作用，就是所谓浑沦，对于朱熹的这种逻辑，我们可以提出如下责难：《中庸》"鬼神"章只讲鬼神不提阴阳，是不是也不够分明呢？

朱熹当然不会嫌《中庸》浑沦，他对"鬼神"章只讲鬼神不提阴阳，另有解说：

> 精气就物而言，魂魄就人而言，鬼神离乎人而言。不曰屈伸往来、阴阳合散，而曰鬼神，则鬼神盖与天地通，所以为万物之体，而物之终始不能遗也。（《语类》卷六十三，第1544页）

这个解释比较牵强，既然认为"天下万物万事自古及今，只是个阴阳消息屈伸"（《语类》卷三，第45页），为什么不能说阴阳为万物之体？而且，这个解释与《中庸章句》的说法也相抵牾，那里说："鬼神无形与声，然物之终始，莫非阴阳合散之所为，是其为物之体，而物所不能遗也。"（《中庸章句》，《四书章句集注》，第25页）

朱熹的理论与《中庸》不能完全相符，也许在新儒学那里会成为一个问题❶，但其实并不影响它自身的效力。因此，我们可以去研究被他推崇的二气良能说的含义而不必管这些细节。

"良能"典出《孟子·尽心上》，"人之所不学而能者，其良能也；所不虑而知者，良知也"，意指人天赋为善的能力。说二气之

---

❶ 这个情况在某种意义上也说明，道学在创立新义时，经典并不总是充当资粮，有时也会变成包袱。

良能，显然是在比喻的意义上使用的，表示某种自然而然的能力。二气，即阴气与阳气。前面已经述及，鬼神是指气之屈伸往来。翻成现代汉语，"鬼神者，二气之良能也"，就是：屈伸往来是阴阳二气自然而然的能力。❶

孤立地看，鬼神（屈伸往来）是二气（阴阳）之良能（自然而然的能力），这个命题中的鬼神、二气、良能三个成分的任一个都可以充当语义重点，也就是说，存在三种可能的理解：（1）是鬼神（屈伸往来）而不是别的什么东西，构成了二气之良能；（2）鬼神所构成的良能，是属于二气而不是别的什么东西；（3）鬼神是二气的良能（自然而然的能力）而不是别的什么能（比如人为的、经过安排的能）。从朱熹的议论来看，他倾向于第三种理解，即：屈伸往来是二气自然能如此，而不是有所安排或布置。

> "鬼神者，二气之良能"，是说往来屈伸乃理之自然，非有安排布置，故曰"良能"也。（《语类》卷六十三，第1547页）
>
> 曰："横渠谓'二气之良能'，何谓'良能'？"曰："屈伸往来，是二气自然能如此。"（《语类》卷六十三，第1550页）
>
> 问："……'鬼神者，二气之良能'，此莫是言理之自然，不待安排？"曰："只是如此。"（《语类》卷六十三，第1548页）

在朱熹以上的表述中，鬼神作为气之屈伸往来，是不言而喻的。

---

❶ 陈荣捷曾高度评价张载的这个思想，认为这是对鬼神的一个全新诠释，在他之前还没有人将鬼神理解为气的自发活动，从而将这一概念纳入相关的气学体系，见 *A Source Book in Chinese Philosophy*, p. 505。按：陈说不确，实际上，汉代已有此种观点，如王充有言："或说：鬼神，阴阳之名也。阴气逆物而归，故谓之鬼。阳气导物而生，故谓之神。神者伸也，申复无已，终而复始。人用神气生，其死复归神气。阴阳称鬼神，人死亦称鬼神。"（《论衡·论死篇》）（此条承李存山先生提示，谨此致谢。）

从理论上说，气之屈伸往来并不就是气本身。在"鬼神者，二气之良能也"这个命题中，如同命题本身所要求的那样，鬼神只能是二气之良能，而不能就是二气。然而，有时朱熹并不在意这种区别，比如，他说："鬼神只是气，屈伸往来者，气也。"（《语类》卷三，第34页）

在这个例子中，屈伸往来者是气，使朱熹误以为：屈伸往来就是气。客观地说，这种误会的确容易发生，因为，当我们说屈伸往来时，总是在说屈伸往来者的屈伸往来。然而，这毕竟是个错觉，因为，固然我们不能离开气来谈论气之屈或气之伸，但是，在观念上我们还是能够分得清气与气之屈或气之伸，不妨说，发明鬼、神这两个词就是为了能够给气之屈与气之伸确切地命名。

鬼神是气之屈伸往来而不就是气，这个分别要求我们，应当将鬼神主要理解为活动，而不是类似于气那样的实体。如果考虑到人们习惯于对鬼神做一种实体化理解，那么，这个区分就显得尤其重要。

在表示活动这个意思方面，良能与功用这两个词无疑都能胜任。毋宁说，使用良能或功用这样的词，正是为了突出作为活动的鬼神与作为实体的气之间的区别。对此，朱熹有清晰的意识：

> 汉卿问："鬼神之德，如何是良能功用处？"曰："论来只是阴阳屈伸之气，只谓之阴阳亦可也。然必谓之鬼神者，以其良能功用而言也。今又须从良能功用上求见鬼神之德，始得。……"（《语类》卷六十三，第1545页）

朱熹要求论者"须从良能功用上求见鬼神之德"，这也许就是《中庸章句》"鬼神"章在解释鬼神之德时同时提到伊川的造化之迹说与横渠的二气良能说的原因。在朱熹看来，张、程之说各有侧重，可相互补充。二说在他编《近思录》时都被收录其中，造化之迹说为卷一第八条，良能说为卷一第四十六条。曾有学生对此表示不解，朱熹解释说，这两者并不重复，前者侧重日月星辰等自然现象，而后者则侧重于屈伸往来之理：

> 唐杰问："《近思录》既载'鬼神者，造化之迹'，又载'鬼神者，二气之良能'，似乎重了。"曰："造化之迹是日月星辰风雨之属，二气良能是屈伸往来之理。"（《语类》卷九十五，第2419—2420页）

3. 阴阳与精气

功用良能之说貌似复杂，但其要义也许只是为了表现鬼神作为气之屈伸的性质，就此而言，用"阴阳去来"这几个字就可以将之概括。

> 问："鬼神是'功用'、'良能'？"曰："但以一屈一伸看，一伸去便生许多物事，一屈来更无一物了，便是'良能'、'功用'。"问："便是阴阳去来？"曰："固是。"（《语类》卷六十三，第1545页）

"阴阳去来"中的"阴阳"，就像"鬼神者，二气之良能也"中的"二气"，都是在整体的意义上来使用的。鬼神作为气之屈伸往来，与单个的阴或阳并不发生关系。在横渠的"物之初生"章，鬼神只是分别对应于归（屈）伸，但与阴阳却没有类似的对应关系。而伊川的造化之迹说，正如朱熹所指出的那样，甚至连阴阳都没有明确点出，更不必说建立某种对应关系。与张、程都不相同，朱熹有一种明确地将鬼神分属阴阳的思想，这意味着，他除了把鬼神看作气之屈伸往来，还有第二种理解。

鬼神分属阴阳，朱熹的表述有完整与简略之分，简略者作："神是阳，鬼是阴"（《语类》卷六十三，第1551页）或"鬼是阴，神是阳"（《语类》卷六十八，第1686页），完整者作："鬼者阴之灵也，神者阳之灵也。"（《中庸章句》，《四书章句集注》，第25页）或"鬼，阴之灵；神，阳之灵。"（《语类》卷六十三，第1549页）这两种表达在朱熹那里并行不悖，虽然前者很容易被看成是后者的一种不严格的形式，但朱熹明确肯定，鬼神既是气，同时也是气里面的神灵。

> 问："鬼神便只是此气否？"曰："又是这气里面神灵相似。"（《语类》卷三，第34页）

据《辞源》，在古代汉语中，神灵有三种含义，一作神异、威灵，《史记·五帝纪》："（黄帝）生而神灵，弱而能言"；一作神明，《史记·封禅书》："神灵之休，佑福兆祥。"亦指造化之神，《列子·汤问》："神灵所生，其物异形"；一作魂魄，《大戴礼·曾子天圆》："阳之精气曰神，阴之精气曰鬼；神灵者，品物之本也。"（《辞源》，第1234页）单独看"气里面神灵相似"这句话，将"神灵"解释成神明、造化之神及魂魄都未尝不可，不过，如果解作神明或造化之神，就有某种人格神的意味。那么，朱熹是在何种意义上使用这个词的呢？从下面这则语录可以知道，他是在魂魄的意义上使用神灵这个词的。

> 问："阳魂为神，阴魄为鬼。《祭义》曰：'气也者，神之盛也；魄也者，鬼之盛也。'而郑氏曰：'气，嘘吸出入者也。

耳目之聪明为魄。'然则阴阳未可言鬼神，阴阳之灵乃鬼神也，
如何？"曰："魄者，形之神；魂者，气之神。魂魄是神气之
精英，谓之灵。故张子曰'二气之良能'。"（二气，即阴阳也。
良能，是其灵处。）（《语类》卷八十七，第2260页）

说鬼神是阴阳或阴阳之灵，显然不同于说鬼神是阴阳之屈伸往
来，在同一个思想体系中出现这样不同的说法，朱熹必须做出某种
安排，以保证它们之间相安无事。他的解决办法是：将这两种理解
分别纳入讨论气的不同语境，宣称前者是指二气而言，后者则是指
一气而言。

　　以二气言，则鬼者阴之灵，神者阳之灵也；以一气言，
则至而伸者为神，反而归者为鬼。（《语类》卷六十三，第
1548页）

　　故凡气之来而方伸者为神，气之往而既屈者为鬼。阳主
伸，阴主屈，此以一气言也。故以二气言，则阴为鬼，阳为
神。（《语类》卷六十三，第1549页）

何谓一气？又何谓二气？所谓二气，是说阴阳对峙，各有所
属；所谓一气，是说阴阳运行之气同来同去，在此情况下，可视为
一气，"一气即阴阳运行之气，至则皆至、去则皆去之谓也。二气
谓阴阳对峙，各有所属"（《语类》卷六十三，第1548页）。

很明显，即使是在说"一气"的情况下，屈伸往来的那个主体
其实仍然是阴阳二气，只不过，此时阴阳不分别发生作用，就好似
一个东西。

有鉴于此，朱熹一方面要求区分"一气"与"二气"，另一方

面又指出，无论怎么区分，"其实一物而已"（《中庸章句》,《四书章句集注》，第25页），"二气之分，实一气之运"（《语类》卷六十三，第1549页），之所以要分，不过是为言说方便着想。

阴阳还是阴阳，但在不同情形下，可以整体观之，也可以分别观之，这实际上是要求对阴阳做多角度的理解，朱熹的意思也正是这样："大抵阴阳有以循环言者，有以对待言者，须错综分合都无窒碍，乃为得之。"（《答吴伯丰 ["巧言令色"]》,《文集》卷五十二，《朱子全书》第二十二册，第2437页）以循环言者，是指说气之屈伸时；以对待言者，是指要突出阴阳是相互对立的范畴时。

依朱熹之意，需要错综看待的，不只是阴阳，一气之运的情况也同样应作如是观。

> 以一气言，则方伸之气，亦有伸有屈。其方伸者，神之神；其既屈者，神之鬼。既屈之气，亦有屈有伸。有既屈者，鬼之鬼；其来格者，鬼之神。天地人物皆然，不离此气之往来屈伸合散而已，此所谓"可错综言者"也。（《语类》卷六十三，第1549页）

对一气错综看待的结果，是又分出四种名目：伸中之伸（神之神），伸中之屈（神之鬼），屈中之屈（鬼之鬼），屈中之伸（鬼之神）。屈伸中又有屈伸，这是将屈伸看成运动的普遍形式的内在要求。在逻辑上，屈伸要成为运动的普遍形式，它就必须满足如下条件：不存在只有屈或者只有伸的运动，也就是说，不存在单纯伸的气，也不存在单纯屈的气，一气之中的方伸之气与既屈之气只是彼此相对而言，其实它们内部同样包含屈伸两个方面。朱熹要证成天地人物不离气之往来屈伸，这个关于屈伸之中又有屈伸的说明是必不可少的。

神之神、神之鬼这样的说法显示，鬼神实际上已变成屈伸的代名词。通过这种处理，朱熹希望能够改变那种单面的鬼神形象，那种形象总是与生死联在一起 ❶，且神鬼两途，不可逾越。如果接受朱熹的观点，就会看到，并不只是死者才被称为鬼，而是连阴阳魂魄，人之呼吸都有鬼神的作用在其中。

> 才卿问："来而伸者为神，往而屈者为鬼。凡阴阳魂魄，人之嘘吸皆然；不独死者为鬼，生者为神。故横渠云：'神祇者归之始，归往者来之终。'"曰："此二句，正如俗语骂鬼云：'你是已死我，我是未死你。'楚词中说终古，亦是此义。"（"去终古之所之兮，今逍遥而来东。羌灵魂之欲归兮，何须臾而忘反！"）（《语类》卷三，第39页）

神是鬼之始，鬼是神之终，神鬼相接，若连环之不解，这样的观念，俗语古训中并不乏见，像这段话里提到的横渠语、俗语以及《楚辞》即是，朱熹的贡献在于，他为这种观念提供了一种基于气之屈伸往来的新解释，从而大大地冲淡了它原有的神秘意味。

如果说人鬼之间并无截然界限，那么，一个活人也可以说亦鬼亦神。然而，既然称人称鬼，毕竟还是有别。朱熹当然也承认这种分别，他认为，情况固然错综复杂，但是神鬼还是有个大界限在。

> 铢问："阳主伸，阴主屈。鬼神阴阳之灵，不过指一气之屈伸往来者而言耳。天地之间，阴阳合散，何物不有？所以错

---

❶ 如《礼记·祭义》即云："众生必死，死必归土，此之谓鬼。"

综看得。"曰："固是。今且说大界限，则《周礼》言'天曰神，地曰祇，人曰鬼'。三者皆有神，而天独曰神者，以其常常流动不息，故专以神言之。若人已自有神，但在人身上则谓之神，散则谓之鬼耳。鬼是散而静了，更无形，故曰'往而不返'。"（《语类》卷八十七，第 2260 页）

朱熹解释说，虽然天地人都有神，但《周礼》说天神地祇人鬼，是有道理的，天因为常常流动不息，所以专称为神；人也有神，但只是在人身上才叫作神，散了则称为鬼。

　　因言魂魄鬼神之说，曰："只今生人，便自一半是神，一半是鬼了。但未死以前，则神为主；已死之后，则鬼为主。纵横在这里。以屈伸往来之气言之，则来者为神，去者为鬼；以人身言之，则气为神而精为鬼。然其屈伸往来也各以渐。"（《语类》卷三，第 40 页）

人活着的时候是以神为主，死后以鬼为主。按照屈为鬼、伸为神的理论，固然可以说活人身上鬼神参半，但是，气的屈伸往来，是逐渐的而不是突然的，所谓"人自方生，而天地之气只管增添在身上，渐渐大，渐渐长成。极至了，便渐渐衰耗，渐渐散"（《语类》卷六十三，第 1548 页）。从生到死，总的来说，是气从伸到屈的过程，毕竟是来的气多于去的气，基本上以伸（神）为主，死后则渐渐以屈（鬼）为主，是去的气多于来的气。
　　值得注意的是，在这条语录里，朱熹对人身上的鬼神又做了一个特别的规定：气为神，精为鬼，以此区别于作为气之屈伸往来的鬼神。

至此，我们看到，朱熹对鬼神做过三种不同的界说，那就是：作为气之屈伸往来，作为阴阳或阴阳之灵，以及这里所说的精气。他还为每一种理解都注明了语境：屈伸往来是指一气而言，阴阳之灵是指二气而言，精气是指人身而言。❶

不过，在朱熹的理论系统中，这三种理解并非相互隔绝，而是彼此相通，也正因如此，他的鬼神论说呈现出盘根错节之态，令人难以把握。一方面，当他着意进行辨析时，鬼神的不同意谓以及相应语境界限分明；另一方面，他在实际言说中，又常常越过这些界限，一概而论。比如，当他有意进行区分时，他了解，魂魄是就人而言，精气是就物而论，而鬼神则指非人的情形："精气就物而言，魂魄就人而言，鬼神离乎人而言。"（《语类》卷六十三，第1544页）这种讲法也是有儒家传统的，《周易》就有"精气为物，游魂为变"之说。然而，在上面提到的有关鬼神的第三种理解中，他并不回避用精气来谈论人。

朱熹之所以常常越过不同意谓以及相应语境去说鬼神，是因为，在他意识当中，阴阳生死鬼神精气魂魄屈伸这些概念是相互粘连的，总体上，这些概念可以分为两边，阴、死、鬼、精、魄、屈是一边，阳、生、神、气、魂、伸是一边，凡属一边的概念都可以类比，分属两边的概念都可以对举，因此，有时就会给人产生"错位"或者"牵强"的印象。比如，作为成对的概念，魄通常是与魂

---

❶ 朱荣贵曾提出，朱熹所理解的鬼神有三种：造化之自然表现，所谓的妖怪或沉魂滞鬼，以及回应人们祈祷之神明。（前揭书，第267页）其所据则为以下材料："雨风露雷，日月昼夜，此鬼神之迹也，此是白日公平正直之鬼神。若所谓'有啸于梁，触于胸'，此则所谓不正邪暗，或有或无，或去或来，或聚或散者。又有所谓祷之而应，祈之而获，此亦所谓鬼神，同一理也。"（《语类》卷三，第34—35页）按：朱熹这里所说的三种鬼神是从道德角度对鬼神所做的简单分类，即正神（鬼）、邪神（鬼），以及无所谓正邪之神（鬼），不足以代表他对鬼神所做的全面理论分析。

而不是与气一道出现的，但在朱熹那里并不缺乏将气魄对举来说人的例子。

> 问："'气也者，神之盛也；魄也者，鬼之盛也。'岂非以气魄未足为鬼神，气魄之盛者乃为鬼神否？"曰："非也。大凡说鬼神，皆是通生死而言。此言盛者，则是指生人身上而言。所以后面说'骨肉毙于下，阴为野土'，但说体不说魄也。"（《语类》卷八十七，第2258页）

"气也者，神之盛也；魄也者，鬼之盛也"，原是孔子答宰我鬼神之问的话（《礼记·祭义》，《礼记正义》卷四十七，《十三经注疏》，第1595页）。朱熹在解释这段话时认为，孔子所说的气魄之盛，是指活人而言，因为一般说到鬼神，既包括生也包括死，如果要对生死做出某种区分，那么，可以从气魄盛衰这个角度说明，人生时气魄盛，死后气魄衰。

按照朱熹，气魄不仅可以与生死鬼神相比拟，还可以用阴阳来说明："气属阳，魄属阴。"（《语类》卷三，第45页）同样，在不同语境下魂魄与阴阳以及屈伸都存在对应关系："魂魄，以二气言，阳是魂，阴是魄 [1]；以一气言，则伸为魂，屈为魄。"（《语类》卷六十五，第1602页）

4. 魂魄

魂魄之说在中国古代源远流长 [2]，限于篇幅，这里着重考察这

---

[1] 这个说法显然吸收了《淮南子注》的如下思想："魂者，阳之神；魄者，阴之神"。

[2] 这方面研究文献甚夥，钱穆"中国思想史中之鬼神观"（1955）（收入氏著《灵魂与心》，《钱宾四先生全集》46，第69—134页）一文也许是迄今为止对这个主题

个问题在朱熹话语系统中的表现。朱熹指出，就其本义而言，魂魄与精气有关，"魂魄，《礼记》古注甚明，云：'魂，气之所出入者是；魄，精明所寓者是'"（《语类》卷八十七，第 2260 页）。"《易》言：'精气为物'。若以精气言，则是有精气者方有魂魄。但出底气便是魂，精便是魄。"（《语类》卷六十八，第 1686 页）这是说，精为魄，出入之气为魂。大致说来，魂相当于精神的因素，魄则相当于形体的因素："或曰：'大率魄属形体，魂属精神。'曰：'精又是魄，神又是魂。'"（《语类》卷八十七，第 2259 页）这里所说的"精神"是偏正词，主要指"神"，就像朱熹有时使用"精气"实际上还是指"精"一样。魄是形体，魂是形体所具备的功能，有体必有用，体用相即。体是静的，用是动的，所以，如果说魄是主静的，那么，魂就是主动的。

> 问魂魄。曰："魄是一点精气。气交时便有这神。魂是发扬出来底，如气之出入息。魄是如水，人之视能明，听能聪，心能强记底。有这魄，便有这神，不是外面入来。魄是精，魂是气；魄主静，魂主动。"（《语类》卷三，第 40 页）

在这个意义上，鬼神与精神魂魄几乎是不可分的。

> 问："鬼神便是精神魂魄，如何？"曰："然。且就这一身

（接上页）最详尽的研究。余英时"魂兮归来——论佛教传入以前中国灵魂与来世观念的转变"（1987）（收入氏著《东汉生死观》，第 127—153 页）结合考古发现补充了一些新的材料。饶宗颐"说营魄和魂魄二元观念及汉初之宇宙生成论"（收入氏著《中国宗教思想史新页》，第 44—51 页）一文将汉人魂魄观念与古埃及、吐鲁番以及彝族人的相关观念做了初步比较。

看，自会笑语，有许多聪明知识，这是如何恁地？虚空之中，忽然有风有雨，忽然有雷有电，这是如何得恁地？这都是阴阳交感，都是鬼神。看得到这里，见一身只是个躯壳在这里，内外无非天地阴阳之气。所以夜来说道：'天地之塞，吾其体；天地之帅，吾其性。'思量来，只是一个道理。"又云："如鱼之在水，外面水便是肚里面水。鳜鱼肚里水与鲤鱼肚里水只一般。" ❶（《语类》卷三，第40页）

对于"鬼神便是精神魂魄"这个说法，朱熹主要是从鬼神就是阴阳交感这个意义上理解的。他把一切现象都归结为阴阳之气的作用，又把阴阳交感理解为鬼神的运动，这样，可以说，一切现象都离不开鬼神。这个意思就是《中庸》"鬼神"章所说的"鬼神之为德其盛矣……体物而不可遗"。

"体物而不可遗"这句话，郑玄与朱熹的解释有所不同。前者说："体犹生也，可犹所也。不有所遗，言万物无不以鬼神之气生也。"（《礼记正义》卷五十二，第1434页）后者则谓："鬼神无形与声，然物之终始，莫非阴阳合散之所为，是其为物之体，而物所不能遗也。其言体物，犹《易》所谓干事。"（《四书章句集注》，第25页）

按照郑玄，"体物"就是生物；按照朱熹，"体物"是为物之体。"体物而不可遗"前面没有出现明确的主语，究竟是什么在"体物而不可遗"？对此，郑玄和朱熹的看法也不相同。郑玄认为是"鬼神之气"，这个说法表明，郑玄并没有把鬼神理解为气。朱

---

❶ 伊川有"人居天地气中，与鱼在水无异"之说（《遗书》卷十五，《二程集》，第166页），二说相较，让人不能不推想，其间存在某种继承关系。

熹则认为就是"鬼神":"'体物而不可遗',用拽转看。将鬼神做主,将物做宾,方看出是鬼神在体那物,鬼神却是主也。"(《语类》卷六十三,第1544页)

而在另一些场合,朱熹又有"鬼神之德为物之体"这样的提法:"体物之意……本是鬼神之德为此万物之体,非是先有物而鬼神之德又从而体之也。"(答吕子约["时习之义"],《文集》卷四十七,《朱子全书》第二十二册,第2169页),"物之聚散始终,无非二气之往来伸屈,是鬼神之德为物之体,而无物能遗之者也。"(答吕子约["巧言令色"],《文集》卷四十七,《朱子全书》第二十二册,第2172页)

就朱熹前后的意思来看,"鬼神之德为物之体"应该是更为准确的表述。上引"物之终始,莫非阴阳合散之所为,是其为物之体而物所不能遗",其中的"其"当指阴阳合散之运动,而不是阴阳本身,也就是说,不是阴阳构成了事物之体,而是阴阳运动造就了事物。如果说鬼神是阴阳之气,那么阴阳之气的合散或往来屈伸就是鬼神的功能(德)。也许,正是从这个意义上,朱熹使用了"鬼神之德为物之体"这样的提法。经过这样理解的鬼神,实际上就成了宇宙的发生与发展原理:

> 问:"'体物而不可遗',是有此物便有鬼神,凡天下万物万事皆不能外夫鬼神否?"曰:"不是有此物时便有此鬼神,说倒了。乃是有这鬼神了,方有此物;及至有此物了,又不能违夫鬼神也。"(《语类》卷六十三,第1544页)

"有这鬼神了,方有此物",是说鬼神是万事万物发生的前提或依据;"有此物了,又不能违夫鬼神也",是说万事万物的发展也离不开鬼神。如果我们了解在朱熹的概念图式中，鬼神不是别的，就是气，那么，不妨说，他在这里描绘的宇宙图景仍然是新儒学一贯的气化宇宙论，只不过他用鬼神取代了气。这种宇宙论叙述让人很自然地想起周敦颐在其《太极图说》中所做的工作。事实上，朱熹乐于看到人们用《太极图说》来疏通《中庸》鬼神章大意。

> 又问"体物而不可遗"，曰："只是这一个气。入毫厘丝忽里去，也是这阴阳；包罗天地，也是这阴阳。"问："是在虚实之间否？"曰："都是实，无个虚底。有是理，便有是气；有是气，便有是形，无非实者。"又云："如夏月嘘出固不见，冬月嘘出则可见矣。"问："何故知此？"曰："春夏阳，秋冬阴。以阳气散在阳气中，如以热汤如放热汤里去，都不觉见。秋冬，则这气如以热汤搀放水里去，便可见。"又问："'使天下之人齐明盛服以承祭祀'，若有以使之。"曰："只是这个气。所谓'昭明、焄蒿、凄怆'者，便只是这气。昭明是光景，焄蒿是蒸袅，凄怆是有一般感人，使人惨慄，如所谓'其风肃然'者。"问："此章以《太极图》言，是所谓'妙合而凝'也。"曰："'立天之道，曰阴与阳；立地之道，曰柔与刚；立人之道，曰仁与义'，便是'体物而不可遗'。"（《语类》卷六十三，第 1547 页）

可以看到，在这条语录里，朱熹纯用"气"来说"体物而不可遗"，对"鬼神"只字未提。这表明，在他的意识当中，鬼神、阴阳、气，确乎是可以通用的概念。在回答有关虚实的提问时，朱熹还提到了一个理—气—形的因果关系链。正是在这个地方，朱熹重"理"的哲学立场暴露出来，如果我们把它和张载对"体物而不可遗"的解释做一对照，这一点就能看得更加清楚。张载说：

凡可状，皆有也；凡有，皆象也；凡象，皆气也。气之性本虚而神，则神与性乃气所固有，此鬼神所以体物而不可遗也。（舍气，有象否？非象，有意否？）（《正蒙·乾称篇第十七》，《张载集》，第63页）❶

张载的语汇带有明显的《易传》痕迹，不过，就其要表达的内涵来看，他所说的"可状"以及"象"相当于朱熹所说的"形"，皆指可见之形象；他所说的"有"则相当于朱熹所说的"实"，都是表示真实的存在。虽然他跟朱熹一样用了"气"的概念，但是他所说的这个"气"有着"虚而神"的特点，其中包括了"神"与"性"，这是朱熹所说的"气"所没有的一些含义，对后者而言，"气"也就是"阴阳"。对于张载，"气"似乎就是最高的概念，而在朱熹那里，"气"之上还有"理"，"理"才是最高的东西。张载的意思似乎是，由于一切存在（有）都可以归结为"气"，而"气"之中又不可缺少"神"与"性"，所以说"神"（鬼神）体物而不遗。然而，张载所说的"虚"该怎样理解？它与朱熹讨论的"虚实"的"虚"是同一个意义吗？还有，张载所说的"神"就是"鬼神"的"神"从而可以指代"鬼神"吗？这些问题一时不容易解决。不过，确定无疑的是，张载不需要像朱熹那样必须借助"理"才能对《中庸》"鬼神"章做出一个恰当的理解。朱熹所说的"理"究竟是什么呢？

孤立地看"有是理，便有是气；有是气，便有是形"这样一组命题，很容易使人把"理"理解成像"气"和"形"那样的实体，然而，多加寻味，我们就会发现，"有是理"其实说的就是"有气

---

❶ 此条亦见《张子语录·语录中》，《张载集》，第323页。

之理"，这里的"理"并不是什么实体性的东西，它挂搭于"气"，非别是一物，"夫聚散者，气也。若理，则只泊在气上，初不是凝结自为一物。但人分上所合当然者，便是理，不可以聚散言也"（《语类》卷三，第 37 页）。"有是理，便有是气"与"有是气，便有是形"并非同一种衍生过程，如果说从"气"到"形"，是物质之间的演化；那么，从"理"到"气"，则不是从一种物质到另一种物质，而是从一个理论前提推到相应的事实。因此，在实体层面上，"气"就是本原；而"理"不过为"气"的存在提供一个逻辑保证。"理"无形象 ❶，它依靠抽象的思辨才能获得。在某种意义上，说"有此理"其实是说"这在逻辑上是成立的"，如果把它翻成英文，就不会使人对其中的"理"再产生实体的联想，因为它不是"There is such a reason"，而是"This is reasonable"。所谓"实理"也不是指某个理实际存在于某处，而只是说那个理不是虚假的。在某种意义上（比如，与张载相比较），朱熹的确是在主张一种"理本论"，但是，我们应当认识到，这种"理本论"并不影响他把"气"作为所有实体的本原。他在谈论鬼神体物而不可遗时，之所以提出"理"来，无非是要求有一种理论自觉。

> 鬼神只是气之屈伸，其德则天命之实理，所谓诚也。天下岂有一物不以此为体而后有物者邪？以此推之，则"体物而不可遗"者见矣。著实见得此理，则圣贤所论一一分明。不然，且虚心向平易分明处理会个题目，勿久留情于此，却生别种怪异底病痛也。（答吕子约 ["修省言辞"]，《文集》卷四十七，

---

❶ 朱熹明确指出理无形象这一点："理便是仁义礼智，何尝有形象来？凡无形者谓之理。"（《语类》卷三，第 38 页）

《朱子全书》第二十二册，第 2179 页）

"其德则天命之实理，所谓诚也"，意思是，鬼神带来的阴阳合散往来屈伸运动能够造就万物，鬼神的这个功能（"鬼神之德"）是无法抹杀的。"著实见得此理"，意思是，真的了解鬼神具有这样的功能。

三　生死

按照新儒学的鬼神理论，一方面人死气散，另一方面万事万物都离不开阴阳之气的屈伸往来，这就发生一个有趣的问题：屈伸往来之气究竟是新的气不断加入还是旧的气反复循环？如果回答是前者，那又带来一个新的问题：这些新的气从何而来？如果回答是后者，则引出一个麻烦：这种讲法与佛教的轮回之说如何区别？对于新儒学，不能不说，这是一个棘手的问题。朱熹意识到了其中的困难，他试图给出一个完满的解答。

问："《中庸》'鬼神'章，首尾皆主二气屈伸往来而言，而中间'洋洋如在其上'，乃引'其气发扬于上，为昭明、焄蒿、凄怆'，是人之死气，此气会消了？"曰："是。"问："伸底只是这既死之气复来伸否？"曰："这里便难恁地说。这伸底又是别新生了。"问："如何会别生？"曰："祖宗气只存在子孙身上，祭祀时只是这气，便自然又伸。自家极其诚敬，肃然如在其上，是甚物？那得不是伸？此便是神之著也。所以古人燎以求诸阳，灌以求诸阴。谢氏谓'祖考精神，便是自家精

神'，已说得是。"（《语类》卷六十三，第 1546 页）

朱熹不同意说"伸底只是这既死之气复来伸"。这正是他与张载在气之屈伸问题上的分歧所在。

1. "反原"与"生生"

朱熹一方面对张载讲鬼神屈伸的话甚表欣赏，另一方面，又指出其有沦为轮回说的危险："《正蒙》说道体处，如'太和'、'太虚'、'虚空'云者，止是说气。说聚散处，其流乃是个大轮回。"（《语类》卷九十九，第 2536 页）朱熹认为，虽然张载也批评佛教的轮回之说，但他却堕入其中而不自知，与佛教的轮回说相比，他是把所有事情都混在一起，从而构成一个大的轮回。

> 横渠辟释氏轮回之说。然其说聚散屈伸处，其弊却是大轮回。盖释氏是个个各自轮回，横渠是一发和了，依旧一大轮回。吕与叔集中亦多有此意思。（《语类》卷九十九，第 2537 页）

导致朱熹下此断语的依据是张载的"形聚成物，形溃反原"之说。

> 又曰："横渠说'形溃反原'，以为人生得此个物事，既死，此个物事却复归大原去，又别从里面抽出来生人。如一块黄泥，既把来做个弹子了，却依前归一块里面去，又做个弹子出来。伊川便说是'不必以既屈之气为方伸之气'。若以圣人'精气为物，游魂为变'之语观之，则伊川之说为是。盖人死则气散，其生也，又是从大原里发出来。"（《语类》卷

一百二十六，第 3032 页）

黄泥弹子这个比喻表明，张载所说的"形溃反原"实际上"形"并不溃，将来还会从大原里产生出一个类似的形。这就无怪乎朱熹要把它称作轮回说了。最早对张载反原之说提出批评的是程颐："横渠反原之说，程子尝非之。今《东见录》中'不可以既反之气复为方伸之气'，此类有数条，皆为此论发也。"（《答林德久 ["所示疑义"]》，《文集》卷六十一，《朱子全书》第二十三册，第 2944 页）

程颐以及朱熹不是不讲反原，但他们所说的反原是形器彻底打散不再保留原状；他们也讲新气从大原里生出，但他们不赞成说生出的新气直接脱胎于原有之形气。为了说明前者，程颐将宇宙比作一个大的洪炉：

> 凡物之散，其气遂尽，无复归本原之理。天地间如洪炉，虽生物销铄亦尽，况既散之气，岂有复在？天地造化又焉用此既散之气？其造化者，自是生气。至如海水潮，日出则水涸，是潮退也，其涸者已无也。月出则潮水生也，非却是将已涸之水为潮，此是气之终始。开阖便是易，"一阖一辟谓之变"。（《遗书》卷十五，《二程集》，第 163 页）

宇宙就像一个巨大的洪炉，所有事物在其中都会被销铄一空，天地造化根本不依赖于已散之气，因为，造化本身就可以生气，就如同海水，涨潮不是将退潮时已经干涸的海水作为来源。同理，方伸之气不可能是由既返之气所充当。这一点，程颐认为，从观察天地之化中不难得到了解。

若谓既返之气复将为方伸之气，必资于此，则殊与天地之化不相似。天地之化，自然生生不穷，更何复资于既毙之形、既返之气，以为造化？近取诸身，其开阖往来，见之鼻息，然不必须假吸复入以为呼。气则自然生。人气之生，生于真元。天之气，亦自然生生不穷。至于海水，因阳盛而涸，及阴盛而生，亦不是将已涸之气却生水。自然能生，往来屈伸只是理也。盛则便有衰，昼则便有夜，往则便有来。天地中如洪炉，何物不销铄了？（《遗书》卷十五，《二程集》，第 148 页）

程颐取鼻息和海水这两个切近的例子作为说明。正如鼻息不是去吸自己呼出之气，海水也不是依靠已涸之气去生水，一切都是生生不穷的，所谓"生生之理，自然不息，如复言七日来复，其间元不断续，阳已复生，物极必返，其理须如此。有生便有死，有始便有终"（《遗书》卷十五，《二程集》，第 167 页）。

综上可知，程、朱与张载意见相左之处在于是否认定"方伸之气"就是"既屈之气"。往深里说，他们之间的分歧在于，是否相信宇宙间存在着常存不灭之物。

"……横渠所谓'非有我之得私'者，而有'形聚成物，形溃反原'之说，如何？释氏以为觉性常存，不受沉坠。如其说，诚有一物在造化之外。老氏谓死而不亡。至于圣人之于丧祭，求诸幽漠如此其至者，果有物无物耶？"知觉正是气之虚灵处，与形器、渣滓正作对也。魂游魄降，则亦随以亡矣。……丧祭之礼，是因其遗体之在此，而致其爱敬以存之，意思又别。（答林德久［"所示疑义"]，《文集》卷六十一，《朱子全书》第二十三册，第 2943—2944 页）

佛教认为，人的知觉或觉性常存不坠，如果这个说法成立，那么，就不能不承认有不经造化而来的事物；另一方面，老子曾说过"死而不亡"。❶对此，朱熹的回应是，知觉虽然与形器、渣滓相对，但随着人死魂魄离散也将一起消亡。也就是说，世间没有什么东西能够一成不变。朱熹还认为，圣人行丧祭之礼这个事实并不表明存在着某个常存不灭之物，至于为什么能够"祭神如神在""洋洋乎，如在其上，如在其左右"，则又另当别论。

朱熹完全了解程颐的"生生之理，自然不息"说应用到屈伸问题上意味着什么。

> 又问："屈伸往来，只是理自如此。亦犹一阖一辟，阖固为辟之基，而辟亦为阖之基否？"曰："气虽有屈伸，要之，方伸之气自非既屈之气。气虽屈，而物亦自一面生出。此所谓'生生之理，自然不息'也。"（《语类》卷九十五，第2437页）

屈伸往来，正如一阖一辟，在理论上，固然阖是辟的基础，辟也是阖的基础，但这并不意味着"方伸之气"就是"既屈之气"，因为，一方面气屈，而另一方面物也不断地生出来，这就是程颐说"生生之理，自然不息"的意思。从这个立场出发，朱熹自不会相信什么托生转世之说，在这一点上，他是程颐坚定的支持者。

> "释氏言轮回转化之说，所传禅长老去何处托生，其迹甚著，是谓气散而此性灵不灭。伊川闻之曰：'若谓既毙之气复为方伸之气，与造化殊不相似。'似与性灵之说不相干，如

---

❶ 老子原话是："不失其所者，久也；死而不亡者，寿也。"（《老子》三十三章）

何？"此等处穷理精熟，自当见得，未可如此臆度论也。（答熊梦兆 ["天命谓性"]，《文集》卷五十五，《朱子全书》第二十三册，第2626页）

程颐以轮回转化与造化之义不合而予以否定，朱熹肯定其为穷理精熟后的必然认识，他自己用来批评轮回说的武器也是造化论："释氏谓人死为鬼，鬼复为人。如此，则天地间只是许多人来来去去，更不由造化。生生都废，却无是理也。"（《语类》卷三，第38页）

有意思的是，朱熹在此问题上唯恐别人落入佛教之说而不遗余力地予以驳证，而后世王夫之却批评他的观点接近佛教。王夫之是在为张载鸣不平时提出这个看法的。

贞生死以尽人道，乃张子之绝学，发前圣之蕴，以辟佛老而正人心者也。朱子以其言既聚而散，散而复聚，讥其为大轮回；而愚以为朱子之说正近于释氏灭尽之言，而与圣人之言异。孔子曰："未知生，焉知死"，则生之散而为死，死之可复聚为生，其理一辙，明矣。（《张子正蒙注·太和》，《船山全书》第十二册，岳麓书社，1998，第22—23页）

王夫之认为，张载所提出的反原之说是"贞生死以尽人道"，本意在于"辟佛老而正人心"，朱熹讥其散而复聚之说为大轮回不能成立，而朱熹自己的观点恰恰陷入佛教灭尽无余之说。在这段话里，王夫之引孔子"未知生，焉知死"来说明"生之散而为死，死之可复聚为生"，然而，这在逻辑上看不出有什么关联。而且，就算我们承认"生之散而为死，死之可复聚为生"，它也并不保证复聚为生者一定要是已死者的复制。另一方面，朱熹信奉的"生生不息"之说从根本上就是反对断灭论的，他固然认为旧气不断消尽，但同时又指出新气不断产生，说他在宣扬一种类似于佛教的灭尽无余论，实在与事实不符。克实而言，王夫之对朱熹提出的反批评基本无效。当然，这并不妨碍他阐述自己对生死问题的看法或信念。王夫之的理论出发点是"全生全归"之说。他提出，"且以人事言之，君子修身以俟命，所以事天；全而生之，全而归之，所以事亲。使一死而消散无余，则谚所谓伯夷、盗跖同一丘者，又何恤而不逞志纵欲，不亡以待尽乎？"（同上）王夫之所说的全生全归的主体乃是"其所从生之本体"（同上书，第40页），即人的生命之原。限于篇幅，这里不拟详细讨论王夫之的思想 ❶，我们只想明确一点，那就是：如果说程颐、朱熹主张的是一种新陈代谢的不息论，那么，张载、王夫之主张的则是一种反复归本的循环论。

2. 死生之说

对人而言，与鬼神之事密切相连的是生死问题，在朱熹看来，生死与鬼神的道理是相通的，因此之故，他常常将鬼神与生死的道理合在一处讨论。在生死问题上，《易·系辞》有几句话，对后世儒家谈论生死鬼神问题起着纲领性作用，一是"原始反终，故知死生之说"，二是"精气为物，游魂为变，是故知鬼神之情状"。朱熹对生死问题的言说即建立在这些说法之上。

"原始反终"是什么意思？为什么因此就可以"知死生之说"？对此，学者有不同的解释。王弼注曰："死生者，终始之数也"，孔

---

❶ 关于王夫之的全生全归说，可参陈来：《诠释与重建——王船山哲学的精神》第10、11章。

颖达疏云："言用《易》理，原穷事物之初始，反复事物之终末，始终吉凶皆悉包罗，以此之故，知死生之数也。止谓用易道参其逆顺，则祸福可知；用蓍策求其吉凶，则死生可识也。"（《周易正义》卷七，《十三经注疏》，第77页）据此而言，原是原穷，始是初始，反是返归，终是终末，死为终，生为始，死生即终始之数。王注、孔疏的共同特点是侧重于训诂，对于思想内涵则嫌开发不足，而朱熹的解释则以阐发义理见长。

> 正卿问："原始反终，故知死生之说。"曰："人未死，如何知得死之说？只是原其始之理，将后面折转来看，便见得。以此之有，知彼之无。"（《语类》卷七十四，第1891页）

信奉孔子"未知生，焉知死"之教的朱熹，对人能知死之说这一点颇为怀疑，认为正解应该是：知得生（始）理，而后据以反推死（终）理；以此岸之有推知彼岸之无。基于其一贯的穷理思想，朱熹将"原始"理解为"原其始之理"，从而把"原始反终"又纳入穷理的范畴，这就大大消解了这个说法所可能有的神秘意味。朱熹的这种理性主义立场在对苏轼的批评中得到充分表现。

> "故知死生之说"。苏（引者按：苏轼）曰："人所以不知死生之说者，骇之耳。'原始反终'，使之了然而不骇也。"愚（引者按：朱熹）谓："人不穷理，故不知死生之说。不知死生之说，故不能不骇于死生之变。苏氏反谓由骇之而不知其说，失其旨矣。穷理者，原其始之所自出，则知其所以生，反其终之所于归，则知其所以死。夫如是，凡所以顺生而安死者，盖有道矣，岂徒以了然不骇为奇哉？苏氏于原始反终言之甚略，

无以知其所谓。然以不骇云者验之，知其溺于坐亡立化、去来自在之说以为奇，而于圣人之意则昧矣。"(《杂学辨·苏氏易解》，《文集》卷七十二，《朱子全书》第二十四册，第 3467 页）

朱熹不同意苏轼把人不知死生之说的原因归结为惊骇恐惧，也不认为"原始反终"的意义仅在于使人了然不骇而已。按他的理解，"原始反终"的目的在于使人知所以生所以死之理，从而顺生安死，人在死亡面前不存在什么骇不骇的问题。他还推想，苏轼既然如此津津乐道于骇与不骇，那么一定会对佛教中的坐亡立化、去来自在之说大为惊奇，也就无法了解，《易传》这句话的本意恰恰在于破除死亡的神秘感。

关于"精气为物，游魂为变"，王弼注曰："精气氤氲，聚而成物，聚极则散，而游魂为变也。游魂，言其游散也。"孔颖达疏云："精气为物者，谓阴阳精灵之气氤氲积聚而为万物也。游魂为变者，物既积聚，极则分散，将散之时，浮游精魂，去离物形，而为改变，则生变为死，成变为败，或未死之间变为异类也。"(《周易正义》卷七，《十三经注疏》，第 77 页）由此可知，这两句话分别是描述聚散生死的。为什么《易传》说据此可以了解"鬼神之情状"呢？王弼的解释是："尽聚散之理则能知变化之道，无幽而不通也。"孔颖达则说："能穷《易》理，尽生死变化，以此之故，能知鬼神内外之情状也。物既以聚而生，以散而死，皆是鬼神所为。但极聚散之理，则知鬼神之情状也。言圣人以《易》之理而能然也。"(同上）孔疏已经把问题说得非常清楚，生死聚散皆是鬼神所为，所以知聚散之理则知鬼神之情状。不过，王注与孔疏并没有明确"游魂"是否就是鬼神，也没有解释通常总是与"魂"相连的"魄"的下落。对于这些问题，朱熹都有所交代。

首先，朱熹认为，游魂并不就是鬼神。因为，"精气为物"与"游魂为变"只是说聚散，聚散的结果才可以说是鬼神。而且，细分起来，聚而为物者是神，散而为变者是鬼。

> 问："尹子解'游魂'一句为鬼神，如何？"曰："此只是聚散。聚而为物者，神也；散而为变者，鬼也。鬼神便有阴阳之分，只于屈伸来观之。横渠说'精气自无而有，游魂自有而无'，其说亦分晓。然精属阴，气属阳，然又自有错综底道理。然就一人之身将来横看，生便带著个死底道理。人身虽是属阳，而体魄便属阴；及其死而属阴，又却是此气，便亦属阳。盖死则魂气上升，而魄形下降。古人说'徂落'二字极有义理，便是谓魂魄。徂者，魂升于天；落者，魄降于地。只就人身，便亦是鬼神。如祭祀'求诸阳'，便是求其魂；'求诸阴'，便是求其魄。"（《语类》卷七十四，第1892页）

朱熹之所以不同意尹氏把"游魂"这句话解为鬼神，是因为在他看来，说到鬼神就有阴阳之分，鬼属阴，神属阳，并且只能就屈伸运动去了解，而精气虽然可以分阴分阳 ❶，但对人来说，阴阳是错综交织的，很难简单用阴或阳来划分。比如，人身属阳，但其体魄却又属阴；人死属阴，但其魂气却又属阳。人死之时，魂升而魄降，升者为神，降者为鬼，"降者屈而无形，故谓之鬼；游者伸而不测，故谓之神"（《杂学辨·苏氏易解》，《文集》卷七十二，《朱子全书》第二十四册，第3468页）。就此观之，人之一身即含鬼神二者。

不仅精气游魂不可以笼统地解为鬼神，即便是精气，也不是

---

❶ 朱熹说："'精气为物'，精，阴也；气，阳也。"（《语类》卷七十四，第1891页）

一物，细看却是精为魄，气为魂❶："'精气为物'，是合精与气而成物，精魄而气魂也。"（《语类》卷七十四，第 1891 页）"精，魄也（耳目之精明为魄）；气，魂也（口鼻之嘘吸为魂），二者合而成物。"（答吕子约［"时习之义"］，《文集》卷四十七，《朱子全书》第二十二册，第 2169 页）

如此说来，"精气为物"即表示魂魄相合。反过来，我们很容易想到，"游魂为变"意思就是魂魄相离。虽然《易传》只说"游魂为变"，没有提到"魄"，但正像朱熹所指出的那样，所谓"变"就是魂魄相离，虽不言魄，而魄在其中："变则是魂魄相离。虽独说'游魂'，而不言魄，而离魄之意自可见矣。"（《语类》卷七十四，第 1891 页）

很自然地，朱熹要用"合""离"二字来对"精气为物，游魂为变"进行概括。

> 林安卿问"精气为物，游魂为变"。曰："此是两个合，一个离。精气合，则魂魄凝结而为物；离，则阳已散而阴无所归，故为变。"（《语类》卷七十四，第 1891 页）

合则生，死则离；生则有，死则无；❷气凝时为人，魂散时为

---

❶ 在朱熹的表述中，"精"一般指魄，"气"一般指魂，但也有例外："气是魄，谓之精；血是魂，谓之质。所谓'精气为物'，须是此两个相交感，便能成物。"（《语类》卷三，第 37 页）如果这则语录所记不误，那么这个情况当然可以视作朱熹不够严谨之处，不过，笔者怀疑，误记的可能性很大，因为同一语录中又说"魂升于天，魄降于地。阳者，气也，归于天；阴者，质也，魄也，降于地，谓之死也。"这是将气对应魂，将质对应魄，而前文则是将气说作魄，将魂称为质。前后抵牾如此，令人难以置信。

❷ 张载曾经从有无角度对《易传》这句话做过总结，其说为朱熹所认肯："横渠说'精气自无而有，游魂自有而无'，其说亦分晓。"（《语类》卷七十四，第 1892 页）"盖精与气合，便生人物；'游魂为变'，便无了。"（《语类》卷六十三，第 1551 页）

鬼。由是观之，《易传》此语虽只说聚散，但生死、有无、人鬼之理都一并包含在其中了。朱熹更将这种内在关联明确点出。

> 问："鬼神生死，虽知得是一理，然未见得端的。"曰："'精气为物，游魂为变'，便是生死底道理。"未达，曰："精气凝则为人，散则为鬼。"（《语类》卷三，第37页）

鬼神、生死是一理，朱熹向学生开示，此理在"精气为物，游魂为变"上便可见出端的。他的意思是，这句话说的既是鬼神之理，又是生死之理。所谓生死之理，是指生死有其演化的内在规律和一定轨迹。

> 人所以生，精气聚也。人只有许多气，须有个尽时，尽则魂气归于天，形魄归于地而死矣。人将死时，热气上出，所谓魂升也；下体渐冷，所谓魄降也。此所以有生必有死，有始必有终也。（同上）

朱熹认为，透过"精气为物，游魂为变"对生死过程的描述，人从中能明白一个道理，那就是："有生必有死，有始必有终。"既然死亡是生命必然要到达的终点，对于死亡，又有什么必要感到畏惧呢？

对生死一理的强调，让朱熹感到，如果不善看，也许会给人造成误导。因此，他又特别做了许多说明，指出，如果不了解圣人立说本意，有可能会溺于轮回因果之说。

> 来书云："幽明之故、死生之说、昼夜之道，初无二理。

明之于幽，生之于死，犹昼之于夜也。鬼神之情状，见乎幽者为不可诬，则轮回因果之说有不可非者。谓上智不在此域可也，谓必无是理不可也。"熹窃谓幽明、死生、昼夜固无二理，然须是明于大本而究其所自来，然后知其实无二也。不然，则所谓无二者，恐不免弥缝牵合，而反为有二矣。鬼神者，造化之迹（伊川语），乃二气之良能也（横渠语）。不但见乎幽而已。以为专见乎幽，此似未识鬼神之为何物，所以溺于轮回因果之说也。（"幽则有鬼神"者，第礼乐而言之。）大抵未尝熟究圣人六经之旨而遽欲以所得于外学者笼罩臆度言之，此所以多言而愈不合也。（答吴公济，《文集》卷四十三，《朱子全书》第二十二册，第 1961—1962 页）

朱熹指出，死与生是有着共通的道理，但了解这一点有一个前提，那就是能"明于大本而究其所自来"，即了解死生各自的由来及其转化过程，不然，所谓无二，就难免牵强附会，最后实际上仍然是有二。以鬼神为例，如果了解到它是造化之迹、二气之良能，那么，就知道它并不仅仅体现于幽微之物，而是为万事万物之体。以为鬼神只与幽微之物有关，那其实是不了解鬼神为何物，因而会陷入轮回因果之说。朱熹的这个批评是针对来书所说"鬼神之情状，见乎幽者为不可诬"而言的。鬼神、死生、幽明，用二程的话来说，是一而二，二而一的关系。

问："'季路问鬼神'章，先生意亦如此。盖幽明始终，固无二理。然既是人，便与神自是各一个道理，既是生，便是与死各自一个道理，所以程先生云：'一而二，二而一也。'"曰："他已说出，但人不去看。有王某者，便骂'学不躐等'之说，说只是一个道理。看来他却只见过'一'字，不见个'二'字。又有说判然是两物底，似又见个'二'字，不见个'一'字。且看孔子以'未能'对'焉能'说，便是有次第了。"（《语类》卷九十六，第2477页）

《论语》尝记，季路问鬼神，孔子答以："未能事人，焉能事鬼？"（《论语·先进》）意为，先把人的事情处理好了再去处理鬼的事情。季路又问死，孔子答曰："未知生，焉知死？"（同上）意为，不了解生的道理，也就无法了解死的道理。[1]朱熹认为，孔子这里所说体现了一种实践的次序。这就是所谓"二"。之所以先从事人做起，是因为事人比事鬼总是要明朗一些。

> 问："人鬼一理。人能诚敬，则与理为一，自然能尽事人事鬼之道。有是理，则有是气。人气聚则生，气散则死。是如此否？"曰："人且从分明处理会去。如诚敬不至，以之事人，则必不能尽其道，况事神乎！不能晓其所以生，则又焉能晓其所以死乎！"（《语类》卷三十九，第1012页）

另一方面，事人与事鬼也并非完全隔绝，而是有着相通的原理，能事人也就能事鬼，从这个意义上说，即是所谓"二而一"。

> 或问"季路问鬼神"章。曰："事君亲尽诚敬之心，即移此心以事鬼神，则'祭如在，祭神如神在'。人受天所赋许多

---

[1] "道"二字为笔者依文意所加，朱熹亦有此说："'事人'、'鬼'，以心言；'知生'、'知死'，以理言。"（《语类》卷三十九，第1011页）

道理，自然完具无欠阙。须尽得这道理无欠阙，到那死时，乃是生理已尽，安于死而无愧。"（《语类》卷三十九，第1011—1012页）

亚夫问"未知生，焉知死"。先生曰："若曰气聚则生，气散则死，才说破，则人便都理会得。然须知道人生有多少道理，自禀五常之性以来，所以'父子有亲，君臣有义'者，须要一一尽得这生底道理，则死底道理皆可知矣。张子所谓'存吾顺事，没吾宁也'，是也。"（《语类》卷三十九，第1012页）

朱熹说的鬼神生死一理还有这样的意思：如果把人的理与鬼的理，生的理与死的理全都掌握了，也就是说，都统一在自己身上，那么，也就无入而不自得、无往而不胜了，更不会为佛教轮回之说所迷惑了。

夫子告子路曰："未能事人，焉能事鬼？未知生，焉知死？"意若曰：知人之理则知鬼之理，知生之理则知死之理，存乎我者，无二物也。故《正蒙》谓"聚亦吾体，散亦吾体，知死而不亡者，可与言性矣。"窃谓死生鬼神之理，斯言尽之。君子之学，汲汲修治，澄其浊而求清者，盖欲不失其本心，凝然而常存，不为造化阴阳所累。如此，则死生鬼神之理将一于我，而天下之能事毕矣。彼释氏轮回之说，安足以语此？（答廖子晦［德明］，《文集》卷四十五，《朱子全书》第二十二册，第2079页）

这里引到张载的话："聚亦吾体，散亦吾体，知死之不亡者，可与言性矣。"出自《正蒙·太和》。朱熹给予了很高的评价，认为

"死生鬼神之理，斯言尽之"。"死而不亡"之说原出《老子》，张载在气化流行的意义上使用，与老子原意形容寿考已有不同，朱熹认为它很好地体现了死生鬼神一理。从这个认识出发，很自然地就到了张载说的"存吾顺事，没吾宁也"（《西铭》），事实上，这也正是朱熹所欣赏的对生死的一种从容态度，不妨说，新儒学的鬼神论述都一再地指向个体现实的自我修养，犹如朱熹在这里说的"君子之学，积极修治，澄其浊而求清者，盖欲不失其本心，凝然而常存，不为造化阴阳所累"，从而区别于世俗在此问题上的功利之习和佛老在此问题上的出世倾向。

第3章

新儒学的穷理说

"穷理"之说并非新儒学所首倡,《易传·说卦传》已有"穷理尽性以至于命"这样的提法。即便在北宋学界,"穷理"也是一个公共话语,而非日后被目为新儒学中坚的那些学者所独享。❶不过,将"穷理"说发展为一种系统的理论从而在其思想体系中占有重要地位的,却不能不推新儒家学者。事实上,今天我们提到"穷理"时首先想到的就是程颐、朱熹这些名字。鉴于朱熹的穷理说,钱穆先生、陈来先生等已有周详的研究❷,因此,笔者着重考察朱熹之

---

❶ 如沈括(约 1031—1095)曾感慨:"人但知人境中事耳,人境之外,事有何限,欲以区区世智情识,穷测至理,不其难哉!"(《梦溪笔谈》卷二六)欧阳修(1007—1072)提出儒者当"究极天地人神事物之理,无所不通"(《欧阳文忠公文集》卷一二四);王安石对宋神宗说:"人情虽难知,然亦有可见之道,在穷理而已。"(《续资治通鉴长编》卷二四二,"熙宁六年正月"条)详邓克铭《宋代理概念之开展》(台北:文津出版社,1993)第一章"事理与性理概念之开展",尤其第 9—20 页。另,关于欧阳修"理"的思想,可参土田健次郎《道学的形成》(东京:创文社,2004)第一章"北宋的思想运动"第二节"欧阳修——中央的动向",尤其第 41—51 页。关于王安石的性理思想,可参邓广铭《王安石在北宋儒家学派中的地位——附说理学家的开山祖问题》一文(收入《邓广铭学术论著自选集》,首都师范大学出版社,1994,第 270—288 页)。

❷ 详钱穆《朱子新学案》(《钱宾四先生全集》,台北:联经出版公司),陈来《朱子哲学研究》(华东师范大学出版社)。

前新儒学"穷理"说的衍变。

一　二程

二程 **❶** 对"穷理"的观念做了较多发挥。一方面，他们明确提出应当重视《易传·说卦传》的"穷理尽性以至于命"这个命题，他们对这个命题做了不同常规的诠释，这个诠释的特点是认为穷理、尽性、至命是一回事，从而实际上强调了穷理的重要。另一方面，更富于开创意义的是，他们还把穷理引入到对《大学》格物致知思想的解释，由此改造了《大学》原有的工夫系统。这个解释思路经过朱熹的继承与发扬，成为新儒学的基本共识之一。

1. 穷理、尽性、至命是一事

二程认为《易传》所提出的"穷理尽性以至于命"应当作为学者自觉追求的目标："学则与佗'穷理尽性以至于命'则不失。"（二先生语，《遗书》卷二上，《二程集》，第37页）

然而，"穷理尽性以至于命"究竟是什么意思？《易传》本文没有给予进一步说明，这就为后人留下了诠释的空间。

从字面上看，穷理、尽性和至命这些词都是动宾结构，作为动词的"穷""尽""至"，意思比较接近，而作为宾语的"理""性""命"则各有所指。"穷理尽性以至于命"中的"以"字暗示，"穷理尽性"与"至于命"是一种手段与目的的关系。手段与目的

---

❶ 仿照朱熹在多数情况下将二程统称为"程子"的做法，笔者亦将二程作为一个整体来看待，除非现有文献提供了明确的归属说明而径予照录，一般不作特别考证。

在逻辑上可以归为广义的因果范畴。而在常识理解中，逻辑上的因果关联，一般都表现为时间上的先后。换言之，按照通常的理解，"穷理尽性以至于命"这样的表述意味着，穷理、尽性与至命在时间上是一个循序渐进的过程。

与常规理解不同，二程认为，穷理、尽性和至命三者说的其实是一回事，如果穷了理，也就尽了性；同样道理，如果尽了性，也就至了命。

> "穷理尽性以至于命"，三事一时并了，元无次序。不可将穷理作知之事，若实穷得理，即性命亦可了。（明道语，《遗书》卷二上，《二程集》，第15页）

> "穷理尽性以至于命"，一物也。（明道语，《遗书》卷十一，《二程集》，第121页）

二程之所以如是说，是因为他们相信"理""性""命"其实是一回事。

> 穷理，尽性，至命，一事也。才穷理便尽性，尽性便至命。因指柱曰："此木可以为柱，理也；其曲直者，性也；其所以曲直者，命也。理，性，命，一而已。"（《外书》卷十一，《二程集》，第410页。引者按：此为伊川语 ❶）

---

❶ 这条语录的前半节与《遗书》卷十八所收的一条只有几字之差："穷理尽性至命，只是一事。才穷理便是尽性，才尽性便至于命。"（伊川语，《遗书》卷十八，《二程集》，第193页）两相比较，《外书》本还多出举例说明的后半节，在内容上显得更为完整，当是程颐同一语录的一个更优版本，故本文在引用时以《外书》本为准。

二程用木柱为例具体说明"理，性，命，一而已"的道理，根据这个说明，理相当于事物的功用，而性是指事物的特性，命则表示事物特性的根据。一事物的功用也就是该事物区别于他事物的特长或特性所在，事物之所以具有这种功用或特性，则是自然所赋予。一事物被自然赋予的某种功用（理）或特性（性）就是它的"命"。既然理、性、命是彼此相通的概念，那么，穷理、尽性和至命这三个任务可以在同一个过程中得到完成，用程颢的话说就是"三事一时并了"（《遗书》卷二上，《二程集》，第15页）。

必须说，二程对"穷理尽性以至于命"这句话的解释已不尽符合《易传》的原意。按二程这种讲法，《易传》这句话当作"穷理尽性则至命"才是，因为，既然穷理就是尽性，尽性就是至命，那么，说了"穷理尽性"之后再加上"以至于命"，就显得多余了。事实上，二程就表示过类似的意见：

> "穷理尽性"矣，曰"以至于命"，则全无著力处。如"成于乐"，"乐则生矣"之意同。（明道语，《遗书》卷十二，《二程集》，第136页）

二程担心，"以至于命"这样的提法会让人误以为"至命"是一种独立的工夫。而在二程看来，"至命"并不具备作为一种独立工夫的资格，因为，作为工夫，它使人"全无著力处"，即不知道如何下手。具有工夫意义的是"穷理尽性"。进一步说，连"尽性"也算不上工夫，工夫只有一种，那就是"穷理"。❶

---

❶ 劳思光提出，二程所说的"穷理"当分二义：与致知格物连用的穷理是工夫意义上的，而与"尽性以至于命"连用的穷理则不是工夫实践问题。详其理由，则谓：后一种情况下所说的"穷理"之"理"不是指人物各具之本性，而是指共同义

二程相信，只要穷了理，性与命就都在其中了，如前所引，是所谓"若实穷得理，即性命亦可了"（明道语，《遗书》卷二上，《二程集》，第15页）。在二程看来，《易传》的表述呈现"穷理—尽性—至命"这样的次序，并不代表它们在逻辑上真的存在这样的次序，因为这三者之间"元无次序"（同上），那么，究竟是什么原因造成了这种情况呢？二程自有解释，那就是，这种次序是立论时偶然形成的，是所谓"立言之势不得不云尔"：

> 或曰："穷理，智之事也；尽性，仁之事也；至于命，圣人之事也。"子曰："不然也。诚穷理，则性命皆在是。盖立言之势，不得不云尔也。"（《粹言》卷二，《二程集》，第1255页）

正是因为二程把穷理看作唯一可用的工夫，所以，毫不奇怪，当有人试图将穷理、尽性、至命分别与智、仁、圣之事相对应时，二程当即会表示反对。

2. 格物穷理

二程"穷理"说的一大特色是把穷理与他们着力表彰的《四书》之一的《大学》的格物思想挂搭起来，使这两个原本不相干的早期儒家观念发生联系从而都获得了新义。这也是二程"穷理"说的重点所在。

————

（接上页）之形上原理。劳氏进而认为张载对二程的批评是错会了二程之意。详氏著《新编中国哲学史（三上）》，广西师范大学出版社，2005，第182—183页。按：谓"穷理尽性以至于命"中的"穷理"之"理"非人物各具之本性，是矣，但这并不影响"穷理"的工夫意义，说如正文。而张载所争亦非误会，详后正文。只不过，较诸张载，小程更喜欢将穷理放到《大学》的工夫系统中去讲而已。

《大学》因为给出了一个明确可行的"为学次第"而颇受二程器重。这个为学次第就是所谓八条目，由外向内，环环相扣，依次为：平天下—治国—齐家—修身—正心—诚意—致知—格物。今本《大学》系汉代郑玄所传之本，其中，有关于"诚意"、"修身在正其心"、"齐家在修其身"、"治国必先齐家"、"平天下在治其国"的说明，说明一律采用"所谓……者……"的句式，但是找不到类似的有关"致知在格物"的说明。究竟是《大学》的作者认为没有这个必要所以不做解释，还是原来有相应的解释但在流传的过程中亡佚了？这是经学史上的一段公案，众说纷纭，像朱熹就倾向于后一种意见，他还根据二程的注释以及自己的理解补了一段文字，而朱熹的这一做法又遭到另外一些学者（其中最著名的是王阳明）的诘难。❶

至于二程，他们的看法是，汉唐所传之本容有错简，但阙文则未必。二程没有过多纠缠于《大学》原本是否有对"致知在格物"的说明这个问题，而是对"致知在格物"的文义本身做了较多的讨论，这些讨论已非汉唐注疏所能范围。

关于"致知在格物"，郑玄注为：

> 格，来也。物，犹事也。其知于善深则来善物，其知于恶深则来恶物。言事缘人所好来也。此致或为至。(《礼记正义》卷六十"大学第四十二"，《十三经注疏》，中华书局影印本，第 1673 页)

---

❶ 关于朱、王在《大学》传本问题上的分歧，可参陈来《有无之境——王阳明哲学的精神》(人民出版社，1991) 第六章"诚意与格物"，尤其第 118—125 页。

关于"格",二程通解作"至"❶:

格，至也。（二先生语，《遗书》卷二上，《二程集》，第21页）

格，至也。（明道语，《遗书》卷十一，《二程集》，第129页）

格，至也，如"祖考来格"之格。（伊川语，《遗书》卷十八，《二程集》，第188页）

格，至也。（伊川语，《遗书》卷二十二上，《二程集》，第277页）

格，至也。（《外书》卷四，《二程集》，第372页）

格，至也。（《外书》卷十，《二程集》，第405页）

关于"物"，二程通解作"事"：

物则（校者注：一作即）事也。（伊川语，《遗书》卷十五，《二程集》，第143页）

物者，凡遇事皆物也。（《外书》卷四，《二程集》，第372页）

二程在解释"格物"时，几乎每次都点出"格"字的含义，相比之下，明确解释"物"字含义的次数要少得多。这也许反映，在二程的意识当中，"格物"一词的关键是"格"而不是"物"。

---

❶ 《二程集》中有一条语录似乎例外："格犹穷也，物犹理也。"（伊川语，《遗书》卷二十五，《二程集》，第316页；亦见于《粹言》卷一，《二程集》，第1197页）但这一条不是严格意义上的对于"格物"的词语释义，另当别论，详后正文。

比较可知，在对"格"和"物"的训诂上，二程与郑玄小异而大同："格"字，郑训作"来"，二程训作"至"，表面似不同，但"来"与"至"意思相近；"物"字，郑训作"事"，二程也训作"事"，两者完全一致。

二程与郑玄的差异主要表现在对"致知在格物"的整体解释上。郑解作"言事缘人所好来也"，这是将"致知"理解为"知善知恶"，而将"格物"理解为"事来"。这个解释朴实无华，没有什么深刻的义理内涵，这也是汉代学者在经典解释上的一贯风格。二程的解释则不同，其要义是将"格物"解作"穷理"，显示出对"理"的某种偏好。比较郑玄与二程有关"格物"的解释，可以清楚地看出汉学与宋学的差异。

依二程对"格物"的逐字解释，"格物"即"至事"，翻成现代汉语，就是"到事（物）这一步"的意思。"到事（物）这一步"，在句意上，明显给人一种不完整的感觉，按理，它前面应该还有一个动词。如果需要给它加上一个动词，那么，哪个词比较合适呢？二程的答案是"穷理"。

> "致知在格物"。格，至也，穷理而至于物，则物理尽。
> （二先生语，《遗书》卷二上，《二程集》，第 21 页）❶

这样，经二程疏通，"格物"就变成了"穷理而至于物"。也许因为"穷理而至于物"这个提法在行文上不够精练，二程实际上较多使用的是另外一个说法——"穷至物理"。

---

❶ 《外书》卷十有一条与之完全相同："致知在格物，格，至也，穷理而至于物，则物理尽。"（《外书》卷十，《二程集》，第 405 页）当是同一条语录的重复收录。本书在引用时以《遗书》本为准。

又问："如何是格物？"先生曰："格，至也，言穷至物理也。"（伊川语，《遗书》卷二十二上，《二程集》，第277页）

"格物"者，格，至也，物者，凡遇事皆物也，欲以穷至物理也。（《外书》卷四，《二程集》，第372页）

必须指出，对二程所说的"物理"，我们不能做狭义的理解。狭义上的物是指与人相对的那种存在，而二程所要"格"的"物"则是包括人和物都在内的一切存在。在汉语中，"物"与"事"经常以"事物"一词的面貌一起出现，这个情况反映，人们相信事与物之间存在某种关联。如前所述，在对"格物"进行训诂时，从郑玄到二程，都无一例外地把"物"训为"事"。二程在这里说"凡遇事皆物也"，是秉承了事、物互训的思路。然而，二程同时又提醒人们，不要把物仅仅理解为事物，格物的时候不要忘记人本身也应该算在内。

今人欲致知，须要格物。物不必谓事物然后谓之物也，自一身之中，至万物之理，但理会得多，相次自然豁然有觉处。（伊川语，《遗书》卷十七，《二程集》，第181页。着重号为引者后加，下同，不再说明）

格物的物并没有限定为外界事物，有关人性的问题同样值得探究。

问："格物是外物，是性分中物？"曰："不拘。凡眼前无非是物，物物皆有理。如火之所以热，水之所以寒，至于君臣父子间皆是理。"（伊川语，《遗书》卷十九，《二程集》，第247页）

二程在说明"物物皆有理"时举了"火之所以热""水之所以寒"这样的例子，从这里我们可以看出，"所以"当是二程所认为的"理"的一个含义。实际上，在另外一处，二程就明确说，"穷物理"就是"穷其所以然"：

> 子曰：穷物理者，穷其所以然也。天之高，地之厚，鬼神之幽显，必有所以然者。苟曰天惟高耳，地惟厚耳，鬼神惟幽显耳，是则辞而已，尚何有哉？（《粹言》卷二，《二程集》，第 1272 页）

如果说只说到天之高、地之厚、鬼神之幽显，这在二程看来，还停留在对事物现象的描述（辞）上。二程相信，这些现象背后一定有其根据或规律（所以然者）。穷物理就是找出这些所以然。反过来，如果找到了这些所以然，也就意味着穷到了这些事物的理。"语其大，至天地之所以高厚；语其小，至于一草木所以如此者，皆穷理之功也。"（《粹言》卷二，《二程集》，第 1272 页）

二程所举"理"的例子还包括"君臣父子间"。"火之所以热""水之所以寒"，这些都属于自然的奥秘，即今天我们所讲的自然科学研究的内容，而存在于君臣父子间的理则属于道德社会法则，是今天我们所讲的人文社会科学研究的范畴。前者主要指原因、根据或规律，后者则主要指准则和规范。❶

如前所揭，二程在回答"格物是外物还是性分中物"的提问时说过"不拘"，似乎无所偏向，但实际上，二程更重视后者。

---

❶ 后来朱熹将"理"的这两个含义用更明确的语言表述出来，即"穷理者，欲知事物之所以然与其所当然者而已"（《答或人七》，《文集》六十四，《朱子全书》，第 3136 页）。

> "致知在格物"，格物之理，不若察之于身，其得尤切。
> （伊川语，《遗书》卷十七，《二程集》，第175页）

这是说，比起探索自然界的奥秘，人类自身问题的解决对人更有意义，也更值得鼓励。二程的这个立场无疑体现了其一贯的人文价值关怀。而穷理上的这种倾向，也决定了二程的格物穷理主要是一种心性修养工夫。依二程，穷理应该是一件使人由衷地感到快乐的事，如果不是这样，又怎么能指望它起到养心的作用呢？

> 子曰："凡人于事，有少自快，则其喜怿之意犹浃洽于心而发见于外，况学而见理者乎？虽然，至于穷理而切切焉不得其所可悦者，则亦何以养心也？"（《粹言》卷一，《二程集》，第1194页）

然而，不管二程对物理做何界定，对穷物之理如何说明，"穷至物理"这种讲法都不能算是对"格物"的一种严格释义，而只能说是某种解释性说明。因为，在训诂上，"格"不对应于"穷至"，"物"也不对应于"物理"。不过，二程这些新儒家解经本来就不服膺于汉唐旧说，往往自我作古，虽然因此也招致后来清代汉学家的非议。说到底，二程与郑玄各自代表着不同的古典解释学路径。如果说郑玄的解释是语学的（philological），那么，二程的解释则是哲学的（philosophical）。从郑玄到二程，确乎可以说，"格物"解释的范式发生了从语学（philology）向哲学（philosophy）的转移。

正是本着义理而非训诂，二程才会有下面这种"非常可怪之论"——在训诂家那里这样的说法几乎是不可想象的：

格犹穷也，物犹理也，犹曰穷其理而已也。（伊川语，《遗书》卷二十五，《二程集》，第316页）❶

这段话里，一个比较突出的现象是二程对"犹"字的反复使用。在"A犹B"这样的句式中，"犹"的意思是"如同，好像"，A是被解释项，B是解释项。A与B的这种关系，在古代汉语中还有其他一些表达方式，如"A即B"，"A则B"，"A，B也"等等。比较起来，在表示A与B之间的相似程度方面，"A犹B"这种表达法明显不如其他几种来得强。无论二程是否出于一种有意识地措辞，我们都可以肯定地说，用了"犹"字而不是"即"或别的词，表明，对二程而言，"格"与"穷"，"物"与"理"，"格物"与"穷理"之间还不是完全对等的关系。换句话说，二程的意思不是指"格"就是"穷"、"物"就是"理"、"格物"就是"穷理"，而是说可以做这样的理解，即"格物"的"格"可以理解为"穷"，"格物"的"物"可以理解为"理"，"格物"可以理解为"穷物之理"。

---

❶《粹言》卷一所收的一条语录含有同样内容。为便比照，兹将两文具引如下。《遗书》本："《大学》曰：'物有本末，事有终始，知所先后，则近道矣。'人之学莫大于知本末终始。致知在格物，则所谓本也，始也；治天下国家，则所谓末也，终也。治天下国家，必本诸身，其身不正而能治天下国家者无之。格犹穷也，物犹理也，犹曰穷其理而已也。穷其理，然后足以致之，不穷则不能致也。格物者，适道之始，欲思格物，则固已近道矣。是何也？以收其心而不放也。"（伊川语，《遗书》卷二十五，《二程集》，第316页）《粹言》本："子曰：学莫大于知本末终始。致知格物，所谓本也，始也；治天下国家，所谓末也，终也。治天下国家，必本诸身。其身不正，而能治天下国家者，无之。格犹穷也，物犹理也，若曰穷其理云尔。穷理然后足以致知，不穷则不能致也。"（《粹言》卷一，《二程集》，第1197页）两相比较，《粹言》本所录内容《遗书》本尽有之，而《遗书》本还多出一节内容，这节内容又被《粹言》另一条语录（无独有偶，就在"学莫大于知本末终始"这条语录下面）所收："子曰：格物，适道之始，思所以格物而已近道矣。是何也？以收其心而不放也。"（《粹言》卷一，《二程集》，第1197页）。至此可断，是《粹言》将《遗书》所收这条语录裂为相邻的两条。本文在引用时仍以《遗书》本为准。

在古代汉语里，"穷"本为形容词，但也可以活用为动词，在二程那里就不乏此例。"穷"字虽然活用为动词，但其形容词性并没有完全消失。作为动词的"穷"，其基本含义是"探究"，而其附带的形容词义则随语境不同而各有所指，或表示探究之广，或表示探究之深。当它用于表示广度时，指无一遗漏，这个意义上的"穷"相当于"尽"，二程提供的例句有："所务于穷理者，非道须尽了天下万物之理。"（二先生语，《遗书》卷二上，《二程集》，第43页）当它用于表示深度时，指追根究源，这个意义上的"穷"相当于"究极"，二程提供的例句有："凡事上穷极其理，则无不通。"（伊川语，《遗书》卷十五，《二程集》，第143页）

如果"格物"的"格"被理解为"穷"，"格物"的"物"就不能再当"物"讲或作"事"用了，这是因为，不管"穷"是表示"尽"还是"极"，"穷物"或"穷事"这样的说法都不符合汉语的表达习惯。

二程将"格物"的"物"解作"物之理"，照顾上述的汉语表达习惯固然在考虑之列，而其主要原因恐怕还是与他们在哲学上的一个认识有关。就此而言，二程用穷理解格物，并非存心要与古人立异，而是其自身的义理脉络使然。

在哲学上，二程存在这样一种见解：事无法穷尽，能够穷尽的只是理。

> 或问："人多惑于鬼神怪异之说，何也？"子曰："不明理故也。求之于事，事则奚尽？求之于理则无蔽，故君子穷理而已。"（《粹言》卷二，《二程集》，第1226页）

为什么事无法穷尽而理就能穷尽？是因为理的数目有限而事的

数目无限吗？不，二程并不认为理的数目有限，相反，二程相信，每个事物都有它的理。

> 凡一物上有一理，须是穷致其理。(伊川语，《遗书》卷十八，《二程集》，第 188 页)
>
> 凡眼前无非是物，物物皆有理。(伊川语，《遗书》卷十九，《二程集》，第 247 页)
>
> 子曰：无物无理，惟格物可以尽理。(《粹言》卷二，《二程集》，第 1267 页)

"一物上有一理"，"物物皆有理"，"无物无理"，这些说法以不同的形式表达了一个相同的观念，那就是，事与理之间存在对应关系。按照这个观念，有多少事，就有多少理；有无穷多的事，就有无穷多的理。

既然理的数目像事一样无穷，那么，究竟是什么保证了理能够被人穷尽呢？二程告诉我们，穷理的秘密在于理都有相通的一面。因为理都有相通的一面，所以，当人穷理穷到一定程度就会领悟到这个相通之处，一旦领悟到这一层，他就可以说自己有把握认识所有理，而不必再对所有的理都一一进行探求（那在事实上也做不到）后才这样宣称。

> 或问："学必穷理。物散万殊，何由而尽其理？"子曰："诵《诗》、《书》，考古今，察物情，揆人事，反覆研究而思索之，求止于至善，盖非一端而已也。"又问："泛然，其何以会而通之？"子曰："求一物而通万殊，虽颜子不敢谓能也。夫亦积习既久，则脱然自有该贯。所以然者，万物一理故也。"

（《粹言》卷一，《二程集》，第 1191 页）

面对"何由而尽其理"这样的提问，二程一开始介绍了穷理的
途径和过程。穷理的途径（端）不止一条，像学习经典（"诵《诗》
《书》"）、研究历史（"考古今"）、考察风土人情（"察物情""揆人
事"）等等都是。❶这些形式表面看来稀松平常，人人都会，实则无
不围绕"理"字推求："穷理亦多端，或读书，讲明义理；或论古
今人物，别其是非；或应接事物而处其当，皆穷理也。"（伊川语，
《遗书》卷十八，《二程集》，第 188 页）"义理""是非""当"，这
些词都可以说是"理"的化身。至于穷理的过程，则是要通过"反
覆研究与思索"。二程特别强调理论思考在穷理过程中的作用，"穷
至物理无他，唯思而已矣。'思曰睿，睿作圣'，圣人亦自思而得，
况于事物乎？"（《外书》卷四，《二程集》，第 372 页）这反映出二
程穷理的理性主义特征。

然而，问者似乎嫌二程提供的穷理方式太过漫长烦琐（泛然）
而不禁要怀疑，像这样穷理究竟何时才能达到会通的境地。二程
于是教导说，捷径是没有的，日积月累地穷理，有一天自然会到
达贯通的地步，而积久之所以能够贯通，则是因为"万物一理"
的缘故。

对于"万物一理"及其类似说法，诸如"只是一理"❷、"物

---

❶ 关于程颐的穷理之端，温伟耀分四个方面做了详细考论，参氏著《成圣之道——北
宋二程修养工夫论之研究》第三章"程伊川之致知与涵养工夫"之三"伊川'格物致
知'之现象学与本体学的诠释"，开封：河南大学出版社，2004，第 73—126 页。
❷ "人患事系累，思虑蔽固，只是不得其要。要在明善，明善在乎格物穷理。穷至于物
理，则渐久后天下之物皆能穷，只是一理。"（伊川语，《遗书》卷十五，《二程集》，
第 144 页）

我一理"❶，需要正确领会。二程的意思不是说万物都是出于同一原理，而是说万物之理在本质上都有相通之处。如果说万物都是出于同一原理，那么，物与物之间又根据什么相互区别？既然说万物，那就意味着各有各的根据（理）。事实上，二程是"一物上有一理"、"物物皆有理"以及"无物无理"这些论点的支持者。所以，"万物一理"之说应当被看作是一种比喻，二程用它来说明万物在更高的意义上属于同类。因为万物皆属同类，所以我们能够借助类推，触类旁通、闻一知十，而不必完全依靠实地调查与研究。

> 格物穷理，非是要尽穷天下之物，但于一事上穷尽，其他可以类推。至于言孝，其所以为孝者如何，穷理（校者注：一无此二字）如一事上穷不得，且别穷一事，或先其易者，或先其难者，各随人深浅，如千蹊万径，皆可适国，但得一道入得便可。所以能穷者，只为万物皆是一理，至如一物一事，虽小，皆有是理。（伊川语，《遗书》卷十五，《二程集》，第 157 页）

二程明确指出，格物穷理不需要尽穷天下万物，而应该充分运用类推原则。"万物皆是一理"从理论上保证了从任何一件事（哪怕它再细小）入手都可以达到穷理的目标。为了说明这个道理，二程还打了一个比方，说这就好像千万条道路都可以通往京城，你只要找到一条也就行了。

---

❶ "物我一理，明此则尽彼，尽则通，此合内外之道也。"（《粹言》卷二，《二程集》，第 1272 页）

"但于一件事上穷尽，其他可以类推"，对这话也要善观其意。二程这样说，不是真的叫人只去穷一件事，而是要人重视类推的运用。穷一件事就可以知道所有的理，二程不相信有这样的人存在。

　　或问："格物须物物格之，还只格一物而万理皆知？"曰："怎生便会该通？若只格一物便通众理，虽颜子亦不敢如此道。须是今日格一件，明日又格一件，积习既多，然后脱然自有贯通处。"（《遗书》卷十八，《二程集》，第188页）❶

　　又问："只穷一物，见此一物，还便见得诸理否？"曰："须是遍求。虽颜子亦只能闻一知十，若到后来达理了，虽亿万亦可通。"（伊川语，《遗书》卷十九，《二程集》，第247页）

"格一物便通众理"，钻研一件事就能通晓全部道理，这种本事，在二程看来，"虽颜子亦不敢如此道"。颜回闻一知十，连孔子也自叹弗如❷。然而，聪明如颜回者，"亦只能闻一知十"，而远远做不到"穷一物就见得诸理"，至于一般人，那就更不要做这样的指望了。所以，格物穷理只能走一条积累渐进之路。

　　所务于穷理者，非道须尽了天下万物之理，又不道是穷得一理便到，只是要积累多后，自然见去。（二先生语，《遗书》

---

❶ "若只格一物便通众理，虽颜子亦不敢如此道。须是今日格一件，明日又格一件，积习既多，然后脱然自有贯通处"，这段话在《粹言》卷一所收的那一条里有类似的表达："求一物而通万殊，虽颜子不敢谓能也。夫亦积习既久，则脱然自有该贯。"（《二程集》，第1191页）比较发现，两条语录所针对的问题并不相同，当非同一语录的不同版本。而在不同场合多次出现类似说法，正说明它们所反映的是二程的一贯之论。

❷ 《论语·公冶长》载：子谓子贡曰："女与回也孰愈？"对曰："赐也何敢望回。回也闻一以知十，赐也闻一以知二。"子曰："弗如也！吾与女弗如也。"

卷二上，《二程集》，第43页）

就《大学》固有的工夫系统来说，二程在"格物"的解释中引入"穷理"，其理论后果是，"格物"成了一个空架子，必须赖其内核——"穷理"才能成立。相应地，依二程之意，《大学》所说的"致知在格物"实际就是"致知在穷理"，而"物格而后知至"当作"理穷而后知至"。也就是说，"致知"最后在"穷理"那里得到落实。事实上，《二程集》中就有这样的言论：

> （潘）康仲（校者注：一作拯）问："人之学非愿有差，只为不知之故，遂流为不同，不知如何持守？"先生言："且未说到持守。持守甚事？须先在致知。致知，尽知也。穷理格物，便是致知。"（伊川语，《遗书》卷十五，《二程集》，第171页。）❶

"穷理格物便是致知"，这在无形中取消了致知在《大学》工夫系统的独立地位。而在实际过程中行使致知功能的穷理，二程却要求，不要把它当作单纯的求知之事，"不可将穷理作知之事。若实穷得理，即性命亦可了"（明道语，《遗书》卷二上，《二程集》，第15页）。按照这个说法，我们应当把二程的穷理理解为一种直接为修心养性服务的道德实践而不是别的什么活动。

---

❶《粹言》所收有一条与此内容相近：潘康仲问："学者于圣人之门，非愿其有异也，惟不能知之，是以流于不同。敢问持正之道？"子曰："知之而后可守，无所知，则何所守也？故学莫先乎致知。穷理格物，则知无不尽，知之既尽，则守无不固。"（《粹言》卷一，《二程集》，第1195页）当是同一语录的不同版本。

二 张载

在二程之外，张载独立发展了一种对于穷理的认识。在了解前者的看法之后，他直率地提出了批评。张载与二程在穷理说上的异趣，反映新儒家虽然有共同的经典资源和诠释对象，但不同学者的关注之点与处理手法却可以大不相同。这个情况也许再次说明，新儒学义理系统的形成是一个充满理论竞争的过程。

1. 穷理尽性然后至于命

与二程一样，张载也很重视《易传》的"穷理尽性以至于命"，但两者的解释颇有不同。如果说二程奉行的是一种同时论，那么，张载坚守的则是一种先后说。"穷理，尽性，至命，一事也"（《外书》卷十一，《二程集》，第 410 页）可为前说之概括，"既穷［物］理，又尽［人］性，然后至于命"（《横渠易说·说卦》，《张载集》，第 235 页）则为后说之写照。在这个问题上，张载与二程还互致批评，《二程集》为我们保留了这些材料。

二程对张载的批评，见《遗书》卷二：

> 理则须穷，性则须尽，命则不可言穷与尽，只是至于命也。横渠昔尝譬命是源，穷理与尽性如穿渠引源。然则渠与源是两物，后来此议必改来。（二先生语，《遗书》卷二上，《二程集》，第 27 页）

二程认为，《易传》对理、性、命所下的动词是不错的，但张载将命比喻为源就不恰当了，因为渠与源虽然关系密切但毕竟不是一个东西，而理、性、命其实没什么不同，"理，性，命，一而已"（《外书》卷十一，《二程集》，第410页）；穷理尽性对于至命而言，也不好比作穿渠引源，因为穷理尽性和至命就是一件事，没有先后之分，"'穷理尽性以至于命'，三事一时并了，元无次序"（明道语，《遗书》卷二上，《二程集》，第15页）。

查《张载集》，没有找到二程所提及的"譬命是源"这样的说法，只有一条议论同时包含了"命"和"源"。这条议论列在张载《易说》中有关"穷理尽性以至于命"的解释之下："性尽其道，则命至其源也。"（《横渠易说》，《张载集》，第234页）

这条材料如果翻成现代汉语，就是：如果人按照正确的方式（道）将自己的禀赋（性）发挥无遗（尽），那么，就可以说（则），他实现了（至）上天一开始（源）就赋予他的那些可能（命）。很清楚，张载在这里并没有把命比作源。如果不是对张载这段材料的误读，二程之说当另有所本。真相如何，文献不足，姑且存疑。我们还是直接来研究张载本文的含义。

除了上引这则材料，我们注意到，张载的解说还有另外一些内容。

> 知 ❶ 与至为道殊远，尽性然后至于命，不可谓一；不穷理尽性即是戕贼，不可至于命。然至于命者止能保全天之所禀

---

❶ "知"字，明万历沈自彰《张子全书》本与古逸丛书本《周易系辞精义》皆作"致"，中华书局校点本《张载集》改如字，校注云："此语为驳程颐'穷理则尽性，尽性则知天命矣……'说而发，谓必先知命而后乃能至于命，故下云'不容有不知'，'致'显当作'知'，因音近致误。"（《张载集》，第234页，注三）按：据下文"不容有不知"，"致"当作"知"，明矣，校者所改。然谓此语为驳程颐"穷理则尽性，尽性则知天命矣"等说所发，则不确。盖张载与程颐之分歧不在"尽性则知天命"，而在"尽性则至于命"。详下正文所论。

赋，本分者且不可以有加也。既言穷理尽性以至于命，则不容有不知。(《横渠易说》,《张载集》, 第 234 页)

这段话的中心是知至之辨。张载提出，知与至不可混为一谈。随后，结合有关"穷理尽性以至于命"的分析，他具体说明了知与至的关系。依张载之见，"至于命"必然包含"知命"在其中，如果不知命，就不可能至于命。而所谓至于命，也不是要给命添加什么，而只是要保全上天本来就赋予人的东西。按照张载在这里对知命与至命的划分，穷理尽性应当归为知命的范畴，与至于命还有一段距离。

本来，《易传》在说"穷理尽性以至于命"时，并没有涉及知的问题。张载将"至命"与"知命"联系起来讨论，是为了整合另一部儒家经典——《论语》的相关说法。此即孔子"五十而知天命"之说(《论语·为政第二》)。对于这个说法，张载直接运用"穷理尽性以至于命"加以解释。

> 穷理尽性，然后至于命；尽人物之性，然后耳顺；与天地参，无意、必、固、我，然后范围天地之化，从心而不逾矩；老而安死，然后不梦周公。(《正蒙·三十篇第十一》,《张载集》, 第 40 页)

张载的这个解释在文本上有一点问题：《论语》原文是"知天命"，而不是"至天命"。除非"知"与"至"可以通用，从而"知天命"就是"至天命"，否则，文本上的这个差异就不容忽略。对于张载，不能不说，这的确是个问题。因为，正是他提出要严格区分"知"与"至"。那么，张载如何自圆其说呢？

三十器于礼，非强立之谓也。四十精义致用，时措而不疑。五十穷理尽性，至天之命；然不可自谓之至，故曰知。六十尽人物之性，声入心通。七十与天同德，不思不勉，从容中道。(《正蒙·三十篇第十一》,《张载集》,第40页）

张载似乎已经注意到《易传》与《论语》的措辞差异当有所解说。他的解释多少有些出人意料："知天命"的"知"本当作"至"，之所以写作"知"，是出于自谦的原因。这实际上是以《易传》为准来裁度《论语》。如果这种理解无误，那么，孔子五十岁所达的境界，准确地说，应该是"至天命"而非"知天命"。

相比之下，二程对"知天命"的考虑就没有张载这么复杂。

"子曰：吾十有五而志于学"，圣人言己亦由学而至，所以勉进后人也。"立"，能自立于斯道也。"不惑"，则无所疑矣。"知天命"，穷理尽性也。"耳顺"，所闻皆通也。"从心"，则不勉而中矣。(《伊川论语解》,《经说》卷六,《二程集》,第1135页）

二程也用"穷理尽性"来解释孔子的"五十而知天命"，但是，对于二程，很简单，"知天命"就是"知天命"，而不是什么"至天命"的自谦之词。

根据我们前面所做的分析，张载在界定"知命"与"至命"时曾把"穷理尽性"归为"知命"范畴。这也就是说，在那里，张载也和二程一样将"知命"理解为"穷理尽性"。这样说来，张载与二程的分歧就不在于是否把"知命"理解为"穷理尽性"，而在于是否认为"知命"之后还有一个"至于命"的阶段。

从《论语》本文来看，张载的观点缺乏直接的证据。就此而言，他在"知命"与"至命"之间分出等第，与其说是基于经典的文本分析，不如说是源于个人的某种信念。而信念通常与一个人的思维习惯以及性情气质有关。

在对"穷理尽性以至于命"进行解说时，张载还说：

> 天道即性也，故思知人者不可不知天，能知天斯能知人矣。知天知人，与穷理尽性以至于命同意。（《横渠易说》，《张载集》，第234页）

"思知人者不可不知天，能知天斯能知人"，这在逻辑上意味着，知天（道）是知人（性）的充分必要条件。"知天知人，与穷理尽性以至于命同意"则表明，张载相信知天与知人之间的逻辑关系同样可以适用于穷理尽性以至于命。也就是说，穷理尽性是至于命的充分必要条件，亦即：要想至于命就必须先穷理尽性，而一旦穷了理尽了性就一定能够至于命。很明显，这里有一种先后的意识。从这个认识出发，"穷理尽性以至于命"就应该被理解为：穷理尽性然后至于命。❶

《易说》属早年之作，张载严格区分知命与至命的这个立场一直坚持到生命的最后也未放弃。

> 二程解"穷理尽性以至于命""只穷理便是至于命"。子厚谓："亦是失于太快，此义尽有次序。须是穷理，便能尽得己

---

❶ 事实上，这个说法明确出现在张载去世前一年结集的《正蒙》一书中："穷理尽性，然后至于命。"（《正蒙·三十篇第十一》，《张载集》，第40页）

之性，则推类又尽人之性；既尽得人之性，须是并万物之性一齐尽得，如此然后至于天道也。其间煞有事，岂有当下理会了？学者须是穷理为先，如此则方有学。今言知命与至于命，尽有近远，岂可以知便谓之至也？"（《洛阳议论》，《遗书》卷十，《二程集》，第115页）

洛阳议论发生在张载死前不久❶，因此，这条材料大致可以反映张载对于"穷理尽性以至于命"问题的最后见解。❷

根据这个记录，张载对二程的主要不满是后者的解释"失于太快"。所谓太快，意思是说，从穷理到至于命，二程省略了一些必要的步骤。张载从三个方面对自己的观点做了申述。

首先，"穷理尽性以至于命"这句话，不管怎么说都❸含有次序的意思，从穷理到至命，至少要经历这样一些次序：穷理—尽己之性—尽人之性—尽万物之性—至于天道。这中间有许多步骤，不是一下子可以完成的。其次，学者应当先从穷理开始，只有这样为学工夫才有下落。最后，知命与至命不管怎么说都存在一定距离，不能因为有了"知"就说是"至"。

可以看到，在这段话里，张载早年的观点——得到重申：知与至不同；必须先"穷理尽性"然后才能"至于命"。不过，与以往

---

❶ 关于《洛阳议论》，朱熹在为《二程遗书》所加的编者按中有一个说明："熙宁十年，横渠先生过洛，与二先生议论。此最在诸录之前，以杂有横渠议论，故附于此。"（《二程集》，"目录"第2页）据《行状》与《宋史》本传，熙宁十年（1077），张载五十八岁，以病卒于临潼。则洛阳之行当在死前不久。

❷ 从内容上看，保存在《二程集》中的这条材料对张载观点的记录反而比二程的更为详细。按理，对于张载的批评，二程当有所回应，但这条材料却没有提供相关信息。尽管有这样的遗憾，这条材料仍不失为我们了解张载晚年"穷理"说的重要佐证。

❸ "此义尽有次序"以及"尽有近远"两句话中的"尽"字，在现代汉语中很难找到一个合适的对应词，"不管怎么说"都是我们根据上下文对"尽"字所做的意译。

的言说相比，现在的论述也增加了一些新的内容，比如，明确地强调了次序的意义；对"穷理尽性以至于命"过程的描述也远比从前详细；此外，还出现了"命"的一个替代用法——天道。天道即命，这个用法与早年的措辞已有不同，那时只说"天道即性也"（《横渠易说》，《张载集》，第 234 页）。现在这种理解倒是与二程不谋而合："天命犹天道也，以其用而言之，则谓之命。"（伊川语，《遗书》卷二十一下，《二程集》，第 274 页）

从穷理到至命需要经过一定的次序，这个思想，张载有时也表达为"穷理当有渐"。

> 穷理亦当有渐，见物多，穷理多，从此就约，尽人之性，尽物之性。天下之理无穷，立天理乃各有区处，穷〔理〕尽性，言性已是近人言也。既穷〔物〕理，又尽〔人〕性，然后至于命，命则又就己而言之也。（《横渠易说·说卦》，《张载集》，第 235 页）❶

必须指出，张载所说的"穷理当有渐"并不只对穷理而言，而是指从穷一物之理到穷多物之理，然后到尽人之性、尽物之性，再到至于己命这样一个整体过程。这与二程所说的由积累而成的穷理不同，后者主要就"穷理"本身而言，指穷理内部的步骤，其具体过程是"今日格一件，明日又格一件，积习既多，然后脱然自有贯通处"（《遗书》卷十八，《二程集》，第 188 页）。

二程用穷理来说明格物，格物即穷物之理。二程所说的物并不

---

❶ 这条材料还有一个节本："穷理亦当有渐，见物多，穷理多，如此可尽物之性。"（《张子语录·语录下》，《张载集》，第 312 页）

限于与人相对的那种存在，而是包括所有的事物。事物无穷无尽，人怎么可能穷尽物理呢？对此，二程的回答是，"格物穷理，非是要尽穷天下之物，但于一事上穷尽，其他可以类推"（《遗书》卷十五，《二程集》，第 157 页）。

虽然张载没有像二程那样明确把格物与穷理拉到一起，但他也强调理性思考对认识事物的作用。张载提出了这样一个观点：人不可能接触到所有的事物（尽物），人所能做的只是最大限度地发挥心灵的功能（尽心）而已。

> 言尽物者，据其大总也。今言尽物且未说到穷理，但恐以闻见为心则不足以尽心。人本无心，因物为心，若只以闻见为心，但恐小却心。今盈天地之间者皆物也，如只据己之闻见，所接几何，安能尽天下之物？所以欲尽其心也。穷理则其间细微甚有分别，至如徧（"徧"字《鸣道》本作"作"，疑"禮"字之误——校者注）乐，其始亦但知其大总，更去其间比较，方尽其细理。若便谓推类，以穷理为尽物，则是亦但据闻见上推类，却闻见安能尽物！今所言尽物，盖欲尽心耳。（《张子语录·语录下》，《张载集》，第 333 页）

> 尽天〔下〕之物，且未须道穷理，只是人寻常据所闻，有拘管局杀心，便以此为心，如此则耳目安能尽天下之物？尽耳目之才，如是而已。须知耳目外更有物，尽得物方去穷理，尽了〔心〕。（《张子语录·语录上》，《张载集》，第 311 页）

这两条语录都谈到了尽物与尽心的问题，因此我们把它们放在一起研究。尽管这两段话里都有些句子难以理解，不过，综合起来看，张载的意思基本还是清楚的。

张载的意思是，讲尽物本来不需要提到穷理，可是，如果不提穷理，恐怕人会把注意力都集中在闻见上面，从而不能够完全发挥心的功能。人本来是没有什么一定的关注之点的，只是碰到事物才会有所用心，如果把心的作用仅仅局限于闻见，那就未免把心看得太小了。毕竟，单靠闻见，人是无法穷尽天下的事物的，要知道，有很多东西是耳目无法企及的，人也只能尽到耳目这些器官的功能，而无法穷尽所有的事物。所谓尽物，只是大概而言，实际上，不经过穷理，很难说真尽到了物，因为事物的具体细节与深层含义只有通过比较才能发现。即便引入推类的概念，如果把穷理当作尽物，那也不过意味着穷理就是根据闻见来推类，然而，闻见哪里能够穷尽物呢？所以，说是说尽物，其实不是真的穷尽事物，而是指充分发挥心的作用（尽心）。❶

可以看到，张载与二程不同，他对类推在穷理过程中的作用持保留态度。他提出，如果根据闻见来类推，那终究是有限的。穷理并不只是类推这么简单，它更要发挥心灵对事物进行比较与综合的能力。不能不说，比起二程，张载对穷理过程的复杂性有更深刻的认识。

2. "自明诚"与"自诚明"

源自《易传》的穷理一说，在被二程、张载等人发掘出来之

---

❶ 张载的这个思想更清楚地表现于他对见闻之知与德性之知的比较上："大其心则能体天下之物，物有未体，则心为有外。世人之心，止于闻见之狭。圣人尽性，不以见闻梏其心，其视天下无一物非我，孟子谓尽心则知性知天以此。天大无外，故有外之心不足以合天心。见闻之知，乃物交而知，非德性所知；德性所知，不萌于见闻。"（《正蒙·大心篇第七》，《张载集》，第24页）从这段话也可以看出，张载对见闻之知与德性之知的区分是受到孟子尽心说的影响。他对孟子所说的尽心做了自己的解释：尽心就是用心去体认一切事物。要使心能够体认到一切事物，就要大其心，即不以闻见梏其心。因为宇宙是无限的，所以，心也不能有所局限，这样才能与宇宙相合。

后，逐渐成为新儒学的一个重要理论工具，在经典诠释方面扮演积极的角色。《论语·为政》中孔子"五十而知天命"的说法，因为与"穷理尽性以至于命"在形式上有比较明显的可供联想之处，二程与张载几乎不约而同地做了比附，虽然他们对"知天命"的解说并不一致。除此而外，二程与张载还根据各自不同的理论兴趣，分别选取了不同的经典作为穷理这一新工具的施用对象。二程用穷理解释《大学》的致知格物，从而使《大学》原有的工夫体系焕然一新。而张载则把注意力投向同在《四书》之列的另一文本——《中庸》。张载运用穷理尽性之说对《中庸》做了富于个人特色的演绎，这集中体现在他对其中"自诚明"与"自明诚"之分的话语转换。

"自诚明"与"自明诚"之分见《中庸》第二十一章："自诚明，谓之性；自明诚，谓之教。诚则明矣，明则诚矣。"在《中庸》作者看来，诚与明关系密切，相互可以通达。不过，使二者各自能够通达对方的因素却并不相同，从"诚"到"明"，是"性"之使然；而从"明"到"诚"则是"教"之作用。❶何谓性？又何谓教？《中庸》首章云"天命之谓性，率性之谓道，修道之谓教"，意思是：天所赋予的东西被称为性，顺着天赋的要求而行被称为道，维护完善所当奉行的原则被称为教。如果这个说法适用于《中庸》全篇，那么，第二十一章中的"自诚明，谓之性"就可以理解为：从诚到明是天性自然而然的结果；"自明诚，谓之教"则可以理解为：从明到诚是后天教育的产物。然而，诚与明又各自代表什么意思呢？

---

❶ 这样解说第二十一章，就是把"谓之"理解为"归功于"的意思，而不是通常的"称之为"。陈荣捷的英译也采用了这种理解："It is due to our nature that enlightenment results from sincerity. It is due to education that sincerity results from enlightenment."（*A Source Book in Chinese Philosophy*, New Jersey: Princeton University Press, 1963, p.107）

这一章的上下文多处涉及"诚",而关于"明"的文字则相对较少。从这些论述我们可以了解到"诚"的含义,这对我们弄清"自诚明"和"自明诚"的确切所指大有帮助。

第二十章"诚者,天之道也;诚之者,人之道也。诚者不勉而中,不思而得,从容中道,圣人也。诚之者,择善而固执之者也"。在我们看来,所谓"诚之",不过是强调这个"诚"应当做动词理解,以区别于单独出现的作为名词的"诚"。❶因此,"诚"与"诚之"的比较实际上是作为名词的"诚"和作为动词的"诚"的比较。

如果我们的这种理解能够成立,"自诚明"与"自明诚"也就不难领会。"自诚明"的"诚"相当于作为名词的"诚",即"不勉而中,不思而得",属于"天之道";而"自明诚"的"诚"则相当于作为动词的"诚",即"择善而固执之",属于"人之道"。作为"天之道"的"诚""不勉而中,不思而得",从"诚"到"中道"不需要经过另外的人为努力,它是自然如此,是人性(性)的自然结果。另一方面,作为"择善而固执之"的"诚",其前提是知道什么是善,用《中庸》自身的语言说就是:"不明乎善,不诚乎身矣"(第二十章)。但知道什么是善并不必然选择善,而教育(教)的功能就在于引导人们选择善并坚持善(择善而固执之)。这就是"自明诚,谓之教"的含义。

第二十二章"唯天下至诚为能尽其性,能尽其性则能尽人之性,能尽人之性则能尽物之性,能尽物之性则可以赞天地之化育,可以赞天地之化育则可以与天地参矣"。这可以看作是在解释为什么完满的人性(即所谓天性)顺其自然发展就能够从容中道。第

---

❶ 事实上,陈荣捷的英译就是这样处理的:"To think how to be sincere is the way of man."(诚之者,人之道也);"He who tries to be sincere is one who chooses the good and holds fast to it."(诚之者,择善而固执之者也)。参见:*A Source Book in Chinese Philosophy*,p.107。

二十三章"其次致曲,曲能有诚,诚则形,形则著,著则明,明则动,动则变,变则化。唯天下之至诚为能化"。这可以看作是在解释,为什么不够完满的人性(即一般的人性)能够通过"诚"的努力最后也能至于善。

这两章都用了顶针的修辞手法,句式整齐,很像作曲上的对位手法。同一句型"唯天下至诚为能……",在前一章用作开头,在后一章则被用作结尾,"至诚"一语在前后章的用法其实不同。第二十三章伊始即明确写着"其次"如何,自是承上章所述"天下至诚"而另起一义。"曲能有诚"表示以下所述皆为假想之情况,其中"诚"字当作"诚之"解,意谓一曲之士若能加诚之之功,亦能形著明动,卒至变化气质。易言之,非极尽诚之之力(至诚)不能真有所变化。

借助上下文的提示,我们可以对"自诚明"和"自明诚"做如上疏通。总的说来,《中庸》这几章文辞简奥,语意缠绕,比如,同一个"诚"字要析为两种含义才可理喻。就此而言,张载运用"穷理"和"尽性"对"明"与"诚"进行一套符码转换,是值得肯定的积极尝试。

> "自明诚",由穷理而尽性也;"自诚明",由尽性而穷理也。(《正蒙·诚明篇第六》,《张载集》,第21页)

经过转换,"自明诚"成了"由穷理而尽性","自诚明"则成了"由尽性而穷理"。"诚"与"尽性"的指涉,在《中庸》本文里多少有迹可循,毕竟第二十三章提到了"至诚"与"尽性"的关联,而"明"与"穷理"的指涉则更多地属于张载个人富于创造的想象。无疑,这个想象是受到了《易传》"穷理尽性以至于命"

说的启发。不过，张载在大胆尝试新说的同时，似乎没有注意到，"由尽性而穷理"这种图景，在《易传》那里是不可想象的，后者所设计的为学是一条"由穷理而尽性"的单行道。换言之，按照《易传》描绘的图式，真正具有为学意义的方式只有"自明诚"。事实上，张载个人更感兴趣的也正是"明诚"一路。

> 须知自诚明与自明诚者有异。自诚明者，先尽性以至于穷理也，谓先自性理会来，以至穷理；自明诚者，先穷理以至于尽性也，谓先从学问理会，以推达于天性也。某自是以仲尼为学而知者，某今亦窃希于明诚，所以勉勉安于不退。孔子称颜渊曰："惜乎吾见其进也，未见其止也。"苟惟未止，则可以窃冀一成就。自明诚者须是要穷理，穷理即是学也，所观所求皆学也。（《张子语录·语录下》，《张载集》，第330页）

如果连孔子都是学而知者，即先穷理以至于尽性，那么，还有什么人可以归到"先尽性以至于穷理"的行列？这无异于否定"自诚明"在实际中的可能。然而，《中庸》第二十一章明言"自诚明"之说，第二十二章又专门对"至诚"能够尽性做了说明，这些无不表明"诚明"一说在《中庸》的义理系统中绝非可有可无之物。

当张载用"穷理以尽性"来解"自明诚"时，大致还说得过去，而一旦他用"先尽性以至于穷理"来解"自诚明"，"穷理尽性"之说与《中庸》原意不能匹配的问题就暴露出来。这是因为，"自明诚"，虽然从严格意义上讲是由明至于诚而不是由穷理而诚，但是因为明由穷理而来，所以在近似的意义上才可以说穷理以至于诚（尽性）。然而，"自诚明"则完全是另外一种情况。

按照《中庸》，"自诚明"当是针对生而知之的圣人而言的。孤立地讨论生而知之的圣人到底存不存在穷理的问题，依对穷理的不同解释，可以做出不同回答。如果把穷理看作是一种行动，即在动词时态上相当于一般将来时，那么，圣人就不存在穷理的问题，因为据《中庸》，圣人是"不勉而中，不思而得，从容中道"。但是，如果把穷理看作是一种成就，即在动词时态上相当于现在完成时，在这个意义上，穷理的意思也就是已经穷得理，那么，当然可以说圣人穷理。事实上，张载就有圣人穷理极尽精微这样的提法：

> "无有远近幽深，遂知来物，非天下之至精，孰能与于此"，〔此〕言《易》之为书也。至精者，谓圣人穷理极尽精微处，《中庸》所谓至矣。（《横渠易说·系辞上》，《张载集》，第199页）

然而，如果说圣人穷理极尽精微，那么，就不应当用"先自性理会来，以至穷理"来形容圣人，因为，这样说就意味着圣人在达到极尽精微的穷理之前还有一个穷理的过程。而生而知之的圣人是不存在作为行动的穷理这样的问题的。张载的困局在于，在说明"自诚明"时，他无法摆脱作为行动的穷理概念，而这样的穷理与生而知之、从容中道的圣人概念却是不能兼容的。

退一步说，即便我们能够同意张载将"自诚明"解释为"先尽性以至于穷理"，也不能接受他对"尽性"所做的这种穷理化处理。所谓"先自性理会来"当指"先尽性"，然而，"自性理会"说到底也还是"穷理"。如果"尽性"也是"穷理"，那么，"先尽性以至于穷理"这样的表述在逻辑上就有自我重复之嫌。

按照张载理论的自身逻辑，"先尽性以至于穷理"这种情况是不应该存在的。如前所述，张载曾经再三强调"穷理为先"的为学次序，并对主张"穷理尽性至于命三事一时并了"的二程予以责难。穷理与尽性同时完成这样的说法尚且被他认为"失于太快"，那就更不要指望他会认可"先尽性然后穷理"这样的做法。

事实上，"先穷理而后尽性"这种模式，在张载判分儒释时，已被当作儒者的一种标识。

> 释氏〔元〕无用，故不取理。彼以〔有〕为无，吾儒以参为性，故先穷理而后尽性。(《横渠易说·说卦》，《张载集》，第234页)

"吾儒以参为性"，这个说法不见经传，当是张载从"人与天地参"这个观念演化而来。"彼以有为无，吾儒以参为性"，意思是：佛教认为，一切事物都是因缘和会而成，没有什么固定的属性，而儒者则相信天地人三者各有其性。但是，张载凭什么说"释氏元无用，故不取理"？又凭什么说"吾儒以参为性，故先穷理而后尽性"呢？从这段话本身看不出究竟，需要结合张载的其他论述才能察明。

> 释氏妄意天性而不知范围天用，反以六根之微因缘天地。明不能尽，则诬天地日月为幻妄，蔽其用于一身之小，溺其志于虚空之大，所以语大语小，流遁失中。其过于大也，尘芥六合；其蔽于小也，梦幻人世。谓之穷理可乎？不知穷理而谓尽性可乎？谓之无不知可乎？尘芥六合，谓天地为有穷也；梦幻人世，明不能究所从也。(《正蒙·大心篇第七》，《张载集》，第26页)

这是说，佛教用因缘和会看待一切事物的成因，从这个观点出发，佛教宣布，天地日月不过是人的幻觉与妄念。张载评论道，由于佛教这样错误地理解事物的本性，导致他们除了自身之外不能对事物有更广泛的利用。上文所说的"释氏元无用"从这里不难得到理解。张载断言，佛教沉溺于自己想象的虚空之中，把事情不是说得过大就是过小，总之不够恰当。因为错误的夸大，将宇宙看作微尘与草芥，从而认为天地有结束的一天；因为眼里只容得下一个自我，以致看不到这个自我从哪里来，于是将整个人世都看成梦幻。关于这一点，张载在另外一处还把它比作夏虫疑冰而加以嘲笑："释氏不知天命而以心法起灭天地，以小缘大，以末缘本，其不能穷而谓之幻妄，真所谓疑冰者与！（夏虫疑冰，以其不识。——原注）"（《正蒙·大心篇第七》，《张载集》，第 26 页）

在历数佛教的种种不堪之后，张载的如下反诘就显得水到渠成：对于这样的佛教，难道还能说它穷理？如果不懂得穷理，难道还能说它尽性？

这无异于剥夺了佛教穷理与尽性的资格。不止如此，张载甚至提出，不要说"尽性"，佛教连谈论"性"的资格都没有。

乾坤，天地也；易，造化也。圣人之意莫先乎要识造化，既识造化，然后〔其〕理可穷。彼惟不识造化，以为幻妄也。不见《易》则何以知天道？不知〔天〕道则何以语性？（《横渠易说·系辞上》，《张载集》，第 206 页）

张载认为，《易》当中的"乾坤"是指天地，而"易"则是指造化，圣人要求先认识造化的作用，只有认识到造化的作用之后，才有可能探明它的原理。佛教的问题恰恰在于它认识不到造化的作用，以为一切都是幻觉与妄念。在这个基础上，张载提出了两个质问：（1）如果不研究《易》，靠什么去认识天道呢？（2）如果不认识天道，又靠什么去谈论事物的根据（性）呢？

按照（1），读《易》几乎成了认识天道（穷理）的唯一途径。张载还把佛教与庄子未能穷理的原因总结为他们都不懂得《易》所讲的穷理。

> 万物皆有理，若不知穷理，如梦过一生。释氏便不穷理，皆以为见病所致。庄生尽能明理，反至穷极亦以为梦，故孔子与颜渊语曰"吾与尔皆梦也"，盖不知《易》之穷理也。（《张子语录·语录下》，《张载集》，第321页）

"若不知穷理，如梦过一生"，张载的意思是，佛教与庄子之所以都会产生人生如梦的印象，这与他们都不懂得要去穷理有关。据张载分析，佛教就不穷理，结果它把世界看成是认识发生毛病所导致的现象；庄子倒是意识到应当去了解事物的规律（理），但他走到了极端，反而也认为一切都是梦。

按照（2），不认识天道，不经过穷理，就无法谈论"性"。不经过穷理而号称了解自己的"性"，在张载看来，那就和佛教一样，不过是自说自话而已。

> 儒者穷理，故率性可以谓之道。浮图不知穷理而自谓之性，故其说不可推而行。（《正蒙·中正篇第八》，《张载集》，第31页）

只有经过穷理，对自己的"性"才能有真正的认识，在这种情况下，循着"性"的要求所走的路也才称得上是真正的"道"。"率性之谓道"语出《中庸》首章，但那里并没有使人产生为什么率性可以谓之道这样的疑问，当然也就谈不上有解释的必要。张载基于他的穷理然后才能尽性的成见，从《中庸》首章解读出了原文所没有的内涵。

约而言之，张载利用《易传》的思想资源对《中庸》的"诚""明"理论做了力所能及的新诠，大大拓展了穷理一说的活动空间，这与二程利用"穷理"对《大学》的"格物致知"进行的阐发属同一性质。不仅如此，张载还以穷理说为武器对佛、道做了批判。不过，张载在运用这一新的理论工具的过程中，也不乏牵合文义、失于穿凿之处。

3. 顺性命之理

张载还注意到《易传》的另一个提法——"顺性命之理"，对穷理与顺理的关系也做了一些讨论。从《易传》本文看，"顺性命之理"那段话就紧接在"穷理尽性以至于命"之后，给人感觉这两者应当存在某种意义上的关联，也许正是出于这种考虑，张载在谈穷理时也提到顺理的问题。

《易传》说：

> 昔者圣人之作《易》也，将以顺性命之理。是以立天之道，曰阴与阳；立地之道，曰柔与刚；立人之道，曰仁与义。（《易传·说卦传》）

这是说《易》把天、地、人之道都包括在其中，那么，天、地、人这三者在《易》中分别充当什么角色呢？用阴阳、刚柔、仁义分别对应天、地、人又出于什么理由呢？对于这些问题，张载做了自己的解释：

> 《易》一物而三才备。阴阳，气也，而谓之天；刚柔，质
> 也，而谓之地；仁义，德也，而谓之人。（《横渠易说·说卦》，
> 《张载集》，第235页）
>
> 阴阳天道，象之成也；刚柔地道，法之效也；仁义人道，
> 性之立也；三才两之，莫不有乾坤之道也。《易》一物而合三
> 才，天〔地〕人一，阴阳其气，刚柔其形，仁义其性。（《横渠
> 易说·说卦》，《张载集》，第235页）

按照张载的理解，阴阳是指气，刚柔是指质或形，而仁义是指
德或性。气象征天，质代表地，德属于人。阴阳意味着象已形成，
刚柔意味着执行规则已经产生一定效果，仁义意味着人性已经基本
确立。天、地、人在中国古代被称为三才，《易传》作者宣称《易》
就是研究天、地、人之道的，表现了一种要对整个宇宙做出总体考
察的愿望。阴阳本来分别用以指清气与浊气，刚柔本来是对形质的
描绘，都与人无关。但是，《易传》作者认为它们都可以用来应用
于人身上。这也许就是为什么谈到性命之理时，除了提到人道之
外，还要同时涉及天道与地道。

那么，性命之理具体又是指什么呢？《易传》作者没有明确加
以点出，只提到了作为天道的阴阳、作为地道的刚柔和作为人道的
仁义。从"是以"这个连接词来看，立天地人之道显然是为顺性命
之理而服务的。然而，如果仅凭这一点就做出如下判断："阴阳、
刚柔、仁义，所谓'性命之理'"（《横渠易说·说卦》，《张载集》，
第235页），则未免出语太急。实际上，张载对阴阳何以谓之性命
之理这一点另有说明。

若阴阳之气，则循环迭至，聚散相荡，升降相求，氤氲相揉，盖相兼相制，欲一之而不能，此其所以屈伸无方，运行不息，莫或使之，不曰性命之理，谓之何哉？（《正蒙·天道篇第三》，《张载集》，第 12 页）

阴阳之所以能被称为性命之理，是因为它运动不止、变化莫测。这样说来，运动不止、变化莫测就是性命之理的一般特征。不过，张载又指出，阴阳之气虽然有这种不定的特征，但并非毫无规律可循。

天地之气，虽聚散、攻取百途，然其为理也顺而不妄。（《正蒙·太和篇第一》，《张载集》，第 7 页）

"为理也顺而不妄"，是说作为"理"，它本身不是杂乱无章的。张载这样说是有根据的。"理"在汉语中的本义是条理，做动词用时，指"使……有条理"，即把没有条理的东西加以理顺。与此相应，对于这种"理"，人除了顺应、因循它之外没有别的更好选择，此即所谓"顺性命之理"。

"顺理而行"的"顺"是强调按理行事时出于自然而不加刻意，在这种情况下，虽然是人在循理，但一切都是依理而行，几乎没有任何个人偏好或企图。如果掺杂任何个人私心在其中，都是人为。在张载这里，人为是与顺理相对的概念，它不是泛指人的行为，而是特指由欲望所驱使的行为。张载相信，人之所以逆理而行，主要是为了满足个人欲望的需要："上达反天理，下达徇人欲者与！"（《正蒙·诚明篇第六》，《张载集》，第 22 页）那么，人又是为了什么原因而要顺理呢？

据张载说来，这完全是穷理的自然趋向。通过穷理，人了解到事物的原理，了解之后就会按照理的要求行事，而不是冲着仁义之名而去行仁义。

> 明庶物，察人伦，庶物，庶事也，明庶物须要旁用；人伦，道之大原也。明察之言不甚异，明庶物，察人伦，皆穷理也。既知明理，但知顺理而行而未尝以为有意仁义，仁义之名，但人名其行耳，如天春夏秋冬何尝有此名，亦人名之尔。（《张子语录·语录下》，《张载集》，第329页）

在这里张载把"顺理而行"看作一种自发的行为，对理性的力量寄予了较高的信赖。在他眼里，一个人如果只穷理而不顺理，那就很难称得上明智，他说："将穷理而不顺理，将精义而不徙义，欲资深且习察，吾不知其智也。"（《正蒙·中正篇第八》，《张载集》，第29页）

张载从正反两方面对"顺理而行"做了论证。一方面，如上所述，"顺理而行"是"穷理"之后明智的选择。另一方面，张载还警告，如果不顺理（即逆理而行），人在灾祸来临时就很难说不是因为个人原因而造成的。

> "莫非命也，顺受其正"，顺性命之理，则得性命之正，灭理穷欲，人为之招也。（《正蒙·诚明篇第六》，《张载集》，第24页）
> "屈信相感而利生"，感以诚也；"情伪相感而利害生"，杂以伪也。至诚则顺理而利，伪则不循理而害。顺性命之理，则所谓吉凶，莫非正也；逆理则凶为自取，吉其险幸也。（同上）

顺性命之理则得性命之正。得性命之正，不是说没有凶险，而是说无论是吉还是凶、是福还是祸，都是理所当然、不可避免的，对个人而言，不存在什么遗憾。逆性命之理则不然，在那种情况下，凶险灾祸都是个人一手造成的，吉利则是一时侥幸而已。

"至诚则顺理而利，伪则不循理而害"这样的话表明，张载相信诚伪是造成顺理与逆理的一个原因。换句话说，一个人不循理而行，可以推知，他做人不够真诚。如果做到极大程度的真诚，人就不会不顺理而行。

然而，一个人诚与不诚，与他顺理与否怎么会有这种内在联系呢？张载的逻辑是，不诚的人谈不上穷理尽性，"不诚不庄，可谓之尽性穷理乎？性之德也未尝伪且慢，故知不免乎伪慢者，未尝知其性也"（《正蒙·诚明篇第六》，《张载集》，第 24 页）。只有至诚的人才能穷理尽性，"至诚，天性也；不息，天命也。人能至诚则性尽而神可穷矣，不息则命行而化可知矣。学未至知化，非真得也"（《正蒙·乾称篇第十七》，《张载集》，第 63 页）。而一旦穷理就肯定会顺理而行。

对新儒家而言，穷理主要是为了弄清所以然之故与当然之则，然而，在逻辑上，知道一件事该怎么做并不保证人一定会那样做，也就是说，从穷理到循理，必须有另外的动力。而张载则提出，顺理而行是穷理的自然结果，也就是说，他相信，这是理性的力量使然；同时，他还暗示，顺理而行使人在灾祸发生时可以做到问心无愧。这种论证多少有些想当然的意味，不过，这样一来，穷理在理论上却获得了一个明确的下落。这也可以说是张载对于新儒学穷理说的一个贡献。

三　程门后学

张载在世之日，关学与二程开创的洛学不相上下，但随着张载逝后其高弟亦相继而亡，关学就渐渐衰微，而洛学则颇为兴旺。因此之故，二程的穷理说在其门人那里得到继承与发展，而张载的穷理思想卒归于沉歇。对于程门诸子的穷理思想，朱熹后来都一一做了评议（集中见于《大学或问下》和《语类》卷十八），以下我们就按朱熹的言说次序加以论述。

1. 吕大临

吕大临（字与叔，号芸阁，1040—1092）本是张载门人，后又师事二程，这个从学经历使他对张、程两家的穷理说都非常熟悉，不过，比较而言，他的穷理说与二程（尤其是大程）的观点更为接近。

张载曾经对《易传·说卦传》的"穷理尽性以至于命"以及"顺性命之理"等思想做了重重推演，而吕大临在其所著《易章句》中对这些话没有给予过多的发挥，比如，有关"穷理尽性以至于命"，他说：

> 理、性与命，所言三者之状，犹各言之，未见较然一体之实，欲近取譬，庶可共言所见。穷理尽性，性尽至命。理穷无有不尽性者，所谓未善，但未化；所云入性之始，非尽性而何？正犹骤居富贵之人，富贵已归，尚未安尔。不已之说，恐未尽至命之义，更愿求之。❶（《易章句·说卦》，《蓝田吕氏遗

---

❶ "所云入性之始"、"不已之说，恐未尽至命之义，更愿求之"这些话当有所指，因无上下文可凭，已不可晓。据《吕氏遗著》辑校者言，纳兰成德《合订删补大易集粹言》所引吕说，《系辞》以下皆无吕注，辑校者乃从南宋吕祖谦编撰的《晦庵先生校正周易系辞精义》中辑出所引吕注，其中，《说卦》六条。恐辑校时径录吕注而不及其上下文，遂贻此惑。

著辑校》，中华书局，1993，第 184—185 页）

吕大临认为，理、性、命本来是一体的，现在将它们并举，主要是出于就近取譬的需要。因为理、性、命是一体的，所以，穷了理也就尽了性，尽了性也就至了命，此即"穷理尽性，性尽至命"；不存在穷了理却没有尽性的情况，此即"理穷无有不尽性者"。

相对于张载将穷理、尽性、至于命严格区分为三个阶段的做法，吕大临的以上解释未免疏略。

又，张载在讲《论语·为政》的"五十而知天命"时，有意识地把"知命"与《易传·说卦》的"至于命"联系起来，由此强调从"知命"到"至于命"有一个过程。而吕大临在解《论语》"子曰吾十有五而志于学……"这一章时，却对"五十而知天命"这句话不置一词。❶

前已述及，张载用《易传》的"穷理"与"尽性"来讲《中庸》第二十一章的"明"与"诚"。吕大临的《中庸》诠释并没有采纳张载的这个讲法。

> 谓之性者，生之所固有以得之。谓之教者，由学以复之。理之实然者，至简至易。既已至之，则天下之理，如开目睹万象，不假思虑而后知，此之谓诚则明。致知以穷天下之理，则天下之理得，卒亦至于简易实然之地，而行其所无事，此之谓

---

❶ 吕大临对十五、二十、三十、四十、六十、七十的情形都做了解释，唯独对五十的情形没有任何说明："信有诸己，故'志于学'；富贵不能淫，贫贱不能移，威武不能屈，故'立'；酬酢万变，用无不利，故'不惑'。六十，心知之虚，通贯乎全体，至七十，然后化。"（《论语解·为政第二》，《蓝田吕氏遗著辑校》，第 428 页）以常理测之，吕大临这样做是很奇怪的，因此，我们不排除这种可能，那就是：朱熹《论语精义》在收入吕氏这条注解时漏掉了其论"五十"的文字。

明则诚。(《中庸解》,《蓝田吕氏遗著辑校》,第 487—488 页)

吕氏将"诚"理解为"理之实然",认为它"致一而不可易也"(《中庸解·诚者天之道也,止虽柔必强》,《蓝田吕氏遗著辑校》,第 487 页),所谓"致一而不可易",意思是说万物一理:"天下万古,人心物理,皆所同然,有一无二,虽前圣后圣,若合符节,是乃所谓诚,诚即天道也。"(同上)吕氏相信,如果达到万物一理的认识,即"既已至之",那么,天下之理就会"不假思虑而后知",这个过程就是"诚则明"。反过来,如果通过致知穷理而掌握了天下之理,即"天下之理得",那么,最后也总是能达到对这个"理之实然"的认识,这个过程就是"明则诚"。

可以看到,虽然吕大临对"诚"和"明"的理解与张载不同,但他与后者一样,都肯定在"明则诚"的过程中不能缺少"致知穷理"的手段。

最能反映吕大临在穷理问题上的个人见解的则是"必穷万物之理同至于一"这一命题。吕氏是在解释《大学》"致知在格物"一语时提出这个命题的。

> "致知在格物",格之为言至也,致知,穷理也。穷理者,必穷万物之理,同至于一而已,所谓"格物"也。(《礼记解·大学第四十二》,《蓝田吕氏遗著辑校》,第 373 页)

与程颢将格物直接解作穷理的做法不同,吕大临先是将致知解作穷理,再对穷理进行解释,最后才归结到格物上来。吕大临把穷理理解为"穷万物之理同至于一"。这个说法究竟是什么意思,它的根据又是什么,吕大临自己有进一步的说明。

合内外之道，则天人物我为一；通昼夜之道，则生死幽明为一；达哀乐好恶之情，则人与鸟兽鱼鳖为一；求屈伸消长之变，则天地山川草木人物为一。孔子曰："吾道一以贯之。"又曰："天下同归而殊途，一致而百虑。"又曰："天下之动，贞夫一者也。"故知天下通一气，万物通一理。此一也，出于天道之自然，人谋不与焉。（《礼记解·大学第四十二》，《蓝田吕氏遗著辑校》，第 373 页）

"合内外之道"，语出《中庸》第二十五章："诚者非自成己而已也，所以成物也。成己，仁也；成物，知也。性之德也，合外内之道也，故时措之宜也。"这段话的意思是：诚并不只是成己就完了，成己为成物也提供了依据。如果说成己所涉及的是处内之道，主要表现为仁；那么，成物所涉及的就是处外之道，主要表现为知（智）。完整的德性，应该包括处内与处外之道两方面。如果做到了仁智统一，那么，在任何时候处理问题都不会有什么不妥之处。吕大临认为"合内外之道，则天人物我为一"，这是富有他自己特色的《中庸》诠释。事实上，他在《中庸解》里对这章的解释即秉此思路：

诚虽自诚也，道虽自道也，非有我之得私也，与天下同之而已。故思成己，必思所以成物，乃谓仁知之具也。性之所固有，合内外而无间者也。夫天大无外，造化发育，皆在其间，自无内外之别。人有是形，而为形所梏，故有内外生焉。内外一生，则物自物，己自己，与天地不相似矣。反乎性之德，则安有物我之异，内外之别哉？（《蓝田吕氏遗著辑校》，第 490 页）

按照吕大临，诚与道都不是"我"能据为己有的，而是与天下共同分享的，换句话说，性本来是没有什么内外之分的，只是因为人被自己的形体所限，才产生了内外之别。人一旦产生了内外有别的意识，就不能与天地相似了。但是就性本来的情况而言，哪里有物我的差异和内外的分别呢？

　　可以看到，吕大临的《中庸》诠释比较多地强调物我不异、内外无间。❶对"物我不异"的强调，主要来自张载的影响。后者曾经提出："大其心则能体天下之物，物有未体，则心为有外。世人之心，止于闻见之狭。圣人尽性，不以见闻梏其心，其视天下无一物非我，孟子谓尽心则知性知天以此。"（《正蒙·大心篇第七》，《张载集》，第24页）将这段话与上揭吕大临《中庸解》有关"合外内之道"的文字加以对照，不难发现，吕文有明显的张说痕迹。

　　其实，从《中庸》本文推不出吕大临所说的诚与道"非有我之得私也，与天下同之而已"这样的意思。如果吕大临的观点成立，就意味着"内外之道本来相合"，那么，《中庸》原文就没必要再说什么"合外内之道"了。从理论上说，对"合外内之道"的解释不牵涉物我关系也能说得通，朱熹的解释就提供了这样一个例子："诚虽所以成己，然既有以自成，则自然及物，而道亦行于彼矣。仁者体之存，智者用之发，是皆吾性之固有，而无内外之殊。"（《中庸章句》，《四书章句集注》，第34页）朱熹没有像吕大临那样把性之所固有理解为与天下万物相同之性，而是把仁智看作性所固有之物，因此，在他这里，合内外之道就是合仁智之德。

---

❶ 吕大临对物我不异的这种强调在他对"诚"的解释中反映得尤为充分："天下万古，人心物理，皆所同然，有一无二，虽前圣后圣，若合符节，是乃所谓诚，诚即天道也。"（《蓝田吕氏遗著辑校》，第487页）"诚"在这里既不是作为形容词性的名词，也不是作为副词"真的"，而是表示宇宙万物的原理相同。

为了论证"天下通一气，万物通一理"，吕大临一连举了四个"为一"，合起来，不过是说人与天地万物为一。此外，他还援引了《论语》、《易传》有关"一"的文句。至此，吕大临所说的"一"，意思已经大体清楚，那就是，"一"具有"一气"与"一理"的含义。

"万物通一气"这样的讲法显示，在吕大临思想中还保留了一定的张载气学的成分。不过，在他有关格物的说明中，主要运用的则是"万物通一理"的观念。这也从一个方面表明，在《大学》诠释或格物问题上，他更多受到二程的影响。对于"物格而后知至"，吕大临做这样的解释：

> 故《大学》之序，必先致知，致知之本，必知万物同出于一理，然后为至。一物不至，则不能无疑，疑存乎胸中，欲至于诚，不啻犹天壤之异、千万里之远，欲卒归于道而无惑，难矣！知万物同出于一理，知之至也，故曰"物格而后知至"。
> （《礼记解·大学第四十二》，《蓝田吕氏遗著辑校》，第 373 页）

在吕大临那里，格物不是别的，就是发现"万物通一理"。发现"万物通一理"，换句话说，也就是获得"万物通一理"这样一个认识。"万物通一理"这个认识的获得，就是所谓知至；而获得这个认识的过程，可以说就是致知。

吕大临一则曰"致知之本，必知万物同出于一理"，再则曰"知万物同出于一理，知之至也"。他所说的"至"有"获得""达到"之意，同时还有"无一遗漏"的意味。在后一种意义上，"至"相当于"至极"。在逻辑上，"知万物同出于一理"这句话的语义重点既可以是"万物"，也可以是"一理"，而从"一物不至，则不能无疑"这句话看来，它的语义重点应该是"万物"而不是"一理"。

所谓"一物不至，则不能无疑"，是指哪怕存在一个例外，也会导致对"万物同出于一理"这个原理产生怀疑，而这种怀疑对于认识进而遵循最高的原理（天道或诚）都将是极大的妨碍。从这个意义上说，认识或发现"万物同出于一理"实际上是德性生活（归于道）的一种内在要求。

当致知被理解为获得（致）"万物同出于一理"这样一种认识（知）的过程，这种致知与穷理就不可分割，在近似的意义上不妨说，致知就是穷理。事实上，吕大临就是这样认为的："致知，穷理也。"（《蓝田吕氏遗著辑校》，第373页）

从这个意义来界定穷理，穷理就不是泛泛的穷究事物之理（像二程所说的那样），而是肩负特殊使命或朝向某个特定目标的行为。这个特殊使命或特定目标即认识到万物的理都是相同或相通的。这也就是吕大临所说的"穷理者，必穷万物之理，同至于一而已"（《蓝田吕氏遗著辑校》，第373页）的含义。

由上分析可知，无论是对出自《大学》系统的格物致知，还是对出自《易传》系统的穷理，或是对出自《中庸》系统的诚明，吕大临的诠释都有一个基本的出发点，那就是"万物一理"的观念。

从学术渊源上看，吕大临的这个观念与二程之教有关。事实上，"万物一理"及类似提法在二程那里早已出现：

> 穷至于物理，则渐久后天下之物皆能穷，只是一理。（伊川语，《遗书》卷十五，《二程集》，第144页。着重号为引者所加，下同）

> 千蹊万径，皆可适国，但得一道入得便可。所以能穷者，只为万物皆是一理，至如一物一事，虽小，皆有是理。（伊川

语,《遗书》卷十五,《二程集》, 第 157 页)

> 求一物而通万殊,虽颜子不敢谓能也。夫亦积习既久,则脱然自有该贯。所以然者,万物一理故也。(《粹言》卷一,《二程集》, 第 1191 页)

> 物我一理,明此则尽彼,尽则通,此合内外之道也。(《粹言》卷二,《二程集》, 第 1272 页)

另一方面,吕大临除了讲"万物一理",同时也讲"万物一体",他对《大学》首章做了如下的发挥:

> 大学者,大人之学也,穷理尽性而已。性者,合内外之道,以天地万物为一体者也。人伦、物理,皆吾分之所固有;居仁、由义,皆吾事之所必然。物虽殊类,所以体之则一;事虽多变,所以用之则一。知此,然后谓之明,明则穷理者也;至此,然后谓之诚,诚则尽性者也。(《礼记解》,《蓝田吕氏遗著辑校》, 第 371 页)

《大学》原文并没有涉及穷理尽性的问题,更没有谈到人性是"以天地万物为一体者",吕大临这样诠释显然是基于个人先见的一种联想。

既讲"一理",又讲"一体",这个特点使得吕大临更接近于大程而非小程。众所周知,程颢曾经提出富有自己特色的万物一体之仁思想,吕大临在仁说上接受了大程的理论❶,而且还将之与格物

---

❶ 详陈来《论宋代道学话语的形成与转变》一文中有关吕大临仁说的研究 (见所著:《中国近世思想史研究》, 商务印书馆, 2003, 第 71—72 页)。

穷理问题联系起来：对他而言，达到万物一体境界的手段或途径就是穷万物之理同至于一的穷理。他说："诚一于理，无所间杂，则天地人物，古今后世，融彻洞达，一体而已。"（《蓝田吕氏遗著辑校》，第489页）对"一体"的强调，应当与吕大临思想中的张载影响也有关。张载在《西铭》中描绘了一种万物一体的景象："乾称父，坤称母；予兹藐焉，乃混然中处。故天地之塞，吾其体；天地之帅，吾其性。民吾同胞，物吾与也。"（《正蒙·乾称篇第十七》，《张载集》，第62页）受教于张载的经历一定使得吕大临对程颢的一体之仁说有某种亲切之感。虽然，按程颐的理解，《西铭》主要是讲"理一而分殊"，也就是说，在程颐眼里，张载的"一体"思想最终还是可以归为"一理"之论。

如果用"理一而分殊"这个标准来衡量吕大临的穷理说，吕说给人的印象就是，讲到"一"的地方明显多于讲到"殊"的地方。后来朱熹对它表示不满，一个主要说辞就在于此。朱熹认为，像吕大临这样强调"一"，实际上就取消了格物与穷理的意义。

> 吕与叔说许多一了，理自无可得穷，说甚格物！（《语类》卷十八，第417页）
> 吕与叔谓"凡物皆出于一"，又格个甚？ ❶（同上）

既然万物都出于同一原理（凡物皆出于一），那么，还有什么

---

❶ "又格个甚？"这句话，中华书局本与《朱子全书》本的校点者都把它和"凡物皆出于一"那句话一起划为吕大临之言。然仔细推敲文气，特别是结合"吕与叔说许多一了，理自无可得穷，说甚格物！"（《语类》卷十八，第417页）这条语录，就不难判断，这句话其实与"说甚格物"那句话一样，是朱熹对吕大临老是强调"凡物皆出于一"的讥弹。详正文。另，遍检《蓝田吕氏遗著辑校》，没有找到"凡物皆出于一，又格个甚？"这样的话，也没有发现吕大临认为格物可有可无这样的言论。

理好穷？还说什么格物呢？朱熹的意思是，之所以要穷理之所以说格物，恰恰是因为物各不同。他批评吕大临只满足于泛泛而谈万物出于同一个原理，却不懂得事物分化之后需要通过穷理才能从纷繁复杂中找到其统一性："固是出于一，只缘散了，千岐（歧）万径。今日穷理，所以要收拾归于一。"（《语类》卷十八，第417页）

依朱熹之见，吕大临说万物同出于一并不错，其穷理说主要错在以下两个方面：

> 然其欲必穷万物，而专指外物，则于理之在己者有不明矣；但求众物比类之同，而不究一物性情之异，则于理之精微者有不察矣。不欲其异而不免乎四说之异，必欲其同而未极乎一原之同，则徒有牵合之劳，而不睹贯通之妙矣。其与程子之说何如哉？（《大学或问下》，第530页）

这是说，吕大临不该把格物的"物"片面地规定为外物，这样一来反倒把自己给遗漏了。吕大临又不该只探究万物的共性而疏于考察事物在各自属性上的差异，这样一来，就不能了解事物原理的那些精微复杂部分。总结而言，吕大临的做法都与愿相违：想让事物无所间隔，却无法避免事物实际并不为一的局面；想找到事物的共性，却没有找到那个最高的共同原理。朱熹最后评论说，按吕大临的这种穷理说去实践，将无法领会贯通的奥妙，白白辛苦而已。

朱熹认为吕大临的穷理说失却二程本意。这个看法似乎有失公允。如前所述，吕大临的穷理说固然有自己的特色，但是，如果说其中看不到二程的影响，那就未免与事实不符。

2. 谢良佐

谢良佐（字显道，号上蔡，1050—1103）被后世推为程门第一高弟（黄宗羲语）、洛学之魁（全祖望语），他的穷理说也有自己的特点。

二程将穷理的观念引入到对《大学》"格物致知"的解释，这个做法也为谢良佐继承。后者提出，知、识需要通过穷物理才能获得。换言之，致知的前提是格物穷理。他说：

> 所谓有知识，须是穷物理。只如黄金，天下至宝，先须辨认得他体性始得。不然，被人将鍮石唤作黄金，辨认不过，便生疑惑，便执不定。故经曰："物格而后知至，知至而后意诚。"（《上蔡语录》卷一，文渊阁四库全书本，下同，不再一一注明）❶

在这里，谢良佐为了说明"物格而后知至，知至而后意诚"，用人们处理黄金问题的情况来打比方。黄金这种东西，谁都知道是宝贝，但你必须先有一定的专业知识才能将它辨认出来，如果你不具备这种知识，那么，当有人把别的什么东西叫作黄金时，你因为辨认不出而陷入犹疑不定的窘境。谢良佐的意思是，只有在对事物做一番探究（即物格）之后，你才会获得有关的知识（即知至），有了这种知识后，你的内心才能获得某种确定性（即意诚）。对事物进行探究，当然主要是为了搞清事物的原理。在这个意义上，格物实际上就是穷理。至此，在对格物穷理致知的理解上，谢良佐并

---

❶《宋元学案》卷二十四《上蔡学案·语录》（中华书局校点本，第918页）所引同。

没有比二程提供更多的洞见。使前者区别于后者的是前者对"穷理"的"理"字的特殊用法。

> 所谓格物穷理，须是认得天理始得。所谓天理者，自然底道理，无毫发杜撰。今人乍见孺子将入于井，皆有怵惕恻隐之心。方乍见时，其心怵惕，即所谓天理也。要誉于乡党朋友，内交于孺子父母兄弟，恶其声而然，即人欲耳。天理与人欲相对，有一分人欲即灭却一分天理，有一分天理即胜得一分人欲。人欲才肆，天理灭矣。任私用意，杜撰做事，所谓人欲肆矣。(《上蔡语录》卷一) ❶

格物穷理的"理"，在谢良佐这里有特殊所指：这个理不是一般的理，而是天理。天理又是什么呢？从上面这段话看来，谢良佐所说的天理，有两个特点，其一，它是自然的，"所谓天理者，自然底道理，无毫发杜撰"，说的就是这个意思；其二，它是道德的。在说明天理的这个特点时，谢良佐动用了《孟子》的思想资源。为了论证人都具有与生俱来的道德心，孟子曾经设想了一个"孺子将入于井"的道德情境。谢良佐认为，人在第一眼（乍）看到这种情境时，内心油然而生一种怵惕或恻隐的反应，就是天理的呈现。这种反应不同于功利的考虑（要誉于乡党朋友，内交于孺子父母兄弟），也不同于某种纯粹的生理反应（恶其声）。在谢良佐看来，后两种应对都属于应当遭到谴责的人欲之列。"天理与人欲相对"，二者处于一种此消彼长的态势，从谢良佐列举的这两种人欲类型，我们可以分析出他对天理的看法。既然他将功利的考虑斥为人欲，由

---

❶ 《宋元学案》卷二十四《上蔡学案·语录》(中华书局校点本，第918页) 所引同。

此，我们可以知道他所说的天理是非功利性的。耐人寻味的是，谢良佐把纯粹的生理反应也纳入人欲范畴。纯粹的生理反应，似乎很难说有什么功利的目的，其发生也颇为自然，为什么谢良佐也把它归之于人欲呢？的确，纯粹的生理反应是很自然，这种自然已经到了非道德的程度。而谢良佐所表彰的天理，归根结底，必须是道德的，换句话说，必须是向善的，这种道德性要求人越出自我的圈子，表现出对他者的一种关怀。纯粹的生理反应，像那种不带任何功利目的个人好恶，其实质是追求一己之快适而不管他人痛痒，因而仍然不过是一种私欲，而与道德无干。也许，正是在这个意义上，它会被谢良佐认作是人欲。综合以上两个特点的天理，实际上就是人的与生俱来的道德意识。

说到道德意识，总是离不开特定的主体，更多地具有一种主观性质。而天理，在一般意义上，又总是表现为外在于主体的规律或规则，相对具有某种客观的品质。当谢良佐把天理等同于人的与生俱来的道德意识时，他似乎已经取消通常意义上的有关道德意识与天理的主客之分。就谢良佐所要表达的意旨来看，泯灭主客之分，似乎主要是基于如下的伦理学考虑：人应当从自私的小我中摆脱出来，进入到一个与天地为一的大我境界。这一点显然是受到大程的影响。总之，谢良佐从道德角度重新定义了自我：斤斤计较于功利与躯体的那个我，并不是真正的自我，真正的自我是作为道德理性化身的那个我。认清这个真我并不容易，它需要穷理的工夫。

> 学者且须是穷理。物物皆有理。穷理则能知天 ❶ 之所为。

---

❶ 此处"天"字，《宋元学案》卷二十四《上蔡学案·语录》（中华书局校点本，第922页）作"人"字。斟酌文意，"天"字得之。

知天之所为，则与天为一。与天为一，无往而非理也。穷理则是寻个是处。有我不能穷理，人谁识真我？何者为我？理便是我。穷理之至，自然不勉而中，不思而得，从容中道。曰："理必物物而穷之乎？"曰："必穷其大者。理一而已，一处理穷，触处皆通。恕，其穷理之本与！"（《上蔡语录》卷二）❶

这段话的中心议题是"穷理"，围绕这个议题，谢良佐讲了好几层意思，以下我们逐句分析。首先，谢良佐提出，学者应当（须）穷理。这自然会激起一个疑问：为什么学者应当穷理？或：穷理究竟有什么意义？假令穷理有意义，又产生另外一个问题：凭什么人可以穷理？或：穷理是如何可能的？对于这些问题，谢良佐在后面都做了回答。穷理的根据在于"物物皆有理"，即，每一件事物都有它的规律或规则（理）可循。这一点实际上是穷理的逻辑前提：穷

---

❶ 四库本《上蔡语录》此下还录有一段异文，出自朱熹删改之前的曾恬本："学者先须穷理。因摇扇曰：此亦理。物物皆有理。自然之理也，天也。穷理则能知天之所为。知天之所为，则与天为一。与天为一，无往而非理也。穷理只是寻个是处。有我不能穷理。人谁识真我？何者为我？理便是我。格物，穷理也。格物必至于知至。不知至，是犹识金安知其非鍮石也。故必知至然后能意诚。穷之至，自然不思而得，不勉而中，从容中道。问：理须物物穷否？曰：理一而已，一处理通，触处皆通，物虽细者，亦有理也。"比对后发现，曾本与朱本的异文主要有三种情况：（一）曾本比朱本多出"因摇扇曰：此亦理"、"自然之理，天也"、"格物，穷理也。格物必至于知至。不知至，是犹识金安知其非鍮石也。故必知至然后能意诚"、"物虽细者，亦有理也"等数句；（二）曾本比朱本少了"必穷其大者"、"恕，其穷理之本与"两句；（三）朱本"穷理之至"，曾本作"穷之至"；朱本"一处理穷"，曾本作"一处理通"。第三种情况无关宏旨，可不论，但前两种异文则值得重视。就曾本比朱本所多的几句来看，曾本较朱本语意为完，尤其有了"格物……意诚"这一段，前后文的脉络显得更加顺畅，使读者能够比较清楚地看出谢氏讲这番话的语境，不审朱本何以不录。就曾本比朱本所少的两句来看，这两句当是朱熹后加，然而这两句恰恰是被朱熹当作谢良佐穷理说的要点而加以批判的部分。朱熹所加应有所本，但今已不知其据何凭，故不敢妄断。虽然如此，四库本保留的这段出自曾本的异文还是为我们提供了谢良佐穷理说的另一副面孔，在史料上有相当价值。这一点向来论者不曾注意，今书此以存疑。

理即意味着有理存在，如果"理"不存在，穷理还有什么意义？

关于穷理的意义，谢良佐认为，它能使人的行为完全符合道德规则。为了说明这一点，他在知与行之间做了推演。穷理，就其本义而言，当然首先是一种求知行为。对此，谢良佐也不否认，"穷理则能知天之所为"，即是说，如果穷理就能了解并理解天的所作所为。考虑到前述谢良佐对天理的特殊理解，这里所说的"天"不能狭隘地理解为自然界。

不过，这还不是谢良佐有关穷理的全部看法，因为他有一个不同寻常的信念："知天之所为，则与天为一。"了解并理解天的所作所为，就与天成为一体。无论如何，在逻辑上，这不是一个有效的推论，它更适于被当作一个比喻来看待。借用这个比喻，谢良佐想要表达的意思无非是，理论一经掌握，就能作用于行动，久之就会成为习惯。"天"在谢良佐的思想体系中实际上是"理"的化身。正因于此，"与天为一"，就是"无往而非理也"。"无往而非理"，即一举一动一言一行无不合"理"（合乎道德规范）。

"穷理则是寻个是处"这句话，从语意上看，与前文不相属，当系另起一义。如果说在它前面的那一小节（从"穷理则能知天之所为"到"无往而非理也"）是着重交代穷理的意义，那么，这句话则是正面说明穷理的含义。"是处"，即正确的方面。在古代汉语里，"是"与"非"是一对反义词，合在一起又组成一个新的词——"是非"，本义为对错，属名词。又可以活用为动词，表示辨别对错、褒贬得失。借用为纠纷、争执，在做这个意思讲时，由原来的施动形式变成受动形式，即原指主体对某个对象予以辨别、褒贬，现指主体被当作对象所受的褒贬、评议。❶从谢

---

❶ 参《辞源》，商务印书馆，1998，第769页。

良佐长期浸润于儒家经典这个背景来看，他对"是处"一词的运用，显然与孟子的"是非之心，智之端"（《孟子·公孙丑上》）有关。作为四端或四心之一的是非之心，不是泛指人在一切事件上要求区分对错的那种意识，而是特指人在道德判断上所形成的最基本的对错观念。道德判断中的对错，准确地说，其实是应当与不应当。"寻个是处"也就是对当然之则的探寻。在二程那里，"穷理"除了研究道德领域的当然之则外，还有研究自然领域的所以然之故这个方面，相比之下，谢良佐对穷理的理解更侧重于道德领域。

从"有我不能穷理"至"理便是我"，这一小节是说明穷理过程中主体自我应处的状态。这层意思与前面说的"与天为一"相连。谢良佐试图在"我""理""天"之间建立起一种等同关系，他说："天，理也。人，亦理也。循理则与天为一。与天为一，我非我也，理也；理非理也，天也。"（《上蔡语录》卷二）❶不过，"有我不能穷理"这种表述还是比较特别的，它把"我"与"穷理"对立起来。由此，谢良佐明确提出了"真我"的概念。他的看法是，"理便是我"，真我其实就是理的化身。必须指出，说"我"是理的化身，是就"我"的理想状态而言的，即使是谢良佐自己也不是一直这样使用"我"这个词的，比如，"有我不能穷理"中的"我"显然不是作为理的化身的那个存在，而是通常意义上的"我"，对穷理有负面影响的存在。谢良佐似乎没有觉察到，这里实际上存在一个悖论。谢良佐的本意是想说在穷理时主体应当尽量摆脱私欲的干扰，但他的表述却显得不够圆满。

从"穷理之至"到"从容中道"，这一小节则是描述穷理后的

---

❶《宋元学案》卷二十四《上蔡学案》（中华书局校点本，第923页）所录同。

境界。按照谢良佐，穷理的结果使主体进入到一种纯粹的道德之境，所谓"不勉而中，不思而得，从容中道"。在这里，谢良佐再次越过知行之间的逻辑界限，从行动的角度定义"知道如何"。穷理不是以单纯知识的获得为终极目标，而是要求将道德准则贯彻于实际行动之中。换句话说，穷理最终指向的不是知而是行。这一点反映出谢良佐的穷理说具有强烈的行动主义特征。

谢良佐有关穷理这段话的最后一小节是讨论穷理的途径的，采用一问一答形式。与二程一样，他也不主张穷理是对事物进行无一遗漏的探究。不过，二程比较多地强调积累与渐进，而谢良佐则提出"穷其大者"的方针。这个穷理路线的理论基础是"理一"，正是因为"理一"，所以尽管事有万绪，而穷之可通。类似意思在另一条语录里亦有反映。

> 或问："天下多少事，如何见得是处？"曰："穷理便见得。事不胜穷，理则一也。"（《上蔡语录》卷三）❶

二程虽然也多次谈到万物一理，但没有像谢良佐这样宣称"一处理穷，触处皆通"。谢良佐的意思究竟是说在穷理过程中只要"穷其大者"就可以一通百通，还是说先"穷其大者"然后穷其小者就变得相对容易，这一点不是很清楚，如果是前者，那正是二程曾经明确给予批评的想法。

谢良佐穷理说最让人感到困惑的地方是"恕，其穷理之本与"这句话。"恕"显然典出《论语》："夫子之道，忠恕而已矣"（《里仁》），皇侃《疏》引王弼云："恕者，反情以同物者也"（程树德：

---

❶《宋元学案》卷二十四《上蔡学案·语录》（中华书局校点本，第925页）所录同。

《论语集释》卷八《里仁下》，中华书局校点本，第265页），朱熹《集注》谓"推己之谓恕"（《四书章句集注》，第72页）。从这些注疏来看，"恕"的意思主要是指推己及人或及物。谢良佐用它来解穷理，不能不说是别出心裁。鉴于"恕"的基本含义是类推，因此，将"恕"作为穷理之本就相当于说：穷理最基本的方法是类推。从万物一理的观念出发，二程哲学也重视"类推"在穷理中的作用，"格物穷理，非是要尽穷天下之物，但于一事上穷尽，其他可以类推"（伊川语，《遗书》卷十五，《二程集》，第157页）。但二程并没有把类推当作穷理最基本的方法。在二程那里，只是在贯通或达理之后才比较多地运用到类推，而要贯通或达理，先必须经过"今日格一件明日格一件"的积累。换言之，按二程提供的穷理路线，"恕"应该是在达理之后而非达理之前，更不必说"恕"可以用来充当达理的手段。

朱熹将谢良佐的穷理说概括为四个要点，即：（1）寻个是处，（2）以恕为本，（3）先其大者，（4）一处通而一切通；然后又一一做了评论。

> 又有以为"穷理只是寻个是处，然必以恕为本，而又先其大者，则一处理通，而触处皆通"者。其曰"寻个是处"者，则得矣。而曰"以恕为本"，则是求仁之方，而非穷理之务也。又曰"先其大者"，则不若先其近者之切也。又曰"一处通而一切通"，则又颜子之所不能及，程子之所不敢言，非若类推积累之可以循序而必至也。（《大学或问下》，第530页）

对照前揭谢氏原文可知，朱熹的这个概括是从谢氏原话中挑出一些他认为有代表性的句子并做了自己的加工，同时，他还为这些句子加上了一些关联词重新做了编排。❶从朱熹对四个要点的评论来看，他对谢良佐穷理说基本持否定态度。朱熹不反对谢良佐"穷理是寻个是处"的说法，他不能接受的是后者在穷理方法与途径上的主张。

朱熹认为，恕是求仁之方，不应该作为穷理的手段。朱熹的这个意见，从经典解释的角度看，并非毫无根据，《论语·雍也篇》就有"能近取譬，可谓仁之方也已"这样的说法。依朱熹，固然可以将"恕"理解为类推、取譬，从而将"恕"说成是求仁之方，也仍然与穷理没有什么关系。在朱熹看来，穷理就是下工夫去了解一个个事物的原理或规则，如果没有对事物原理规则的基本了解，又何谈类推？所谓类推，一定是要在掌握了一定的知识技能之后才能进行的。也就是说，在逻辑上，"恕"必然在穷理之后。

> "穷理是寻个是处，然必以恕为本。"但恕乃求仁之方。试
> 看穷理如何着得"恕"字？穷理盖是合下工夫，恕则在穷理之
> 后。胡文定载显道语云："恕则穷理之要。"某理会安顿此语不
> 得。(《语类》卷十八，第417页)
>
> 上蔡说："穷理只寻个是处，以恕为本。"穷理，自是我
> 不晓这道理，所以要穷，如何说得"恕"字？他当初说"恕"

---

❶ 必须说，朱熹的概括已经改变谢良佐原文的脉络，从而在一定程度上失却作者本意。比如，谢氏原文只说"恕，其穷理之本与"，而朱熹将之表述为"(穷理)必以恕为本"，这就将原文的语气由弱增强；谢氏原文只说"必穷其大者"，而朱熹将之表述为"先其大者"，这就加上了原文所没有的先后之序。又，朱熹在这些话中间加了诸如"然""而""则"这样一些关联词，就把这些要点编织成一个谢氏原文本来没有的因果网络，比如，"先其大者"和"一处理通，而触处皆通"在原文中并没有因果关联，朱熹在它们之间加上一个"则"字，就给人造成一种印象：似乎谢良佐的意思就是说在穷理时先穷其大者，然后就会一通百通，其实，如前所述，这只是对谢氏原话理解的一种可能。

字，大概只是说要推我之心以穷理，便碍理了。(《语类》卷十八，第 417 页）

朱熹的意思是，求仁可以遵恕道而行，穷理却必须实下工夫于事物方能晓得道理。在穷理时，如果指望以己之心类推，不仅无法了解那些未知之理，反而会造成妨碍。

穷理要先从大事开始，这个意见，朱熹也认为不妥。像二程一样，朱熹也主张从与自己关系最切近的事物开始穷理比较适宜。"就切近处，且逐旋理会。程先生谓：'一草一木亦皆有理，不可不察。'又曰：'徒欲凡然观万物之理，恐如大军之游骑，出太远而无所归。'又曰：'格物莫若察之于身，其得尤切。'莫急于教人，然且就身上理会。凡纤悉细大，固着逐一理会。然更看自家力量了得底如何。"(《语类》卷十八，第 400—401 页）

至于"一处通而一切通"，朱熹引用二程的观点，认为这是不切实际的空想，穷理之路自是需要类推积累、循序渐进。

总之，按照朱熹的理解，谢良佐的穷理说已经偏离二程所强调的积习贯通渐进的穷理路线。

3. 杨时

二程门下，杨时（字中立，号龟山，1053—1135）与谢良佐并称。同后者一样，杨时也认为穷理不需要"物物而穷"。不过，与后者主张"先穷其大者"不同，他提出的穷理法门是反身而求。这个思路的形成，是杨时对经典进行创造性诠释的结果，糅合了《中庸》的"明善"、《大学》的"格物致知"、《孟子》的"万物皆备于我"以及《诗经》的"有物有则"等思想元素。

《中庸》第二十章曾经谈到"明善"的问题："在下位不获乎

上，民不可得而治矣；获乎上有道：不信乎朋友，不获乎上矣；信乎朋友有道：不顺乎亲，不信乎朋友矣；顺乎亲有道：反诸身不诚，不顺乎亲矣；诚身有道：不明乎善，不诚乎身矣。"在此，《中庸》的作者提出了一个递归系列：治民—获上—信朋友—顺亲—诚身—明善。所谓明善，按照朱熹的理解，是指了解什么是至善以及人心天命的本质："不明乎善，谓未能察于人心天命之本然，而真知至善之所在也。"（《四书章句集注》，第 31 页）而对杨时来说，《中庸》的这段话让他想到《大学》的致知。

> 《中庸》曰："反身不诚，不顺乎亲矣。诚身有道：不明乎善，不诚乎身矣。"《大学》曰："欲诚其意，先致其知，致知在格物。"盖致知乃能明善，不致其知，而能明善，未之有也，此不须分为二说。（《答吕居仁其一》，《龟山集》卷二十一，页八到九）

杨时认为，明善的前提或关键是致知，明善与致知不需要分开来讨论。他甚至模仿《大学》"致知在格物"的行文造出"明善在致知"这样的句子："为是道者必先乎明善，然后知所以为道也。明善在致知，致知在格物。"（《答李杭》，《龟山集》卷十八，页七）❶

为什么明善在于致知呢？据杨时解释，这是因为，如果不了解什么是善，那么，即使有行善之心，也不一定能走在正确的道路上。他举例说，陷阱不能踏，这一点，人知道得很清楚，所以没有

---

❶ 《宋元学案》卷二十五《龟山学案·龟山文集》亦收此条（中华书局校点本，第 952 页），唯"然后知所以为道也"作"然后知所以为善也"，余同。

人去冒这个险，但是对于委身下流这件事，人的认识就不是那么清楚了，虽然招致天下骂名，却总是会有人去做，这是因为，做的人并不真的认为那是不好的。

> 某窃谓：学者以致知格物为先。知之未至，虽欲择善而固执之，未必当于道也。夫鼎镬陷阱之不可蹈，人皆知之也，世之人未有蹈鼎镬陷阱者，以其知之审故也。致身下流，天下之恶皆归焉，固无异于鼎镬陷阱也，而士或蹈之而莫之避，以其未尝真知之故也。使其真知为不善，如蹈鼎镬陷阱，则人孰为不善耶？若夫格物而知至，则目无全牛，游刃自有余地矣，不待忍而能也。忍而不为，恐物或诱之，有不可忍者。更切勉之。(《答胡处梅》，《龟山集》卷二十一，页十二)

杨时相信，人如果真的知道某事是不好的，就不会去做它了。格物致知之后，人就养成遵守道德规范的习惯，从善弃恶，游刃有余，从自觉发展到自然的程度。在杨时看来，单纯靠理性和意志来约束自己的行为，还不是十分保险，一旦有外物诱惑，就难免按捺不住自己。应该说，杨时注意到道德实践过程中自觉与自愿原则的统一，这是不无所见的。

杨时将《中庸》系统的"明善"统摄到《大学》系统的"致知"，这与张载将《中庸》系统的"诚""明"分别对应于《易传》系统的"尽性"与"穷理"，有异曲同工之妙。与重视发挥《易传》义理的张载不同，受二程影响的杨时对《大学》表现出更大的兴趣。不过，对照二程的教义可知，他的格物说并不完全中规中矩。

> 号物之多至于万，则物将有不可胜穷者。反身而诚，则举

天下之物在我矣。《诗》曰："天生烝民，有物有则。"凡形色具于吾身者，无非物也，而各有则焉，反而求之，则天下之理得矣。由是而通天下之志、类万物之情、参天地之化，其则不远矣。（《答李杭》，《龟山集》卷十八，页七）❶

杨时不同意格物以外物为对象，他的理由是，那样一来，就会因为外物的数目太多而面临穷不胜穷的情况。因此，他主张反身而求。

"反身"一语是用了《孟子》当中的典故："万物皆备于我矣。反身而诚，善莫大焉。"（《孟子·尽心上》）在另一处，杨时还对"反身"做了一个说明："反身者，反求诸身也。盖'万物皆备于我'，非自外得，反诸身而已。反身而至于诚，则利人者不足道也。"（《与杨仲远其三》，《龟山集》卷十六，页十一）

孟子所说的"万物皆备于我"究竟是什么意思，历来有不同解释，如赵岐注云："物，事也；我，身也。普谓人为成人已往，皆备知天下万物。"（《孟子正义》，上海书店影印诸子集成本，第520页）这是将"万物皆备于我"理解为"一身备知天下万物"。而朱熹则认为："此章言万物之理具于吾身"（《四书章句集注》，第350页），这是强调不是万物而是万物之理备于吾身。相比之下，杨时的理解别具一格："凡形色具于吾身者，无非物也"，这是把"万物皆备于我"理解为"万物具于吾身"。

杨时的这个解释在经典上的依据主要是《诗经》的"天生烝民，有物有则"（《大雅·荡之什·烝民》）。不过，据毛《传》，这

---

❶ 《宋元学案》卷二十五《龟山学案·龟山文集》亦收此条（中华书局校点本，第952页），唯"号物之多"作"号物之数"，"则物将有不可胜穷者"作"则物盖有不可胜穷者"，余同。

两句诗中的"物",是指"事";据郑《笺》,这两句诗的完整意思是:"天之生众民,其性有物象,谓五行仁义礼智信也;其情有所法,谓喜怒哀乐好恶也。"(《毛诗正义》,中华书局影印《十三经注疏》本,第 568 页)显然,杨时的解释与传统的看法不合。

对于经典,杨时当然可以做出自己的解释,何况他本来就不是为《诗经》作注,而是为了说明自己有关格物的理论,现在需要搞清的是:杨时所说的"凡形色具于吾身者无非物也"究竟是什么意思?他为什么要这样说?上引这段话语焉不详,我们来看另外一则材料。

> 致知在格物,物固不可胜穷也,反身而诚,则天下之物在我矣。《诗》曰:"天生烝民,有物有则。"凡形色之具于吾身,无非物也,而各有则焉。目之于色,耳之于声,口鼻之于臭味,接乎外物而不得遁焉者,其必有以也。知其体物而不可遗,则天下之理得矣。(《题萧欲仁大学篇后》,《龟山集》卷二十六,页三) ❶

此文与前揭《答李杭》语多雷同,这也说明,"反身而求则理得"的思想是杨时的一贯之论。不过,与《答李杭》书相比,这段话对"凡形色之具于吾身无非物也"有进一步的解说。在这里,杨时谈到了声色臭味的问题。声音、颜色、气味、滋味,按照约翰·洛克(John Locke,1632—1704)对观念的分类,属于第一性的质的观念,与人的感觉不可分割,没有人的感觉也就不存在这些观

---

❶ 《宋元学案》卷二十五《龟山学案·龟山文集》亦收此条(中华书局校点本,第 952 页),唯"则天下之物在我"作"则举天下之物在我","接乎外物而不得遁焉者"作"接于外物而不得遁焉者",余同。

念。在这个意义上，说人的感觉是这些观念物的核心，无疑是成立的。杨时所说的"知其体物而不可遗"即是出于这种认识。"体物而不可遗"典出《中庸》第十六章："子曰：鬼神之为德，其盛矣乎！视之而弗见，听之而弗闻，体物而不可遗。使天下之人齐明盛服，以承祭祀。洋洋乎，如在其上，如在其左右。诗曰：'神之格思，不可度思，矧可射思？'夫微之显，诚之不可掩如此夫！"据朱熹解释，"体物而不可遗"这段话的意思是："鬼神无形与声，然物之终始，莫非阴阳合散之所为，是其为物之体，而物所不能遗也。其言体物，犹《易》所谓干事。"（《四书章句集注》，第 25 页）杨时借用《中庸》的这句话当然不是用来形容鬼神或阴阳之德，而是为了说明人的感觉能力"为物之体，而物所不能遗"。就声色臭味这些观念与感觉的关系来说，这种说法在一定程度上是能够成立的。杨时这样说当然是为他的"反身求理"的观点服务的，因为，既然声色臭味这些东西不能离开人的感觉而存在，那么，想了解由这些东西组成的世界的原理，只需要去研究人的感觉、研究人的内心就可以了。

然而，杨时所说的物，并不只是声色臭味这些东西，他是把所有具于人身的"形色"都看作物，声色臭味只相当于"形色"中的"色"，除了"色"之外还有"形"。形是指事物的形状、数目、大小这些东西，相当于洛克所说的第一性的质的观念，这些观念是不依赖于人的感觉、人的主观而存在的。对于"色"，可以说感觉是它的体，它不能离开感觉而存在；但是，对于"形"，就不能这样说了。杨时没有考虑到这些，他认为，虽然外物的数量很多，但人们谈论到的或意识到的外物其实都是为主观所掌握的观念（物），所以，格物不需要去格那些外物，只需在主观世界里探究就可以了。杨时对格物的这种理解与二程并不相符，朱熹清楚地看到了这一点。

> 问："二程说格物，谓当从物物上格之，穷极物理之谓也。
> 或谓格物不当从外物上留意，特在吾一身之内，是'有物必有
> 则'之谓，如何？"曰："外物亦是物。格物当从伊川之说，
> 不可易。洒扫应对中，要见得精义入神处，如何分内外！"
> （《语类》卷十八，第 407 页）

这里所引的"或谓"云云，正是杨时之说。在朱熹看来，杨时
的问题在于他把"物"理解得太狭隘，没有程颐看得全面。程颐曾
经与人讨论到格物的对象问题。

> 问："格物是外物，是性分中物？"曰："不拘。凡眼前
> 无非是物，物物皆有理。如火之所以热，水之所以寒，至于
> 君臣父子间皆是理。"（伊川语，《遗书》卷十九，《二程集》，
> 第 247 页）

将杨时的"凡形色具于吾身者无非物也"与程颐这里所说的
"凡眼前无非是物"做一比较，可以看到，二者拥有相同的句式：
"凡……无非是物"与"凡……无非物也"在逻辑上都可以写成全
称判断式"所有 S 是 P"。"形色具于吾身者"主要是就主体的自身
属性而言的，相当于问者所说的"性分中物"，而"眼前"则主要
是指主体所观察到的外在世界，相当于问者所说的"外物"。程颐
对于格物的态度是，不论外物与"性分中物"都应当格。虽然杨
时并没有限定物就是"形色具于吾身者"，但"反而求之则天下之
理得"这样的说法则给人一种重内而遗外的印象。朱熹"如何分内

外！"那句话当是基于这一点而发的。

其实，朱熹对单纯的"反身"之说并不反感，他不能接受的是"万物皆备于我，故穷理不须外求"。

> 龟山说"反身而诚"，却大段好，须是反身，乃见得道理
> 分明。如孝如弟，须见得孝弟我元有在这里，若能反身，争多
> 少事。他又却说："万物皆备于我，不须外面求"，此却错了。
> （《语类》卷十八，第 417 页）

朱熹认为，像孝、悌这样的道德属性在人身上确实可以发现，所以反身是很重要的，但是，不是所有事物的原理在人身上都可以找到，还必须到外面去求。

其实，细看杨时有关格物穷理的论述，他也并未完全排斥对外物的探究，换言之，对于格物，杨时还不像后来的心学那样直接理解为格心。

> 六经之微言，天下之至赜存焉。古人多识鸟兽草木之名，
> 岂徒识其名哉？深探而力求，皆格物之道也。……世之学者欲
> 以彫绘组织为工，夸多斗靡，以资见闻而已，故摭其华而不茹
> 其实，未尝畜德而反约也，彼亦焉用学为哉？（《答吕居仁其
> 三》，《龟山集》卷二十一，页十至十一）

这里，杨时明确肯定，对鸟兽草木这些自然现象进行深入研究也属于格物的范畴。但杨时也反对那种纯粹知识性的探究，即所谓"夸多斗靡，以资见闻"，他要求，即使是格外物，也应当以培养德性为目的，这就是所谓"畜德而反约"。

从《大学》本文来看，它所倡导的是格物—致知—诚意—正心—齐家—治国—平天下这样一个顺序。杨时在根本上并不反对这样的工夫次序，但他对格物、致知、诚意之间的关系有自己的看法。

关于致知与格物。除了肯定《大学》所说的"致知在格物"，并将之表述为"格物所以致知"（《答学者其一》，《龟山集》卷二十一，页四），杨时还提出了一个"知止"的问题。杨时主张，学应当从致知开始，到知至结束，所谓"学始于致知，终于知止而止焉"（《题萧欲仁大学篇后》，《龟山集》卷二十六，页三）。"止"也就是"至"的意思，"所谓止者，乃其至处也"（《答学者其一》，《龟山集》卷二十一，页四）。格物致知的具体过程是：先格物，物格之后则知至，知至之时也就意味着知止："致知必先于格物，物格而后知至，知至斯知止矣，此其序也。"（《答学者其一》，《龟山集》卷二十一，页四）杨时将"止"与"至"互训，是基于这样一个信念：知至之后就应当止。

> 知至矣，则宜有止也，譬之四方万里之远，苟无止焉，则将焉归乎？故"见其进，未见其止"，孔子之所惜也。（《题萧欲仁大学篇后》，《龟山集》卷二十六，页四）

"见其进，未见其止"，语出《论语·子罕》："子谓颜渊曰：惜乎！吾见其进也，未见其止也！"从《论语》的上下文看，这句话是孔子感叹颜回好学不止而不幸早死 ❶，而杨时却把它理解为是孔

---

❶ 《集解》马曰："孔子谓颜渊进益未止，痛惜之甚。"（唐以前古注）皇《疏》引殷仲堪云："夫贤之所假，一语而尽，岂有弥进勤实乎？盖其轨物之行，日见于迹，夫子从而咨嗟以盛德之业也。"（《集注》）进、止二字说见上章。"颜子既死，而孔子惜之，言其方进而未已也。"（《论语集释》第二册，中华书局，1990，第614页）

子在惋惜颜回不懂得应该适可而止，不能不说这是对《论语》的一种误读。而杨时之所以提出知至则宜有止，主要是出于这样一种担心，即：如果一味求知而不已，将会出现泛滥无归的后果。杨时对知至而不止的这种担心与他对当世学者"夸多斗靡"所抱的警惕无疑是一致的。

关于格物与诚意。本来，在《大学》原有的工夫次序中，格物与诚意并不直接发生关系，中间还隔了一个致知。然而，在杨时这里，格物与诚意却有了更密切的联系：一方面，格物主要是通过"反身而诚"而得天下之理，"致知在格物，物固不可胜穷也，反身而诚，则天下之物在我矣""知其体物而不可遗，则天下之理得矣"（《题萧欲仁大学篇后》，《龟山集》卷二十六，页三）；另一方面，格得天下之理，则意无不诚、知无不至，"天下之理得，则物与吾一也，无有能乱吾之知思，而意其有不诚乎？由是而通天下之志，类万物之情，赞天地之化，其则不远矣，则其知可不谓之至矣乎？"（《题萧欲仁大学篇后》，《龟山集》卷二十六，页三至四）

虽然"反身而诚"的"诚"与"正心诚意"的"诚意"并不就是一回事，但它们无疑有相近或相似之处。由于这种近似，使得杨时对格致诚正次序的说明呈现某种纠结之势，人们很自然地会产生疑问：在杨时的工夫体系中，诚意究竟在格物之前还是在格物之后？

对于这个问题，杨时的态度是：诚意固然重要，但格物更为根本。

自修身推而至于平天下，莫不有道焉，而皆以诚意为主。苟无诚意，虽有其道，不能行也。故《中庸》论天下国家有九经，而卒曰"所以行之者一"。一者何？诚而已。盖天下国家之大，未有不诚而能动者也。然而非格物致知，乌足以知其道哉！《大学》所论诚意、正心、修身、治天下国家之道，其原乃在乎物格，推之而已。若谓意诚便足以平天下，则先王之典章文物皆虚器也。明道先生尝谓"有《关雎》《麟趾》之意，然后可以行《周官》之法度"，正谓此耳。(《答学者其一》，《龟山集》卷二十一，页四) ❶

"自修身推而至于平天下"，"皆以诚意为主"；"天下国家之大，未有不诚而能动者也"，这些都是肯定人在进行品德修养和治理天下时诚意的不可或缺。"诚意、正心、修身、治天下国家之道，其原乃在乎物格，推之而已"，则是强调唯有格物才是起始工夫。就此而言，杨时仍然遵循了《大学》对于格致诚正工夫次序的安排。

尽管如此，杨时对诚意还是给予了特别的重视。"若谓意诚便足以平天下，则先王之典章文物皆虚器也"，言下之意：仅仅意诚还不足以平治天下。这似乎是在对诚意做出某种限制。杨时最后还引了程颢的一条语录 ❷，以加强前面所说的意思。所谓"《关雎》《麟趾》之意"，是指至诚恻怛之心，属于"仁"，而"《周官》之法度"则属于"礼"，程颢的意思是，先必须有仁心，然后才能行礼法。如果要把这句话纳入到杨时的语境，那么《周官》相当于他说的"先王之典章文物"，而"《关雎》《麟趾》之意"即为诚意，整个语录相当于说：意诚之后才能推行典章制度，才能平治天下。这是强调诚意为平天下的基础，而不是附和前面说的仅凭诚意尚不足

---

❶ 《宋元学案》卷二十五《龟山学案·龟山文集》亦收此条 (中华书局校点本，第953页)，唯"故《中庸》论天下国家"句少一"故"字，"先王之典章文物"句作"先王之典章法物"，"明道先生尝谓"句首多一"故"字，余同。

❷ 这条语录亦见《二程外书》卷十二 (《二程集》，第428页)，编者言取自《龟山语录》。

以平天下的说法。

总的说来，杨时的穷理说给人印象深刻的不是以格物为本原，而是"反身而诚"。朱熹对他的批评也由此而发。

又有以为"天下之物不可胜穷，然皆备于我而非从外得也，所谓格物，亦曰反身而诚，则天下之物无不在我"者，是亦似矣。然"反身而诚"乃为物格而知至以后之事，言其穷理之至，无所不尽，故凡天下之理，反求诸身，皆有以见，其如目视、耳听、手持、足行之毕具于此，而无毫发之不实耳。固非以是方为格物之事，亦不谓但务反求诸身，而天下之理，自然无不诚也。《中庸》之言明善，即物格知至之事，其言诚身，即意诚心正之功。故不明乎善，则有反诸身而不诚者，其工夫地位固有序，而不可诬矣。今为格物之说，又安得遽以是而为言哉？（《大学或问下》，第530—531页）

按照朱熹的理解，"反身而诚"是物格知至之后之事，因为这个时候穷理已经无所不尽，所以举凡天下之理反求诸身都能实有所见。即以《中庸》而言，明善是格物致知之事，而诚身则为诚意正心之功。如果不明乎善，就有反诸身却不诚的情况发生。这说明，从格物到诚意，它们的位置是固定的。朱熹言下之意，杨时颠倒了《大学》的工夫次序。

基于这些分析，朱熹对杨时的格物穷理之说评价不高，认为它也似是而非，失了二程宗旨。杨时的穷理说的确与二程时相出入，然而，如果说杨时的理论皆从己出，那也未尽事实。比如，二程曾说："求之于事，事则奚尽？求之于理，则无蔽，故君子穷理而已。"（《粹言》卷二，《二程集》，第1226页）这是明确表示，格物不是格"物"本身，而是格"物之理"。物犹事，格犹穷，事不能尽而理则相通，故格事则出头无日，而穷理则可望有成。杨时的"物不胜穷"之叹，很难说与二程的"事不冀尽"之说不相关联。另一方面，尽管程颐从不禁止人去格外物之理，但同时又认为，那不如考察自身更有意义："'致知在格物'，格物之理，不若察之于身，其得尤切。"（《遗书》卷十七，《二程集》，第175页）"察之于身"与杨时所说的"反身"又有多大区别？所以，与其说杨时在格物穷理上自开一路，不如说他是将二程的某些观点做了进一步延伸。

4. 胡安国、胡宏

胡安国（字康侯，谥文定，1074—1138，本贯福建崇安，后迁湖南潭州）私淑洛学，与程门高弟谢、杨、游在师友之间。安国以春秋学名世，但习闻二程遗书，故对穷理亦有所议论，其详如下。

> 夫穷理尽性，乃圣门事业。物物而察，知之始也，中人所可能者；一以贯之，知之至也，非上知不与焉。是故以子贡之明达，犹疑于其师，以为多学而知之也。且置是事而以致知格物为先，物物而察、则知益明心益广，道可近矣。然物物而察者，又岂逐物而不知反哉？又岂以己与物为二哉？察于天行以自强也，察于地势以厚德也，察于云雷以经纶也，察于山泉以果行也，察于日月通昼夜也，察于尺蠖明屈伸也。远察诸物，其略如此。察于耳目身舌，克私心也；察于辞貌颜色，尊德性也；察于洒扫应对，兼本末也；察于心性四体，养浩然之气也。近察诸身，其要如此。无所不在者，理也。无所不有

者，心也。物物致察，宛转归己，则心与理不昧，故知循理者士也。物物皆备，反身而诚，则心与理不违，故乐循理者君子也。天地合德，四时合序，则心与理为一，无事乎循矣。故一以贯之，圣人也。岂易言哉！释氏虽有了心之说，然疑有未了者，正谓不先穷理反以理为障也。故穷大而失其居，失其居，则旅人也，故无地以崇其德。儒者则以致知为始，以穷理为要。知至理得，不昧本心，如日方中，万象皆见，则不疑其所行而内外合也。故自修身至于天下国家，无所处而不当矣。夫适千里者必得路头，而路有险夷通塞。故知穷理，心如户牖，既夷且通；息念坐禅，心如墙壁，既险且塞。择斯二者，将孰从乎？（转引自卫湜：《礼记集说》，文渊阁四库全书本，卷一百四十九，页三十九至四十一）❶

这段文字较长，按意思可分为这样几层：首先，胡安国肯定了"穷理尽性"在成圣之学中的重要性。接下来，他把"知"分为

<hr>

❶《宋元学案》卷三十四《武夷学案》"小传"所引有类似之语，然《学案》称其出自《答曾几》书，而内容颇异，比对之，从《学案》所引尚可概见原书面貌，而《礼记集说》所录似是删除了原书所述来书语，然《学案》所引安国答语又似不如《礼记集说》为全，疑二者皆为原书之节文。安国文集久佚，故原书之详已不可考，姑录《学案》引文于后，以资参照："穷理尽性，乃圣门事业。物而际察，知之始也；一以贯之，知之至也。来书以'五典四端，每事扩充，亦未免物物致察，非一以贯之之要'，是欲不举足而登泰山也。四端固有，非外铄；五典天叙，不可违。充四端，敦五典，则性成而伦尽矣。释氏虽有了心之说，然其未了者，为其不先穷理，反以为障，而于用处不复究竟也。故其说流遁，莫可致诘，接事应物，颠倒参谬，不堪点检。圣门之学，则以致知为始，穷理为要。知至理得，不迷本心，如日方中，万象皆见，则不疑所行而内外合也。故自修身至于家、国、天下，无所处而不当矣。来书又谓'充良知良能而至于尽，与宗门要妙，两不相妨，何必舍彼而取此'。夫良知良能，爱亲敬长之本心也。儒者则扩而充之，达于天下，释氏则以为前尘，斥为妄想，批根拔本而殄灭之，正相反也。而以为不相妨，何哉？"（《宋元学案》，第1172页。标点有所改动。）

两个阶段：初级阶段是广泛地调查研究事物（物物而察），高级阶段是掌握了事物的统一原理（一以贯之），后一个阶段不是一般人（中人）所能达到的，一般人所能做的无非是先去致知格物。

随后，胡安国具体说明了如何致知格物。对事物进行普遍的调查研究（物物而察）之后就能获得知识（知明）、开阔心胸（心广）、接近真理（近道）。但要注意，对事物进行普遍的调查研究不是陷在事物里迷失了自我（逐物不反），也不是对事物的研究与自我的修养毫无关系（己与物为二）。对格物或察物的正确理解是通过研究事物的原理以提高自身的知识与德性（观物察己），无论是去研究离自己距离相对较远的外物（远察诸物），还是研究比较切近的自身（近察诸身），核心都是培养自我认识世界的能力和健全的道德。之所以如此，是因为事物之上普遍存在着理，而人心的认识能力可以无所不至，研究事物的原理（理），最后总是要归到自家（己）身心上来，这样就能达到心与理一的境界。知道应当按规则规律办事（循理）的人可称之为士，愉快地去按规则规律办事的人可称之为君子，而圣人则不存在按规则规律办事的问题，因为他的一举一动无不合于规则。

最后，胡安国还把讲不讲穷理作为儒释之判的一个根据。在他看来，佛教的问题就在于不穷理，不仅不穷理，反而把理当作障碍，而儒家则强调致知的先决性和穷理的重要性。其结果是，一个因为穷理而处事无不恰当，一个因为不穷理导致待人接物无不乖张，何去何从，自不待言。将穷理与斥佛联系起来，胡安国的这种做法在程门后学中并不多见，此前，似乎只有张载曾经论到。安国或受张载影响，亦未可知。

胡安国的以上表述，可以概括为：观物察己，穷理明心。可以看到，胡安国同程颐一样，肯定格物致知为学者下手工夫。他对格物范围的理解也较宽泛，既有对天行、地势、云雷、山泉、日月等自然现象的探究，也有对耳目口舌、辞貌颜色、洒扫应对、心性四体等内容的自我省察。这种理解较诸杨时的反身而诚为宽，比之程颐的诵《诗》《书》、考古今、察物情、揆人事为窄。在胡安国的穷理范围中，虽然有对外物（自然现象）的参究，但这并不就是西方近代意义上的实验科学，因为胡安国给这些活动都规定了道德修养的目的，也就是说，在他那里，尚不存在纯粹的自然科学研究，他的穷理说实际隶属于他的道德修养（工夫）论。安国与谢、杨等人常相往还，不可能不了解"物物皆备，反身而诚"等话头，不过，在他这里，那并不是针对普通人（士）而言的，而杨时津津乐道的"一以贯之"之说，胡安国也将之归于圣人名下，这样，无形之中，广泛地调查研究事物（"物物而察"）就成了一般人为学的必由之路，正是在这一点上，他与谢、杨判然两途。虽平日与谢、杨交游甚多，但在穷理问题上，胡安国的思想倒更接近于二程，这也似乎可证其言"三先生义兼师友，然吾之自得于《遗书》者为多"❶之不虚。

　　然而，胡安国的"物物而察"与程颐所说的"今日格一物明日格一物"积累以贯通的穷理路线并不完全一致，他的观物以察己的目的意识与程颐有关穷物理的想法也有所不同，这些分别，经朱熹指出后，立刻变得清楚起来。

　　　　又有以为"物物致察，而宛转归己，如察天行以自强，察地势以厚德"者，亦似矣。然其曰"物物致察"，则是不察程子所谓"不必尽穷天下之物"也。又曰"宛转归己"，则是不察程子所谓"物我一理，才明彼即晓此"之意也。又曰"察天

❶　语见《宋元学案》卷三十四"武夷学案·叙录"，第1170页。

行以自强，察地势以厚德"，则是但欲因其已定之名，拟其已著之迹，而未尝如程子所谓"求其所以然，与其所以为"者之妙也。(《大学或问下》，第531页）

朱熹认为，依二程之教，不需要对天下所有的事物予以探究，因此，"物物而察"这样的讲法并不恰当。平心而论，胡安国只是在近似的意义上使用"物物而察"，并没有刻意强调"尽穷天下之物"，朱熹这样批评，未免缺乏同情之理解。朱熹又抬出二程的"物我一理，才明彼即晓此"来纠正胡安国的"宛转归己"。的确，在二程那里，观物对察己具有启发之功，而在胡安国那里，观物却须以察己为目的，意自不同，朱熹所言，不为无见。从流程上说，"宛转归己"较费转手，不如"推类"条畅，朱熹即嫌其隔膜："胡文定宛转归己之说，这是隔陌多少！记得一僧徒作一文，有此一语"(《语类》卷十八，第418页)，有牵合之劳："若宛转之说，则是理本非己有，乃强委曲牵合，使人来尔。"(《语类》卷十八，第418页)

至于"察天行以自强，察地势以厚德"云云，在朱熹看来，未免呆板，没有二程"求其所以然与其所以为"之说灵活。

胡安国期望在自然与人为之间建立某种固定的对应关系，这属于比较原始的联想性思维，在儒家历史上并不鲜见，董仲舒的人副天数即是其例。而二程则倾向于对"理"做更灵活更抽象的解释。就此而言，胡安国对穷理的认识还没有达到二程那种形而上的程度。朱熹讥之为"死法"："其意谓'察天行以自强，察地势以厚德'。如此，只是一死法。"(《语类》卷十八，第418页)固然刻薄，但也的确抓住了问题的要害。

胡宏（字仁仲，学者称五峰先生，1102—1161）为安国季子，少承家学，又从杨时、侯师圣游，开湖湘一脉，其思想颇有特色，在穷理问题上也提出了自己的观点。其完整的表述如下：

> 人非生而知之，则其所知皆缘事物而知。故迷于事物，流荡失中，无所攸止。然所谓事物者，乃人生所不可无，而亦不能扫灭使之无者也。故儒之道，即事即物，不厌不弃，必身亲格之，以精其知焉。格之之道，立志以定其本，而居敬以持其志。志立乎事物之表，而敬行乎事物之内，则物可格而知可精矣。（《复斋记》，《胡宏集》，中华书局，1987，第152页）

这里首先值得注意的是胡宏对"事物"的理解。古代汉语里的"事物"是"事"与"物"的合称。根据胡宏，人并不是生来就有知识的，而是借助于"事物"才有知识。也正因如此，人往往为"事物"所迷惑，放荡而失中。所以，"事物"是人生所不能缺少同时也无法消灭的东西。这样来理解"事物"，既肯定了外部事物作为人的认识对象，同时也暗示人必须发挥主观能动性才能抵御外部事物的错误引导。由此不难理解胡宏接下来提出的格物理论。一方面，格物一定要与外部事物发生接触，另一方面，主体必须全身心地投入才能获得正确的知识。为了使主体能够全身心地投入格物，胡宏提出"立志"和"居敬"作为具体落实的办法。这里，我们可以看到胡宏与程颐的差异，在后者那里，居敬主要是作为涵养的手段，所谓"涵养须用敬，进学则在致知"（《遗书》卷十八，《二程集》，第188页），而胡宏则把致知与居敬也联系起来。当然，程颐也并没有将致知与居敬完全割裂开来，他也提出过"未有致知而不在敬"的说法。在这个意义上，诚如朱熹所指出的，胡宏与程颐之说是相通的："而其曰'格之之道，必立志以定其本，居敬以持其志，志立乎事物之表，敬行乎事物之内，而知乃可精'者，又有以合乎所谓'未有致知而不在敬'者之旨。"（《大学或问下》，第531页）不过，按照朱熹的理解，程颐的"未有致知而不在敬"主要是说致知时要集中注意力❶，而胡宏的意思则不止于此，他似乎是把立志当作格物之本，二者还是不可混同。

总的来说，朱熹对胡宏穷理说的评价是一分为二。关于"即事即物，不厌不弃，必身亲格之，以精其知"，朱熹一方面肯定它得"致"字向里之意："独有所谓'即事即物，不厌不弃，而身亲格之以精其知'者，为得'致'字向里之意。"（《大学或问下》，第531页）另一方面又认为它有遗外之嫌❷："因举五峰之言，曰：'身亲格之以精其知'，虽于'致'字得向里之意，然却恐遗了外面许多事。如某，便不敢如此说。须是内外本末，隐显精粗，一一周遍，方是儒者之学。"（《语类》卷十八，第415页）

关于"格之之道，立志以定其本，而居敬以持其志。志立乎事物之表，而敬行乎事物之内，则物可格而知可精"，朱熹一方面称赞它说得不错：

> 黄问"立志以定其本，居敬以持其志"。曰："人之为事，必先立志以为本，志不立则不能为得事。虽能立志，苟不能居

---

❶ "问致知涵养先后。曰：'须先致知而后涵养。'问：'伊川言：未有致知而不在敬。如何？'曰：'此是大纲说。要穷理，须是著意。不著意，如何会理会得分晓。'"（《语类》卷九，第152页）

❷ 但朱熹在另一处又将这句话理解为它提出了要格尽天下事物这样一个不可能的任务，以与杨时的"反身而诚"对比："《知言》要'身亲格之'，天下万事，如何尽得！龟山'反身而诚，则万物在我矣'，太快。伊川云：'非是一理上穷得，亦非是尽要穷。穷之久，当有觉处。'此乃是。"（《语类》卷十八，第418—419页）如果一方面批评胡宏这句话有向内而遗外之嫌，那么，就不应当同时又指责它有要格尽天下之物的毛病，这在逻辑上是自相矛盾的。

敬以持之，此心亦泛然而无主，悠悠终日，亦只是虚言。立志必须高出事物之表，而居敬则常存于事物之中，令此敬与事物皆不相违。言也须敬，动也须敬，坐也须敬，顷刻去他不得。"（《语类》卷十八，第419页）

问："'志以定其本'莫是言学便以道为志，言人便以圣为志之意否？"曰："固是。但凡事须当立志，不可谓今日做些子，明日便休。"问"行乎事物之内"。曰："这个便是细密处，事事要这些子在。'志立乎事物之表'，立志便要卓然在这事物之上。看是甚么，都不能夺得他，又不惹地细细碎碎，这便是'志立乎事物之表'。所以今江西诸公多说甚大志，开口便要说圣说贤，说天说地，傲睨万物，目视霄汉，更不肯下人。"问："如此，则'居敬以持其志'都无了。"曰："岂复有此！据他才说甚敬，便坏了那个。"（《语类》卷十八，第419—420页）

从朱熹的解说来看，立志是指学道的决心和做大事的志向，这个志就是远大的理想，它必然是高出事物之表的；而居敬则是持之以恒的毅力和脚踏实地的作风，这个敬就是端正的态度，它必然是体现于一言一行之中的。光有远大的理想而无脚踏实地的作风，终究不能成事，讲到这里朱熹还顺便批评了江西学者只讲立志不讲居敬的作风。

另一方面，朱熹对胡宏的这个讲法又感到有美中不足的地方，认为它伤于急迫。

其语意颇伤急迫，既不能尽其全体规模之大，又无以见其从容潜玩、积久贯通之功耳。（《大学或问下》，第531页）

依朱熹之意，胡宏在前面单说立志居敬时，都非常有道理，他不该在后面加上"则物可格而知可精"这句话，因为这样一来，就变成还没有讲到格外物就已经格物致知了，"五峰只说立志居敬，至于格物，却不说。其言语自是深险，而无显然明白气象，非急迫而何！"（《语类》卷十八，第420页）让人以为，只要有立志居敬这些里面的工夫就可以完成格物穷理致知的任务了。

> 五峰说"立志以定其本，居敬以持其志。志立乎事物之表，敬行乎事物之内，而知乃可精"者，这段语本说得极精。然却有病者，只说得向里来，不曾说得外面，所以语意颇伤急迫。盖致知本是广大，须用说得表里内外周遍兼该方得。其曰"志立乎事物之表，敬行乎事物之内"，此语极好。而曰"而知乃可精"，便有局促气象。他便要就这里便精其知。殊不知致知之道不如此急迫，须是宽其程限，大其度量，久久自然通贯。他言语只说得里面一边极精，遗了外面一边，所以其规模之大不如程子。且看程子所说："今日格一件，明日格一件，积久自然贯通。"此言该内外，宽缓不迫，有涵泳从容之意，所谓"语小天下莫能破，语大天下莫能载"也。（《语类》卷十八，第419页）

胡宏在讲主体如何发挥主观能动性时比较到位，但对于如何认识外界事物却说得太少，正是在这一点上，朱熹评论说胡宏没有程颐规模大。

所谓急迫，还指胡宏有急于求成的意思，朱熹将他与程颐做了一个比较，认为后者虽然也说要"以身格物"，但只主张通过渐进积累的方式，而前者则希望立竿见影："格物以身，伊川有此一说。

然大都说非一。五峰既出于一偏而守之，亦必有一切之效，然不曾熟看伊川之意也。"（《语类》卷十八，第419页）"伊川只云：'渐渐格去，积累多自有贯通处。'说得常宽。五峰之说虽多，然似乎责效太速，所以传言其急迫。"（《语类》卷十八，第420页）

之所以有这种急于求成的想法，在朱熹看来，归根结底，是因为胡宏对格物穷理的认识不够透彻，即所谓"看道理未熟"："说得来局蹙，不恁地宽舒，如将绳索绊在这里一般，也只看道理未熟。如程子说，便宽舒。"（《语类》卷十八，第415页）

严格而言，朱熹认为，胡宏说的这些还不是真正的格物工夫，而只是格物前的准备工作，即所谓"格物已前事"。

> 他说"立志以定其本"，是始者立个根基。"居敬以持其志，志立乎事物之表，敬行乎事物之内，而知乃可精"，知未到精处，方是可精，此是说格物以前底事；后面所说，又是格物以后底事。中间正好用工曲折处，都不曾说，便是局蹙了。（《语类》卷十八，第415页）

> 五峰说得这数句甚好，但只不是正格物时工夫，却是格物已前事。而今却须恁地。（《语类》卷十八，第419—420页）

尽管前面不乏肯定之辞，但朱熹在这里对胡宏所下的判词，不能不说，是极其严厉的，因为朱熹无异于是说，胡宏根本不懂格物（穷理），虽然他说了很多，但就是没有说到格物（穷理）。

5. 李侗

李侗（字愿中，福建剑浦人，学者称延平先生，1093—1163）从学于罗从彦（字仲素，号豫章），而从彦为杨时（龟山）高弟。

从杨时到李侗，程门后学的这一支，以体验未发的内向直觉体验为工夫进路。到李侗这里，他所关注的已不再是程颐重视的格物穷理致知这些问题，他长期致力于"静中体验未发"。虽然如此，据朱熹介绍，李侗在穷理说上还是有所贡献，这主要反映在有关穷一事必待融释脱落后才别穷一事的观点上，朱熹认为，这个观点对于程颐的穷理说是一种补充。

> 间独惟念昔闻延平先生之教，以为"为学之初，且当常存此心，勿为他事所胜，凡遇一事，即当且就此事反复推寻，以究其理，待此一事融释脱落，然后循序少进，而别穷一事，如此既久，积累之多，胸中自当有洒然处，非文字言语之所及也"。详味此言，虽其规模之大，条理之密，若不逮于程子，然其工夫之渐次，意味之深切，则有非他说所能及者。惟尝实用力于此者，为能有以识之，未易以口舌争也。(《大学或问下》，第532页)

虽然承认在规模与条理上李侗不如程颐，但朱熹又认为在工夫之渐次、意味之深切方面，李侗有人所不及之处。如果考虑到他在穷理说上对吕、谢、杨等程门高弟的苛责，那么，不能不说朱熹对李侗的这个评价是很高的。

在穷理的过程中，如果遇到一时难以想通的问题，是苦苦思索直到最终解决，还是放到一边另穷他事呢？对于这个实际问题，程颐的教导是后者，而李侗的建议则是前者。在这个问题上，朱熹认为，李侗之说是原则（经），而程颐之说是灵活（权）。

首先，朱熹提出，对于程颐的那个教导要正确领会，不能机械理解。他认为，程颐之说不是泛泛而谈的，而是特指那些特别难以理会的事。

　　仁甫问："伊川说'若一事穷不得，须别穷一事'，与延平之说如何？"曰："这说自有一项难穷底事，如造化、礼乐、度数等事，是卒急难晓，只得且放住。且如所说《春秋》书'元年春王正月'，这如何要穷晓得？若使孔子复生，也便未易理会在。须是且就合理会底所在理会。延平说，是穷理之要。若平常遇事，这一件理会未透，又理会第二件；第二件理会未得，又理会第三件，恁地终身不长进。"（《语类》卷十八，第397—398页）

　　"就合理会底所在理会"这个要求充分体现了朱熹的务实精神。朱熹并不讳言在穷理过程中会碰到一些一时难以了解的事，他认为，程颐提出的那个意见就是处理这一类难以理会的事的。但是，对于一般的事，朱熹认为，还是应当照李侗的建议去做。李侗的说法是"穷理之要"，也就是说，是穷理的基本原则。程颐之说不能当作一个普遍原则去适用，其原因是：那样一来会出现遇难而退、终身不长进的结果。朱熹担心，程颐之说固然是有感而发，但滥用程颐之说则可能导致学者工夫不专的毛病。

　　李尧卿问："延平言穷理工夫，先生以为不若伊川规模之大，条理之密。莫是延平教人穷此一事，必待其融释脱落，然后别穷一事；设若此事未穷，遂为此事所拘，不若程子'若穷此事未得且别穷'之言为大否？"曰："程子之言诚善。穷一事未透，又便别穷一事，亦不得。彼谓有甚不通者，不得已而如此耳。不可便执此说，容易改换却，致工夫不专一也。"

（《语类》卷十八，第 422 页）

因为事情的难易程度是不一样的，所以，有些事容易穷，有些事则不容易穷，这里的关键在于：穷理要穷到什么程度才可以决定到底值不值得再穷下去？不同的人解决问题的能力是不同的，同一件事到底能穷（弄清楚）不能穷取决于从事穷理的人究竟是什么样的。因此，抽象地谈论能不能穷以及穷到什么程度才可以转移精力，是没有结果的。从操作层面看，李侗的主张显然比程颐的主张更富于建设性，尤其对于初学者培养克服困难的毅力和解决问题的勇气是不无鼓励作用的。事实上，李侗的那番话即是针对初学者说的。

朱熹还从行事风格的角度对李侗和程颐之说做了评论，认为程颐之说失之太急，而李侗之说则更为稳健。

> 问："延平谓：'为学之初，且当常存此心，勿为他事所胜。凡遇一事，即当且就此事反复推寻以究其极。待此一事融释脱落，然后别穷一事，久之自当有洒然处。'与伊川'今日格一件，明日格一件'之语不同，如何？"曰："这话不如伊川说'今日明日'恁地急。（卓录但云：'伊川说得较快。'）这说是教人若遇一事，即且就上理会教烂熟离析，不待擘开，自然分解。久之自当有洒然处，自是见得快活。某常说道，天下事无他，只是个熟与不熟。若只一时恁地约摸得，都不与自家相干，久后皆忘却。只如借得人家事一般，少间被人取将去，又济自家甚事！"（《语类》卷十八，第 422 页）

李侗所说的融释或洒然都有一种主体身心沉潜于其中的意味，

朱熹将之表述为"熟"，也是为了突出穷理一定要与自身发生密切关联，要将身心投入其中。就此而言，无论是李侗还是朱熹，他们都要求穷理不能仅仅停留于简单的知性层面而应转化为主体的一种德性，其最终境界就是我与理一、自我与规则的统一。

对照朱熹自己有关穷理的论述，不难看出，他吸收了李侗的融释默会观点，并把它糅合到程颐的积累格物之说中，从而最后形成他自己富有特色的穷理思想，即所谓"即凡天下之物，莫不因其已知之理而益穷之，以求至乎其极。至于用力之久，而一旦豁然贯通焉"（《大学章句》，《四书章句集注》，第7页）。

总的来说，朱子之前新儒学穷理说呈现出多重理论进路，其中又以程颐的影响为最大，无论是同时代的张载，还是后来的程门学者，无不以二程尤其是程颐的穷理说作为理论起点，直到朱熹，穷理说的内向、外向路线皆有人尝试，穷理与《大学》《中庸》《易传》乃至《论语》《孟子》等经典的关联亦一一都被发掘，而自始至终，穷理都隶属于新儒学的工夫论，新儒学一直未能发展出独立的像西方哲学中存在的那种知识论系统。

外部世界对于人生的意义与价值是否有根本影响？如果有影响，它又是怎样发生影响？新儒学被这些问题深深困扰，而对此问题所提出的种种解决方案，无论成功还是失败，都为后世的进一步思考提供了有益的借鉴。

第 **4** 章

新儒学的一体观

从宋到明，新儒学义理的内在主题以及思想基调与时俱迁，比如，在宋代炙手可热的穷理问题在王阳明这些明代新儒家那里就风光不再，不过，新儒学义理的若干线索始终不曾中断，万物一体之仁说就是一例。万物一体之仁的思想，简称一体观，虽然程颐、朱熹都表示很难接受，但在宋明新儒家中却不乏坚持者，程颢与王阳明即是其中重要代表。

一 程颢

从万物一体角度诠释"仁"，这是程颢（1032—1085，字伯淳，学者称明道先生）运用孟子学资源对儒家的仁说所做的一种新的理解。程颢对仁的论述很多，其中，以"识仁篇"为最长，后世讨论程颢仁说时多以为据，我们的分析就从这里开始。为清楚起见，我们对原文做了分段并加了序号。

1. 学者须先识仁。

2. 仁者，浑然与物同体。义、理、知、信皆仁也。

3. 识得此理，以诚敬存之而已，不须防检，不须穷索。若心懈则有防，心苟不懈，何防之有？理有未得，故须穷索。存久自明，安待穷索？

4. 此道与物无对，大不足以名之，天地之用皆我之用。孟子言"万物皆备于我"，须反身而诚，乃为大乐。若反身未诚，则犹是二物有对，以己合彼，终未有之（一本下更有"未有之"三字——校者注），又安得乐？《订顽》意思，乃备言此体。

5. 以此意存之，更有何事？"必有事焉而勿正，心勿忘，勿助长"，未尝致纤毫之力，此其存之之道。

6. 若存得，便合有得。盖良知良能元不丧失，以昔日习心未除，却须存习此心，久则可夺旧习。

7. 此理至约，惟患不能守。既能体之而乐，亦不患不能守也。

（《遗书》卷二上,《二程集》,第 16—17 页）

"学者须先识仁"是总起，第三段"识得此理"，与之呼应，据此可知，"识仁"实际上也就是识仁之理。"此理"，即"仁之理"，末段又有"此理"字样，可见"仁之理"乃一篇所论中心。❶从文势上看，第二段当述"仁之理"的具体内容。"仁者，浑然与物同体"是对"仁"做的一个判断，它的具体意涵是什么，需要结合后

---

❶ 葛瑞汉（A. C. Graham）认为，这段语录中的"此理""此道"很明显可以与"仁"互换：当我们体察自身的仁时，仁（因为它涵盖所有的道德规范）即是理（Graham 1992：100）。按：严格而言，"此理""此道"是指"仁之理"，并非那个更为一般性的"理"。而且，在这段语录中，"仁之理"有其具体的内容，详下文。

文再作推绎。"义、理、知、信皆仁也",是说"仁"的含义甚大,兼包五常的其他四者。这一思想当是二程兄弟的共识,颢弟程颐(字正叔,学者称伊川先生,1033—1107)亦主此说❶。

"识仁"是第一步,识得仁理之后,程颢要求,还应对它予以"存"(按:存是存养、存习之意,非尽同于现代汉语"保存",故本文保留这个词,不译为现代汉语)。第三、第五以及第六段,都是讨论有关"存"仁之理的问题。第三段是说,识得仁之理后,只需用"诚""敬"的方法来"存"。"存"后,不必再加检查防范(防检)与探索寻求(穷索)。第五段,也是说单只"存"就可以了,无须另外用功。"存之"是以"诚""敬"存之,也就是"必有事焉"。第六段,是说明"存"仁之理而无须另外用功的原因,因为人的良知良能本来就存在,只是被旧习所蔽,所以,只需要存习此心。

第四段,意指不明,需要逐一理会。"此道与物无对","此道"当指仁道,"无对"就是无差别无对立,"与物无对"就是与物合一无间(这种合一当然主要是指意识上观念上的)。❷"大不足以名之",是说仁道("此道")至大,用"大"这个词都不足以形容。"天地

---

❶ 程颐说:"自古元不曾有人解得仁字之义,须于道中与它分别出五常,若只是兼体,却只有四也。且譬一身:仁,头也;其它四端,手足也。"(《遗书》卷十五,《二程集》,第154页)又说:"仁可兼知,而知不可兼仁。如人之身,统而言之,则只谓之身,别而言之,则有四支。"(《遗书》卷二十二上,《二程集》,第290页)另外,未注明何人的"二先生语"也有类似说法:"仁、义、礼、智、信五者,性也。仁者,全体;四者,四支。仁,体也。义,宜也。礼,别也。智,知也。信,实也。"(《遗书》卷二上,《二程集》,第14页)

❷ 程颢在这里要表达的意思是仁者与物相同,在另一处他直接就提出"仁者无对"的说法:"夫能'敬以直内,义以方外',则与物同矣。故曰'敬义立而德不孤'。是以仁者无对,放之东海而准,放之西海而准,放之南海而准,放之北海而准。"(《遗书》卷十一,《二程集》,第120页)

之用皆我之用"，天地泛指万物，这句话实际是说"万物之用皆我之用"，万物之用何以都是我之用？前面说"仁者浑然与物同体"，也就是"体"同，而在中国古典哲学里，体用一源，按照这个原则，那么，"体"同则"用"同，故物之用可以为我所用，亦即天地之用就是我之用。

这个意思让人很自然地联想到孟子"万物皆备于我"的说法。事实上，程颢接下去正引用了孟子的这句话。从这里也可看出，程颢一体之仁的思想与孟子学的渊源关系。孟子原文此句后还有"反身而诚，乐莫大焉"两句，在引用"万物皆备于我"之后，程颢顺便还解释了为什么诚则乐，照他理解，不诚或未诚"犹是二物有对"。"二物有对"是什么意思？从后文"以己合彼"这样的说法看来，"二物"是指自己（己）与外物（彼），"二物有对"是指二者有差异或对立。程颢认为，如果主体（我）与外物（彼）存在着这种差异或对立，要想达到真正的融合无间就很困难（即所谓"终未有之"），也就体验不到最高的愉悦（"又安得乐？"）。说反身未诚，就不能与物合一无间。那么，反过来，可以说，如果反身而诚，就应该与物相同（同于物）。这样说来，判断某个主体诚之与否，一个标准是看他是否已做到与物浑同。程颢对"诚"的这种理解，应该说是富于特色的，它与他的万物一体说紧密地联在一起。

程颢还提到另一位宋代新儒家张载的著作《订顽》对他这里所说的"仁"的意思有充分说明（"备言此体"）。张载在《订顽》（因其书于西壁，又称《西铭》）中写道："乾称父，坤称母，予兹藐焉，乃混然中处。故天地之塞吾其体，天地之帅吾其性。民吾同胞，物吾与也。"（《张载集》，第62页）这是说，天地是我的父母，民众是我的同胞，万物是我的朋友。这个说法是要求把宇宙看成一个家庭，把万物都当作自己的家庭成员来对待。张载没有明确提出

"仁者与物同体"的说法，不过，他要求把天地万物看成一家予以关爱的思想，与程颢的一体之仁说的确有着共通之处。

值得注意的是，这段文字在提到"仁"的时候，用了"此体"这样的讲法。"此体"当指"仁之体"。检读程颢有关仁的论述，我们发现，"仁之体"以及作为其简称的"仁体"，是他习用的讲法。比如，他一再肯定张载《订顽》对仁之体有深刻领会，除了这里所说的"《订顽》意思，乃备言此体"（着重号为引者后加，下同），在另一处又说：《订顽》一篇，意极完备。乃仁之体也"（《遗书》卷二上，《二程集》，第 15 页）。此外，又有"学者识得仁体，实有诸己，只要义理栽培"（《遗书》卷二上，《二程集》，第 15 页）等语。

在谈"仁"的时候，程颢用"仁之体""仁体"这样的提法，一个主要原因，在我们看来，是为了与"仁之方""仁之功用"相对。而所有这些提法都是在解释《论语》的仁说时出现的，由此也可看出，程颢这些新儒家有关仁的观点是在经典诠释的过程中形成的。"仁之方"这样的提法是《论语》本来就有的，孔子说："夫仁者，己欲立而立人，己欲达而达人。能近取譬，可谓仁之方也已。"（《论语·雍也》）程颢认为，孔子这样说是意味深长的。一方面，因为仁的真实含义需要通过个体自我体认（自得之）才能得到，所以孔子是故意这样说："语仁而曰'可谓仁之方也已'者，何也？盖若便以为仁，则反使不识仁，只以所言为仁也，故但曰仁之方，则使自得之以为仁也。"（《遗书》卷一，《二程集》，第 4 页）另一方面，因为仁的意思非常微妙，用言语很难表达清楚，所以孔子也只能说到这个地步："仁至难言，故止曰'己欲立而立人，己欲达而达人。能近取譬，可谓仁之方也已'，欲令如是观仁，可以得仁之体。"（《遗书》卷二上，《二程集》，第 15 页）"仁之功用"这样的讲法，是程颢用以形容《论语》中所说的"博施济众"的："'博

施济众'云'必也圣乎'者，非谓仁不足以及此，言'博施济众'者乃功用也。"（《遗书》卷二上，《二程集》，第15页）

顺便指出，强调仁的实践方法（仁之方）与仁的实际运用（仁之功用）不是仁本身（仁之体），这个思想日后也为程门弟子所继承。杨时就运用这一思想来解释"子罕言利与命与仁"（《论语·子罕》）："夫孔子之徒问仁者多矣，而孔子所以告之者，岂一二者欤？然而犹曰罕言，岂不以仁之道至矣、而言之不能尽欤？故凡孔子之所言者，皆求仁之方也，若夫仁则盖未尝言。"（《求仁斋记》，《龟山集》卷二十四）谢良佐也认为"博施济众""己欲立而立人，己欲达而达人"这些都不是仁，前者是仁的功用，后者是仁之方所："博施济众亦仁之功用，然仁之名不由此得也。……己欲立而立人，己欲达而达人，亦非仁也，仁之方所而已。"（据《朱子语类》所引，第853页）不过，学者可以通过仁的实践方法（仁之方）去认识仁、体会仁："知方所斯可以知仁，犹观'天地变化草木藩'斯可以知天地之心矣。"（同上）

第七段，承第四段论"乐"而来，体会到仁之道、仁之理的人精神愉悦，这种愉悦保证了仁道或仁理不会轻易丧失。

总起来看，"识仁篇"比较多地谈到了有关"存"仁之理或仁之道的问题，除了第二段的"仁者，浑然与物同体"以及第四段的"天地之用皆我之用"几句，直接用以解释一体之仁的文字并不多。"仁者浑然与物同体"究竟是什么意思？这样说的根据又是什么？程颢在这里没有进一步说明，易言之，这段文字实际上不是一体之仁说的论证（argument）。

在我们找到程颢对"仁者，浑然与物同体"（简称"与物同体"）的正面说明之前，我们不妨先来分析一下这句话所可能具有的含义。"与物同体"，这里是"物"不限于某一物，可以包括万物，那么，在逻辑上，可以推出"万物同体"的结论。❶在汉语中，"同"与"一"是近义词，在一般情况下，它们可以互换，因此，如果说万物同体，那么，也可以说万物一体，在这个意义上，可以承认"万物一体"是"万物同体"的另一种表达方式，并且二者都是"与物同体"的有效推论。然而，"万物一体"在汉语中是一个有歧义的句子。它的一个意思是：万物各有各的体，并且这些体是相同的。这个意思比较接近于"与物同体"的本来含义。"万物一体"的另一个意思则是：万物共同构成一个整体，万物是这个统一整体的不同的部分。这个意思的确切表达应该是"万物共体"，不能不说，它与"与物同体"的本来含义相差很远。

在大多数情况下，程颢所理解的"万物一体"接近于"万物共体"的意义。比如，他说：

> 若夫至仁，则天地为一身，而天地之间品物万形为四肢百体。（《遗书》卷四，《二程集》，第74页）

这里明确将整个天地比作一个身体（一身），虽然程颢没有具体说明在这个身当中何者为心，但从他以"天地之间品物万形"为"四肢百体"这一点可以看出，他实际上是不言而喻地将"至仁"（也就是仁之至者，即：最能体现仁的人）视为天地之心。本来，在中国古典哲学里，"人者天地之心"就是一个一般性的认识，程颢这样理解并不奇怪。

仁者以"天地之间品物万形"为"四肢百体"，顺着这个思路，

---

❶ 按照形式逻辑，如果 a 对 b 有同一关系，且 a 对 c，a 对 d，a 对 e，……都有同一关系，则可推：b，c，d，e……之间是同一关系。

天地万物，都应当被仁者看作是自我（己）的一部分。能不能把天地万物都看作自我（己）的一部分（用程颢的话说，就是"有诸己""认得为己"），这一点几乎成了程颢判断仁者与否的标准。而把天地万物看作自我的一部分，一个重要表现就是：能了解天地万物的感受，即所谓"疾痛与知""知痛痒"。❶

必须说，程颢对仁的这种理解在儒学史上是比较独特的。程颢亦坦言，自己是受到中医有关"不仁"理论的启发。援引医书说仁，的确是程颢的一大发明，在语录中，我们看到，这样的议论比比皆是。

> 医书言手足痿痹为不仁，此言最善名状。仁者，以天地万物为一体，莫非己也。认得为己，何所不至？若不有诸己，自不与己相干。如手足不仁，气已不贯，皆不属己。（《遗书》卷二上，《二程集》，第 15 页）

> 医书有以手足风顽谓之四体不仁，为其疾痛不以累其心故也。夫手足在我，而疾痛不与知焉，非不仁而何？世之忍心无恩者，其自弃亦若是而已。（《遗书》卷四，《二程集》，第 74 页）

> 人之一肢病，不知痛痒，谓之不仁。人之不仁，亦犹是也。盖不知仁道之在己也。（《外书》卷三，《二程集》，第 366—367 页）

---

❶ 后来程颢的学生谢良佐（上蔡）径直将能否识痛痒当作仁的标准，谓："仁是四肢不仁之仁，不仁是不识痛痒，仁是识痛痒。"（《上蔡语录》卷二，第 1 页）按：上蔡所说的"识痛痒"主要是指有知觉、做事时将心放在事上："今人唱一喏，不从心中出来，便是不知痛痒。古人曰'心不在焉，视而不见，听而不闻，食而不知其味'，不见不闻不知味，便是不仁，死汉不识痛痒了"（《上蔡语录》卷一，第 17 页），"心有所觉谓之仁，仁则心与事为一"（《论语精义》卷六下引，第 13 页），这与明道本意已自不同，不可相混。

用中医的"不仁"论来说明儒学上用以处理人际关系的仁的观念，其好处是便于形象地说明一体感，但在理论上也存在一些困难：社会以及宇宙作为整体并不具备（至少在直观上）人体那样的生物学基础。他人（即便是所谓手足兄弟）的痛，对我而言毕竟有所间隔，因为它并不就是我自己真正的手足的痛。说到底，他人与我是两个而不是一个身体。

万物并非真的就是一体或一身，这个道理，程颢也不是不懂，实际上，他对万物一体的根据另有说法，那就是万物的原理相同，在这个意义上，他实际上是将"万物一体"理解为万物各有各的体且体同：

> 所以谓万物一体者，皆有此理，只为从那里来。"生生之谓易"，生则一时生，皆完此理。（《遗书》卷二上，《二程集》，第 33 页）

"所以谓万物一体者，皆有此理，只为从那里来"，"此理"是什么理？"那里"又是指哪里？前面没有任何交代，其含义让人费猜。❶从后文"生则一时生，皆完此理"，我们可以获得如下启示："此理"当是万物（包括人在内）与生俱来的东西，在这个意义上，它也接近于理学家所说的"性"。无论程颢这里所说的"此理"究竟是什么，我们从这段话都可以推出：他一定是相信万物有一个共同的理。万物有一个共同的理，即是所谓"理一"。

如所周知，"理一分殊"是程颐在《答杨时论〈西铭〉书》中

---

❶ 造成这种情况的一个原因也许是，这些话原是程颢平日语录，其谈话对象及记录者对有关说法当耳熟能详，故不烦多言。

提出的一个著名命题。针对杨时将《西铭》混同于墨子的兼爱主张，程颐指出：《西铭》明理一而分殊，墨氏则二本而无分（老幼及人，理一也；爱无差等，本二也）。分殊之蔽，私胜而失仁；无分之罪，兼爱而无义。分立而推理一，以止私胜之流，仁之方也；无别而迷兼爱，至于无父之极，义之贼也。"（《文集》卷九，《二程集》，第609页）程颐认为，儒家既承认亲疏的自然差别，同时又提倡在此前提下对一切人推行仁爱，以防止只爱亲人的自私主义，而墨家则正好相反，不顾亲疏的自然差别，一味主张兼爱，其结果是无形之中取消了父子之亲（即所谓无父）。在这里，"理一分殊"主要是指：统一的道德原则（理一）表现为不同的具体规范（分殊）。在理学的发展中，"理一分殊"不仅适用于伦理学范畴，还被用来处理本原与派生、普遍与特殊、统一与差别等有关问题，成为一个具有广泛用途的原则。

虽然程颢没有明确提出过"理一分殊"，但是，他有关万物一体的主张正符合上面程颐所说的"分立而推理一，以止私胜之流"。程颢对一体之仁的论述常常伴随着对自私的批评，这给我们造成一种印象：程颢对与物同体以及一体之仁的强调，在直接的理论动机上是基于对人类生活中常见的以自我为中心的倾向的不满。这种自我中心倾向，在程颢看来，其出发点是一己之身（即自家躯壳），而其实质不过是"爱身"。

> 人能放这一个身公共放在天地万物中一般看，则有甚妨碍？虽万身，曾何伤？乃知释氏苦根尘者，皆是自私者也。（《遗书》卷二上，《二程集》，第30页）
>
> 人只为自私，将自家躯壳上头起意，故看得道理小了佗底。放这身来，都在万物中一例看，大小大快活。释氏以不知

此，去佗身上起意思，奈何那身不得，故却厌恶，要得去尽根尘，为心源不定，故要得如枯木死灰。然没此理，要有此理，除是死也。释氏其实是爱身，放不得，故说许多。(《遗书》卷二上，《二程集》，第33—34页）

对佛家的这种批评，是否为佛家所接受，暂且不论。放身在天地万物中一般或一例看，这实际上是要求：作为一个生物种类，人应当放弃以人类为中心的想法；作为一个个体，人应当放弃以自我为中心的想法。而一旦放弃了这些中心倾向，人就不会再感到他物与自己对立，也就不必再费尽心思去对付这些东西，如此，则全身轻松、快乐异常。

在万物中一般（一例）看，这种提法表明，程颢所说的万物一体实际上是以万物为一体，和上文谈到的"认得为己"一样，都与主体的认识密切相关。在程颢看来，人与物、仁者与一般人的区别不在于他们是不是与物同体，而在于他们认识没认识到与物同体。与物同体是一个事实或者一条真理，它就摆在那里，就看你认不认识，但无论你认不认识，都不会改变这个事实或真理。在解释"万物一体"说所从出的"万物皆备于我"说时，程颢即特别提到人的推知能力：

"万物皆备于我"，不独人尔，物皆然。都自这里出去，只是物不能推，人则能推之。虽能推之，几时添得一分？不能推之，几时减得一分？百理具在，平铺放著。(《遗书》卷二上，《二程集》，第34页）

"万物皆备于我"，此通人物而言。禽兽与人绝相似，只是不能推。(《遗书》卷二下，《二程集》，第56页）

这些话里反复出现"能推""不能推"字样，"推"是推己及人的推，是类推的推，程颢强调人与物的分别主要在于能不能推，反映他注重从推类能力理解仁的特点。这个特点使他与那些主要是通过神秘主义体验了解万物一体的人区别开来。

的确，如果孤立地看"仁者浑然与物同体"这样的说法，它与孟子的"万物皆备于我"一样，完全可以做一种神秘主义理解，事实上，屡见于宋明儒者（尤其是心学学者）当中的神秘体验 ❶自觉不自觉地都以孟子与程颢的这些说法为源。例如，杨简（慈湖，1141—1226）"尝反观，觉天地万物通为一体，非吾心外事"（《宋元学案·慈湖学案》），蒋信（道林，1483—1559）"初看《论语》与《定性》《西铭》，领得'万物一体'是圣学立根处。……一日，忽觉洞然宇宙，浑属一身，乃信明道'廓然大公''无内外'是如此，'自身与万物平等看'是如此"（《明儒学案》卷二十八，第628页），聂豹（双江，1487—1563）"狱中闲久静极，忽见此心真体，光明莹彻，万物皆备"（《明儒学案》卷十七，第372页），胡直（正甫，1517—1585）"一日同诸君游九成台，坐地方欠身起，忽复悟天地万物果非在外。印诸子思'上下察'、孟子'万物皆备'、程明道'浑然与物同体'、陆子静'宇宙即是吾心'，靡不合旨，视前所见，洒然彻矣"（胡直《困学记》）。这些神秘体验都是以一种类似顿悟的方式达到了那种万物一体、天人无间的境界。在此意义上，是可以将"万物一体"看作是一种精神境界，然而，应当看到，程颢的一体之仁说包含着很强的理性因素，毋宁说，程颢所讲的万物一体主要是通过对仁之理的认识活动（即所谓"识仁"）得

---

❶ 陈来有文专门研究了儒学传统中的神秘主义，收入所著《中国近世思想史研究》（北京：商务印书馆，2003），第308—337页。

到的 ❶，这样一种基于知性了解而来的万物一体观，与那种主要依赖直觉顿悟的神秘体验自然有很大不同，后者多表现为电光火石的灵感，往往得而复失，并不稳定，而前者则是一种稳定的世界观与方法论。

强调仁者是通过理性认识了解到万物一体的事实或真理，至此，程颢对万物一体之仁的论说，其重心已发生一个悄悄的转移：它所侧重的不再是万物是不是一体，而是认识不认识万物是一体。经此转移后，"仁"也获得一种新的理解：所谓仁，就是认识到仁之道并按之行动。程颢说：

> 知仁道之在己而由之，乃仁也。(《外书》卷三，《二程集》，第 367 页)

然而，尽管程颢将论说重心转移，却并没有解决万物一体说的根据问题，只不过将要证明的问题转为已知的前提而已。就算我们同意万物在基本原理上都相同，这也不能说服我们相信：我能感受到他物的反应（比如他人的痛）。因为，虽然人体的基本结构与原理是一样的（在这个意义上，是可以说，他人与我"同体"或"体同"），但是，这至多只能解释为什么我可以理解他人的痛（即：我们了解到他人在痛这个事实，并用这个事实去解释这个人的有关反应，同时，根据我们所学的知识以及自身经验想象痛的程度、预见

---

❶ 当然，这并不是说程颢本人对于万物一体的境界没有任何体验。程颢所说的"识仁"，应与他所说的体贴"天理"二字相仿，即建立在一定的个人体验基础之上。中国古代哲学家，尤其是心学一系的哲学家，他们对很多观念的认识，都有浓厚的体验成分。但是，具体到程颢对万物一体的论述，我们也不能不注意到，他并不纯粹从体验上立说，因此，也就不能将他所说的万物一体完全理解为一种境界，而忽略了它的知性意味。

痛的过程），却不能说明我能像他人一样能直接感受到这种痛（确实，有时我们看到他人的痛，也会在内心引起一种共鸣，甚至产生某些身体反应，如恶心、痉挛、手心出汗等，但必须清楚，这只是我们由他人的痛所起的反应，而与他人正在经历的那种痛完全是两回事）。简言之，即便我们承认万物同理并能互相感应，我们也看不出他们之间存在程颢所说的那种联体感。虽然我们不能仅凭自身经验就轻易否定古人体验的存在，但是，无论如何，程颢所说的这种万物一体（准确地说，是万物一体感），不是所有人都能理解并确实感受到的，即在当时，颢弟程颐就不信万物一体之说，认为与常识不合，语录载："陈经正问曰：'据贵一所见，盈天地间皆我之性，更不复知我身之为我。'伊川笑曰：'他人食饱，公无馁乎？'"（《外书》卷十一，《二程集》，第413页）

二　王阳明

在程颢之后，对万物一体之仁做详细阐发并产生重大影响的，当推王守仁（阳明，1472—1529）。[1]下面一段话非常典型地反映阳明试图用他富于特色的良知学来说明万物一体的做法：

> 夫人者，天地之心。天地万物，本吾一体者也，生民之困苦荼毒，孰非疾痛之切于吾身者乎？不知吾身之疾痛，无是非

---

[1] 阳明学是左右中晚明思想界的重要思潮，万物一体说也为许多王门后学所坚持，如王艮（心斋，1483—1540）、聂豹（双江，1487—1563）、罗洪先（念庵，1504—1564）、罗汝芳（近溪，1515—1588）等，不过，就理论思维而言，似乎都未超出阳明范围，故本文仅以王阳明为代表来分析阳明学的万物一体观念。

之心者也。是非之心，不虑而知，不学而能，所谓良知也。良知之在人心，无间于圣愚，天下古今之所同也。（"答聂文蔚"，《传习录中》，《王阳明全集》，第79页）

"人者天地之心"以及"天地万物本吾一体"这些话，都是程颢所说过的，没什么新异之处，这段话的特别之处在于，阳明将"知身之疾痛"称为"是非之心"，并认为这种是非之心就是天下古今所同的良知。本来，是非之心，在孟子那里，是所谓"智之端"，作为"仁之端"的则是"恻隐之心"。这与程颢师徒根据中医有关"不仁"理论所发挥的仁即知一身之痛痒的思想也不同。不管阳明是出于什么考虑而将知一身之疾痛称为是非之心 ❶，"天地万物本吾一体"在他则是一个不言而喻的前提。然而，为什么说"天地万物本吾一体"？阳明对此问题的解释同样贯彻了他的良知学。

问："人心与物同体，如吾身原是血气流通的，所以谓之同体。若于人便异体了。禽兽草木益远矣，而何谓之同体？"先生曰："你只在感应之几上看，岂但禽兽草木，虽天地也与我同体的，鬼神也与我同体的。"请问。先生曰："你看这个天地中间，甚么是天地的心？"对曰："只是一个灵明。""可知充天塞地中间，只有这个灵明，人只为形体自间隔了。我的灵明，便是天地鬼神的主宰。天没有我的灵明，谁去仰他高？地没有我的灵明，谁去俯他深？鬼神没有我的灵明，谁去辩他吉凶灾祥？天地鬼神万物离却我的灵明，便没有天地鬼神万物了。我

---

❶ 本来，在多数情况下，阳明所说的"是非之心"是指伦理学上的知是（善）知非（恶）与好善恶恶，他说："良知只是个是非之心。是非只是个好恶，只好恶就尽了是非，只是非就尽了万变。"（《传习录下》，《王阳明全集》，第111页）

的灵明离却天地鬼神万物，亦没有我的灵明。如此，便是一气流通的，如何与他间隔得！"又问："天地鬼神万物，千古见在，何没了我的灵明，便俱无了。"曰："今看死的人，他这些精灵游散了，他的天地万物尚在何处？"（《传习录下》，《王阳明全集》，第124页）

阳明指出，所谓"同体"应该从"感应之几"上看，因为充天塞地中间只有人心这个灵明，正是在这个意义上可以说天地万物是"一气流通"的。在我们看来，这个说法实质上不过是"人者天地之心"的一个变种。人心一点灵明，阳明认为就是良知，而良知则是天地万物所共有的：

> 人的良知，就是草木瓦石的良知。若草木瓦石无人的良知，不可以为草木瓦石矣。岂惟草木瓦石为然，天地无人的良知，亦不可为天地矣。盖天地万物与人原是一体，其发窍之最精处，是人心一点灵明。风、雨、露、雷、日、月、星、辰、禽、兽、草、木、山、川、土、石，与人原只一体。故五谷禽兽之类，皆可以养人；药石之类，皆可以疗疾：只为同此一气，故能相通耳。（《传习录下》，《王阳明全集》，第107页）

阳明所说的"同此一气"的"气"究竟是什么？细玩文意，它似乎不同于那种实体性的气（material force），而更接近于某种精神性的东西（比如"心""良知""灵明"之类）。就阳明用"同此一气"所要表达的意思而言，也许"共此一心"这个说法更为确切。无论我们对"气"作何理解，阳明用"一气流通""一气相通"这样的说法是要说明天地万物与人具有一体相通之感 ❶，则是很清楚的。

也许，在王阳明自己看来，下列推论是理所当然的：既然人心是天地之心，天地之间只有这一个灵明，那么，很自然，可以将天地看作一体——风、雨、日、月、禽、兽、草、木、瓦、石等天地万物，则是这个大身中除了心之外的其他部分。

然而，现代读者要质疑的可能恰恰就是阳明的前提：人心如何是天地之心？也许，我们可以在比喻的意义上接受这个说法，如果这个比喻是要说明意义世界的存在依赖于人的意识。如果这就是阳明所说的一体，我们勉强可以承认，但是，必须明确，这种一体与手足头目所构成的一体完全是两回事。

"五谷禽兽之类，皆可以养人；药石之类，皆可以疗疾"这样的话，则让我们想起程颢所说的"天地之用皆我之用"，只是，在后者那里是作为万物一体的推论，而在前者这里则是作为可以用来逆推万物一体的条件。人类从大自然中取得资源以延续生命的事实，在现代科学看来，不过是说明宇宙间的能量（energy）是统一的、可以相互转化的。王阳明从这个事实敏感到宇宙万物之间一定存在某种统一的元素，这是不无所见的，但他将此概括为万物一体，则难免陷入一种理论虚构当中。

不过，王阳明也并非都是从这些思路论述万物一体之仁，有时，他也将人对万物所怀有的那种普遍的顾惜之情作为万物一体之仁的具体表现，在这个意义上，他实际上是将孟子作为仁之端的恻

---

❶ 陈来认为，在心学传统中，存有论的气的概念服从于人生论的需要，气的这种哲学意义与西方哲学显然有着极为不同的意义，阳明所说的"一气流通"不仅具有物质实体的意义，同时也包含着把宇宙看成一个有机系统的意义，而无论哪一方面，都是强调万物与"我"的息息相关的不可分割性（参《有无之境——王阳明哲学的精神》，第267页）。说甚是。

隐之心放大到宇宙中间。

> 大人之能以天地万物为一体也，非意之也，其心之仁本若是，其与天地万物而为一也。岂惟大人，虽小人之心亦莫不然，彼自顾小之耳。是故见孺子而有怵惕恻隐之心焉，是其仁之与孺子而为一体也；孺子犹同类者也，见鸟兽之哀鸣觳觫，而必有不忍之心焉，是其仁之与鸟兽而为一体也；鸟兽犹有知觉者也，见草木之摧折而必有悯恤之心焉，是其仁之与草木而为一体也；草木犹有生意者也，见瓦石之毁坏而必有顾惜之心焉，是其仁之与瓦石而为一体也；是其一体之仁也，虽小人之心亦必有之。是乃根于天命之性，而自然灵昭不昧者也，是故谓之"明德"。(《大学问》,《王阳明全集》,第 968 页)

从同类，到同有知觉、同有生意者，最后到瓦石这样的无机物，人类同情的范围几乎遍及整个宇宙。这种同情，是谁也无法否认的东西，似乎只能归结为人类的天性。王阳明正是利用了这一点，为他的万物一体之仁说做出了不无有力的论证。

然而，必须说，这种同情或顾惜并不是人类主要的，更不是唯一的道德情感，事实上，人类一方面见鸟兽之哀鸣觳觫而有不忍之心，但另一方面，却要将鸟兽杀来宴宾客，即在《论语》就有这样的例子，子贡欲去告朔之饩羊，孔子则说："赐也！尔爱其羊，我爱其礼。"(《论语·八佾》)易言之，就现实情况而言，人对不同事物的顾惜之情是有厚薄轻重之分的，这一点也为儒家所坚持，并形诸"爱有差等"原则。

因此，即便按照王阳明，根据对某个对象有顾惜之情就可以推定与它为一体，也必须承认，人与自家人比与他人，人与同类比与异类，更接近一体。然而，这样一来，所谓万物一体，似乎又可以分出很多体，从而也就不成其为一体了。

本来，在程颢那里，就理论本身而言，万物一体与爱有差等的冲突就已存在，只是这个问题没有引起他的特别重视。也许，对程颢来说，这不是一个不可解决的问题❶。而到王阳明这里，这个问题已被尖锐地提出而无法回避：

> 问："大人与物同体，如何《大学》又说个厚薄？"先生曰："惟是道理，自有厚薄。比如身是一体，把手足捍头目，岂是偏要薄手足？其道理合如此。禽兽与草木同是爱的，把草木去养禽兽，又忍得？人与禽兽同是爱的，宰禽兽以养亲，与供祭祀，燕宾客，心又忍得？至亲与路人同是爱的，如箪食豆羹，得则生，不得则死，不能两全，宁救至亲，不救路人，心又忍得？这是道理合该如此。及至吾身与至亲，更不得分别彼此厚薄。盖以仁民爱物，皆从此出；此处可忍，更无所不忍矣。《大学》所谓厚薄，是良知上自然的条理，不可逾越，此便谓之义；顺这个条理，便谓之礼；知此条理，便谓之智；终始是这条理，便谓之信。"（《传习录下》,《王阳明全集》, 第 108 页）

理论上的与物同体与现实中的亲疏厚薄，至少表面上构成矛盾，但在王阳明眼里，这是理之当然（"这是道理合该如此"），也就是说，在他看来，同样是爱，其具体表现则容有差异（有厚有薄）。王阳明举例说，即使是一体，其中，手足与头目的分工也还

---

❶ 有证据表明，程颢当赞成用"理一分殊"的原则来处理这一问题，我们在他的语录中找到这样一条："圣人致公，心尽天地万物之理，各当其分。佛氏总为一己之私，是安得同乎？"（《遗书》卷十四，《二程集》, 第 142 页）

不同，所以，对万物都怀有爱，并不等于对万物怀有同等程度的爱，这既不必要，而且在事实上也做不到。王阳明还认为，爱上面的这种差异或等级（厚薄）就是儒家所说的"义"，并且，礼、智、信都可以由此获得理解。

这样来理解"义"，实际上是把"义"看作"爱之理"，这与朱熹将"爱之理"视为"仁之体"的思想明显不同 ❶（当然，在某种意义上，也可认为是对朱熹观点的一种补充）。不过，就理论动机而言，阳明与朱熹一样，都是企图将差别原则引入儒家的仁爱主张。事实上，在儒家传统里，习惯上是将"仁""义"并举，在某种程度上，"仁"与"义"被认为是一对相互补充的原则。❷

虽然王阳明说"惟是道理，自有厚薄"，强调厚薄是"良知上自然的条理"，但他对这种厚薄倾向并不完全赞成与放任，他特别规定"及至吾身与至亲，更不得分别彼此厚薄"，也就是说，他反对将区别厚薄的做法应用到自己至亲身上。❸

现在让我们假设，有这样的情况：只有一块饼，"得之则生，不得则死"，那么，是给亲人还是给自己？按照厚薄之理，人对自己应该最关爱（所视最厚）才是，那么，将这块饼留给自己而不是给亲人，让自己活下来而让亲人死去，这样的做法应无可指责。但是，儒家显然不会赞成这种做法，相反，在儒家看来，这种做法是极其自私可耻的。如果一个人这样做了，将会被儒家认为是没有人

---

❶ 朱熹说："夫以爱名仁固不可，然爱之理则所谓仁之体也。天地万物与吾一体，固所以无不爱，然爱之理则不为是而有也。"（《答胡广仲五》，《朱子文集》卷四十二，《朱子全书》第二十二册，第 1903 页）

❷ 但是，当 David L. Hall, Roger T. Aimes 提出"仁"的最终源泉是"义"（one's own personal judgment）的公共运用而不是别的什么外在之物（*Thinking Through Confucius*, p.120）时，他们又似乎走得太远。

❸ 在这一点上，可以看出，王阳明还是一个道德规范主义者（moral normativist）。

心（人性）。究其根本，儒家所理解的仁爱是对他人的爱而不是自爱❶，而其起点则是对亲人的爱（"亲亲"）。

在儒家这个基本立场上，王阳明当然也不例外。他将"亲亲"看成是"仁民""爱物"的源头，谓"仁民爱物，皆从此出；此处可忍，更无所不忍矣"。

"亲亲""仁民""爱物"本是孟子区分出来的三个层次："君子之于物也，爱之而弗仁；于民也，仁之而弗亲。亲亲而仁民，仁民而爱物。"（《孟子·尽心上》）由"亲亲"出发，推开去，才是"仁民"与"爱物"。王阳明显然继承了孟子的这个思想，而其论证则更为透彻：

> 仁是造化生生不息之理，虽弥漫周遍，无处不是，然其流行发生，亦只有个渐，所以生生不息。……惟其渐，所以便有个发端处；惟其有个发端处，所以生；惟其生，所以不息。譬之木，其始抽芽，便是木之生意发端处；抽芽然后发干，发干然后生枝生叶，然后是生生不息。若无芽，何以有干有枝叶？能抽芽，必是下面有个根在。有根方生，无根何从抽芽？父子兄弟之爱，便是人心生意发端处，如木之抽芽。自此而仁民，而爱物，便是发干生枝生叶。墨氏兼爱无差等，将自家父子兄弟与途人一般看，便自没了发端处；不抽芽便知得他无根，便不是生生不息，安得谓之仁？"孝弟为仁之本"，却是仁理从里面发生出来。（《传习录上》，《王阳明全集》，第25—26页）

发端这种比喻，让人想到孟子的四端说，王阳明是否即从中受

---

❶ 董仲舒说："仁之法在爱人，不在爱我。……人不被其爱，虽厚自爱，不予为仁。"（《春秋繁露义证》卷第八"仁义法第二十九"，第250—251页）可谓一语中的。

到启发，我们不得而知，不过，在孟子那里，作为仁之端的，是恻隐之心，而在王阳明这里，父子兄弟之爱被认作仁之端（"人心生意发端处"），因此，阳明的这个说法更像是对"孝弟为仁之本"的发挥，事实上，王阳明对后者正是这样理解的："'孝弟为仁之本'，却是仁理从里面发生出来"。应当承认，王阳明的这种发挥并非毫无根据：在古汉语中，"本"的原始含义就是指草木的根，它与"发端"意思接近。

将"孝弟为仁之本"理解为：仁理是从父子兄弟之爱中发生出来的，这是一种发生学的，而非本原论的理解，王阳明的下列说法也正摆明了这一点："其流行发生，亦只有个渐……惟其渐，所以便有个发端处"。在这个意义上，"孝弟为仁之本"实际上就变成"孝弟为行仁之本"。❶

从发生学角度观察和描述仁（行仁），必须有一个前提："仁"是某种能生的东西。王阳明将"仁"设定为"造化生生不息之理"，自是势之必然。

"仁是造化生生不息之理"，这种从生意角度理解仁的做法，又使人很自然地联想到程颢。后者即将"仁"视为宇宙生生不息的原理："万物之生意最可观，此元者善之长也，斯所谓仁也。"（《遗书》卷十一，《二程集》，第120页）又说："切脉最可体仁"（《遗书》卷三，《二程集》，第59页），"观鸡雏（此可观仁）"（同上）。

无论是将"孝弟为仁之本"理解为"孝弟为行仁之本"，还是

---

❶ 程颐从他一贯的仁性爱用观念出发，也认为应该将"孝弟为仁之本"理解为"孝弟为行仁之本"："盖孝弟是仁之一事，谓之行仁之本则可，谓之是仁之本则不可。盖仁是性（一作'本'）也，孝弟是用也。性中只有仁义礼智四者，几曾有孝弟来？（赵本作'几曾有许多般数来？'）仁主于爱，爱莫大于爱亲，故曰：'孝弟也者，其为仁之本欤！'"（《遗书》卷十八，《二程集》，第183页）

208

将"仁"理解为"造化生生不息之理",这些都算不上王阳明自己的发明。王阳明对儒家万物一体之仁说的理论贡献主要在于:一方面,他将万物一体观念应用于社会分工,从而在客观上构成对现实等级秩序的一种辩护(justification);另一方面,他又通过万物一体观念捍卫了一种悲天悯人的救世热忱。

当王阳明一言以蔽之,视"把草木去养禽兽""宰禽兽以养亲"以及"宁救至亲不救路人"等现象为"这是道理合该如此"时,他实际是对人类生活中的这些残忍做出了默许;而当他在万物一体名义下劝人们各安其分时,他实际是将人类社会的等级秩序作为必须接受的现实。

> 盖其心学纯明,而有以全其万物一体之仁,故其精神流贯,志气通达,而无有乎人己之分,物我之间。譬之一人之身,目视、耳听、手持、足行,以济一身之用。目不耻其无聪,而耳之所涉,目必营焉;足不耻其无执,而手之所探,足必前焉;盖其元气充周,血脉条畅,是以痒疴呼吸,感触神应,有不言而喻之妙。此圣人之学所以至易至简,易知易从,学易能而才易成者,正以大端惟在复心体之同然,而知识技能非所与论也。("答顾东桥书",《传习录中》,《王阳明全集》,第55页)

这是以人体各器官分工协作来论证社会分工的合理性。一体当中各部分担任的角色原本不同,也就是说,一体概念内在地就包含了差异原则。应当承认,王阳明指出一身之中手足耳目分工不同而不害其为一身这一点,使万物一体之仁与墨家的兼爱区别开来,在一定程度上,推进了儒家的万物一体说。

但是,将社会比喻为一个有机体,从而论证社会分工的合理,并不意味着某个个体就应当一直固定于某个角色。换言之，一个运行有效的社会可以被看作一部机器或一副身体，但个体却不能被视作某种零件或某种细胞。这种看法最大的问题是忽略了作为个体的人的自我意识，从而将人完全物化（materialization）了。在这个意义上，可以说，王阳明所理想的一体化社会是以牺牲个体的自由发展与自我实现为代价的。诚然，一个社会不可能提供给每个人以全面发展的机会，但是一个好的社会无疑应该以此为目标，如果一种社会理论从一开始就声言应当放弃这一目标，那么，这种理论就很难说是真心真意为大多数人的福祉考虑的。

在个人自由发展与自我实现当中，知识技能是题中应有之义。知识技能使人从蒙昧状态中摆脱出来，也使人获得越来越多的自由，可以说，迄今为止，人类的进步正表现为知识技能的不断提高与积累。然而，王阳明从他的道德主义立场出发，对知识技能的追求满怀疑虑。

> 盖至于今，功利之毒沦浃于人之心髓，而习以成性也几千年矣。相矜以知，相轧以势，相争以利，相高以技能，相取以声誉。其出而仕也，理财谷者则欲兼夫兵刑，典礼乐者又欲与于诠轴，处郡县则思藩臬之高，居台谏则望宰执之要。故不能其事，则不得以兼其官；不通其说，则不可以要其誉；记诵之广，适以长其敖也；知识之多，适以行其恶也；闻见之博，适以肆其辩也；辞章之富，适以饰其伪也。是以皋、夔、稷、契所不能兼之事，而今之初学小生皆欲通其说，究其术。其称名僭号，未尝不曰吾欲以共成天下之务；而其诚心实意之所在，以为不如是则无以济其私而满其欲也。（"答顾东桥书"，《传习录中》，《王阳明全集》，第56页）

王阳明所理解的知识技能，并不就是现代意义上的知识（knowledge）、技能（skill），不过，可以相信，无论何种知识技能，一旦用于功利目的，都会遭到王阳明的反对。从历史上看，人类的很多进步，其动机原只是满足群体甚至个人的欲望需求，就此而言，对物质欲望的追求，尽管在道德上是邪恶的，但是，也不能不承认，它在客观上起到了推动社会发展的作用。因为看到知识技能被用于相矜相轧，所以对知识技能的追求产生厌恶，这种心理当然是可以理解的，但其偏颇，与"因噎废食"一样，也是一目了然的。

当然，王阳明并不是主张，一个社会不需要才能之士，而是他认为，人的才能是天赋的，无须后天去改变，人只要守着他的天赋才质，各效其能、各安其业就可以了："天下之人熙熙皞皞，皆相视如一家之亲。其才质之下者，则安其农、工、商、贾之分，各勤其业以相生相养，而无有乎希高慕外之心。其才能之异若皋、夔、稷、契者，则出而各效其能，若一家之务，或营其衣食，或通其有无，或备其器用，集谋并力，以求遂其仰事俯育之愿，惟恐当其事者之或怠而重己之累也。故稷勤其稼，而不耻其不知教，视契之善教，即己之善教也；夔司其乐，而不耻于不明礼，视夷之通礼，即己之通礼也。"（"答顾东桥书"，《传习录中》，《王阳明全集》，第54—55页）

人的先天素质（天赋）是有高有低，但是人可以通过后天的学习改变这一情况，如果仅仅根据先天素质就决定一个人从事什么职业，这就等于否定了后天教育的意义，很难说是公平（fair）或公正的（just）。就现代职业社会的情况而言，一个人从事什么职业越来越依赖于他受过的训练（discipline），而教育与就业机会的平等（至少原则上），使越来越多的人能够通过个人奋斗进入自己向往的职业与领域。显然，王阳明的这种社会分工理论，在现代社会难以得到认同。当然，要求一种古代学说为现代认同，这未免有强加之嫌，每个时代的思想家都有他关注的时代问题，王阳明之所以提出这种社会分工理论，所针对的正是他那时代愈演愈烈的"谗妒胜忿之习"。❶

在王阳明的理论描画中，精英对于一个社会，就像头目对于一个身体，是必不可少的成分。他的万物一体说，正由相互补充的两面构成：一面是天赋决定的分工论，另一面则是精英为主的救世论。由此就不难理解，王阳明的万物一体说何以与《大学》的亲民说纠缠在一起。本来，"亲民"，朱熹解作"新民"，而王阳明则坚持应读如原字，个中原因，恐怕与他将"亲民"看作圣人、大人对民众发扬其万物一体之仁的理解有关。在王阳明看来，圣人的万物一体之念本来就包括将天下之人安全教养的内容：

> 夫圣人之心，以天地万物为一体，其视天下之人，无内外远近，凡有血气，皆其昆弟赤子之亲，莫不欲安全而教养之，以遂其万物一体之念。天下之人心，其始亦非有异于圣人也，特其间于有我之私，隔于物欲之蔽，大者以小，通者以塞，人各有心，至有视父子兄弟如仇雠者。圣人有忧之，是以推其天地万物一体之仁以教天下，使之皆有以克其私，去其蔽，以复其心体之同然。（"答顾东桥书"，《传习录中》，《王阳明全集》，第 54 页）

而所谓"大人之学"则在于通过去亲天地万物以达其一体之仁：

---

❶ 也许，流传更广的王阳明的另一句名言："破山中贼易，破心中贼难"，更能说明他的理论关心所在。

亲吾之父，以及人之父，以及天下人之父，而后吾之仁实与吾之父、人之父与天下人之父而为一体矣；实与之一体，而后孝之明德始明矣！亲吾之兄，以及人之兄，以及天下人之兄，而后吾之仁实与吾之兄、人之兄与天下人之兄而为一体矣；实与之为一体，而后弟之明德始明矣！君臣也，夫妇也，朋友也，以至于山川鬼神鸟兽草木也，莫不实有以亲之，以达吾一体之仁，然后吾之明德始无不明，而真能以天地万物为一体矣。夫是之谓明明德于天下，是之谓家齐国治而天下平，是之谓尽性。（《大学问》，《王阳明全集》，第968—969页）

虽然王阳明以万物一体之仁寄望于天下所有人，但在他心目中，真正能够实现这一点只有圣人、大人，而一般人则需要圣人去教养、大人去亲善，然后才能"复其心体之同然"。而当王阳明以此道自任时，他首先想到的是生不逢时的圣人孔子，内心不禁充满一种甘冒天下人非议讥笑的悲剧英雄感：

然而夫子汲汲遑遑，若求亡子于道路而不暇暖席者，宁以蕲人之知我信我而已哉？盖其天地万物一体之仁，疾痛迫切，虽欲已之而自有所不容已，故其言曰："吾非斯人之徒而谁与？""欲洁其身而乱大伦"，"果哉，末之难矣"。呜呼！此非诚以天地万物为一体者，孰能以知夫子之心乎？……仆之不肖，何敢以夫子之道为己任？顾其心亦已稍知疾痛之在身，是以彷徨四顾将以求其有助于我者，相与讲去其病耳。今诚得豪杰同志之士扶持匡翼，共明良知之道于天下，使天下之人皆知自致其良知，以相安相养，去其自私自利之蔽，一洗谗妒胜忿之习，以济于大同，则仆之狂病，固然将脱然以愈，而终免于

丧心之患矣，岂不快哉！（"答聂文蔚"，《传习录中》，《王阳明全集》，第 81 页）

这些文字，在王阳明写来，一气直下，充沛淋漓，使读者受到强烈感染，自不会怀疑其真诚与恻坦。然而，透过这种慷慨激昂的情绪，我们看到的是以豪杰圣人自许的精英意识。精英意识的是非得失，在此我们不拟置议，不过，可以肯定的是，王阳明所理解的万物一体之仁，主要有赖于儒家精英的身体力行，而普通人则处在等待圣人来教之亲之的被动地位。

总起来说，在王阳明这里，万物一体的观念，在不同对象那里表现为不同的规则：对一般人而言，认识到万物一体，就当安于现状，视人犹己，不外慕，不妒能；对精英而言，认识到万物一体，就当以天下为己任，视民犹亲，怀其疾苦，出之于水火。

作为一种伦理主张，万物一体之仁说，在宋明儒者那里得到了充分阐述，其论证主要建立在对社会的一种拟人化想象之上，虽然在理论上存在着不可克服的困难，但在中国古代却不失为一种具有说服力的论辩。它实质上是一种精英主义伦理，虽然它的基础是一种虚构的天赋决定论，但在一个既定的等级社会，它却最大限度地容纳了对他人痛苦的关心。

第 5 章

新儒学的悌道观

　　作为"五伦"之一，兄弟关系本是儒家家庭伦理题中应有之义。然而，相对于处理父母与儿女之间关系的孝道，现代学者对处理兄弟之间关系的悌道则讨论较少。究其缘由，或许是因为悌道存在的基础——兄弟关系，随着传统家庭在现代中国发生剧烈变迁而逐渐消失。本书认为，新儒学伦理中有关悌道的论述非常典型地显示了新儒家对不偏不倚原则的独特理解：新儒家并非不关心不偏倚性，但它追求的不是那种剔除个人感性好恶（即所谓个人中立personal-neutral）的不偏倚性，而是一种自然主义的（以人性的自然流露为合理）的不偏倚性。就此而言，简单地批评儒家伦理不关心不偏倚性就有失于外在。另一方面，像 20 世纪初中国激烈的反传统主义者那样批评儒家悌道虚伪不合人性之自然，则不能不说对历史疏于考察。笔者的观点将通过对宋代新儒家程（颐）、朱（熹）对与悌道有关的一个著名案例——在生病的儿子与生病的侄子之间加以区别对待的汉代第五伦——的评论的分析来展开。

　　《近思录》卷六收录了一条程颐论悌道的材料。为便分析，兹将全文照录，同时做了分段处理。

问：第五伦视其子之疾与兄子之疾不同，自谓之私。如何？

曰：不待安寝与不安寝，只不起与十起，便是私也。父子之爱本是公，才著些心做，便是私也。

又问：视己子与兄子有间否？

曰：圣人立法曰："兄弟之子犹子也"，是欲视之犹子也。

又问：天性自有轻重，疑若有间然。

曰：只为今人以私心看了。孔子曰："父子之道，天性也。"此只就孝上说，故言父子天性。若君臣兄弟宾主朋友之类，亦岂不是天性？只为今人小看，却不推其本所由来，故尔。己之子与兄之子所争几何？是同出于父者也。只为兄弟异形，故以兄弟为手足。人多以异形故，亲己之子异于兄弟之子，甚不是也。

又问：孔子以公冶长不及南容，故以兄之子妻南容，以己之子妻公冶长。何也？

曰：此亦以己之私心看圣人也。凡人避嫌者，皆内不足也。圣人自至公，何更避嫌？凡嫁女，各量其才而求配。或兄之子不甚美，必择其相称者为之配。己之子美，必择其才美者为之配。岂更避嫌耶？若孔子事，或是年不相若，或时有先后，皆不可知。以孔子为避嫌，则大不是。如避嫌事，贤者且不为，况圣人乎？（《近思录》卷六"家道"，第十二条）

这条材料原载《遗书》卷十八，选入《近思录》时，未做任何改动。从朱熹跟吕祖谦的通信可知，它之所以被编入《近思录》，完全是吕祖谦的主意，朱熹一开始并不理解其用意，因此写信给后者希望得到说明："第五伦事，《阃范》中亦不载，不记曾讲及否？不知去取之意如何？因来告谕及也。"❶吕祖谦是否回信以及做了怎样的说明，文献不足，现在已不得而知。不过，从这条材料的言说方式，我们可以做出一个合理的猜测：这段对话从对历史人物事迹的讨论开始，既符合程颐以"考古今"作为"穷理"的一个重要门径的思想❷，同时恐怕也正是它受到以史学见长的吕祖谦的青睐的一个原因。

具体地看，整个对话由四组问答构成。这些问答环环相扣，直抵儒家悌道的要害：儒家一方面将爱有差等视为人的天性，另一方面又要求将兄弟的子女与自己的子女一样看待，这二者究竟如何协调？换言之，儒家的悌道究竟如何可能？细绎这些问答，将其中蕴含的义理揭示出来，将有助于我们具体而微地了解儒家悌道的内在张力及理学对之加以缓解的努力。

第一组问答：关于第五伦是否有私的讨论

> 问：第五伦视其子之疾与兄子之疾不同，自谓之私。如何？
>
> 曰：不待安寝与不安寝，只不起与十起，便是私也。父子之爱本是公，才著些心做，便是私也。

第五伦，东汉京兆人，姓第五，名伦，字伯鱼，仕至司空，生

---

❶ 《答吕伯恭第四十一书》，《文集》卷三十三，《朱子全书》第21册，第1460页。

❷ 程颐对历史一向很感兴趣，议论古今人物是非得失，被他看作是"穷理"的一个重要途径。"或问：学必穷理。物散万殊，何由而尽其理？子曰：诵《诗》《书》，考古今，察物情，揆人事，反覆研究而思索之，求止于至善，盖非一端而已也。"（《粹言》卷一，《二程集》，第1191页）"穷理亦多端，或读书，讲明义理；或论古今人物，别其是非；或应接事物而处其当，皆穷理也。"（伊川语，《遗书》卷十八，《二程集》，第188页）

卒不详，盛年在公元76—88年。问者所说的第五伦事见《后汉书·第五伦传》：

> 或问伦曰："公有私乎？"对曰："昔人有与吾千里马者，吾虽不受，每三公有所选举，心不能忘，而亦终不用也。吾兄子常病，一夜十往，退而安寝；吾子有疾，虽不省视而竟夕不眠。若是者，岂可谓无私乎？"（《后汉书》卷四十一，第1402页）

第五伦在当时以无私闻名，史称："伦奉公尽节，言事无所依违，诸子或时谏止，辄叱遣之，吏人奏记及便宜者，亦并封上，其无私若此。"（《后汉书》卷四十一，第1401页）然而，第五伦在回答关于他是否有私的提问时，出人意料地，竟然说自己有私。作为证据，第五伦举了两个例子，一是他对送礼者的态度：他是没有接受礼品，但以后每到选拔人才时心里却老是记着这件事，虽然最后那个人也没有受到任用；二是他对生病的侄子与儿子所表现出来的不同心理反应：侄子病了，他一夜去探望了十次，回来之后就安然入睡；儿子病了，他一次也没去探视，却整夜都不能入睡。

第五伦认为自己有私，主要是根据自己的心理活动而不是外在行为而做的分析。心理活动中的偏倚，严格说，也是一种私，即常言所说的私心。在这个意义上，第五伦认为自己有私，自有他的道理。只是，通常人们说一个人有私还是无私，是根据他的行为去判断，而不是也无法根据他的心理活动去衡量。而从行为上看，在第五伦所举的那两个例子当中，他品德的无私是无可置疑的：对于送礼者，虽然他心里一直没有忘记这个人，但最后却并没有付诸行动；对于生病的侄子与儿子，虽然他在内心爱儿子要远远多于侄子，但他并没有因此厚待儿子薄待侄子，而是相反。有理由相信，人们对第五伦无私的印象不会因为他自己有这样的看法而改变。以行为而非心理作为判断依据，导致人们即便承认心理上的偏倚是一种私，也不妨碍他们认为某个人无私。换言之，按照这种认识，以下说法并不显得荒谬：无私的人也有私心。这个说法同样适用于第五伦。不难设想，对第五伦关于自己有私的看法，那些认为第五伦无私的人会提出这样一种反驳：你举的这两个例子只不过说明你有自己的偏倚，就算我们承认这种偏倚是私心，但这种私心并不就是我们评价一个人有私还是无私的根据，我们的根据是你在行动中是否贯彻了这种私心，而你的可贵之处正在于你没有将这种内心的偏倚付诸行动，因此我们认为你仍然称得上是一个无私的人。❶

　　如果我们把根据一个人所作所为（亦即行为）来判定其无私与否的观点称为一种外在论（externalism），那么，根据一个人所思所想（亦即心理活动）来判定其无私与否的观点就是一种内在论（internalism）。第五伦传中的问者，以及一般人，持外在论的观点；第五伦本人则持内在论的观点。

　　按照外在论，归根结底，需要认真对待的是那种付诸实施的私、凝结为行动的私，而不是停留于心理意识层面的私。对于后一

------

❶ 嵇康（224—263）曾提出一种与常识观点不同的见解，他认为，第五伦坦率地承认自己有私，正是他无私之处，而他在事件中违背本意去看（侄子）而不看（儿子）才是不对的，嵇说如下："今第五（伦）显情，是（非）无私也；矜往不眠，是有非也"，"今第五伦有非而能显，不可谓之不公也；所显是非，不可谓有措也；有非而谓私，不可谓不惑公私之理也"。（《嵇康集注》卷六"释私论"，第235页）可以看到，在一般人讨论公私的地方，嵇康用"是非"范畴加以解说，而他从"显""匿"角度区分公私，当然是他自然主义观念的体现。值得注意的是，嵇康实际上划分出两个评价客体，O1：第五伦向人直言自己内心偏向这个行为，O2：第五伦对待侄子与儿子的行为。而在第五伦与问者的对话中，作为评价客体的只是O2而已。大多数论者都是如此，即：他们是对"十起"与"不起"事件中的第五伦做出是否有私的评价，而不是对坦承自己无私的第五伦做出是否有私的评价。即使是下文所说的程颐、朱熹，他们的关注点也没有不同，详下文。

种私，有两个可能的原因使得人们相对比较宽容：一、这种私，几乎人人都有，好像与生俱来，不是自己所能控制的，因此也就不能要求人对它负责；二、更重要的，这种私，没有形成既定事实，因此也无须追究。

按照内在论，无论做与没做，只要想过就是有私了。这个标准对无私的要求更为严格，将有私的范围扩大了。按照这个标准，还能不能找到一个称得上无私的人，是大可怀疑的。由于在"想过但没做"和"想过并做了"之间不再画出界限，这个看上去更为严格的无私标准将与愿相违，助长一种道德放纵：既然都被称为有私，那么，克制自己私心的做法还有什么意义呢？因此，为儒家道德哲学打算，这种内在论不是一个理想的选择。

从程颐对第五伦故事所做的评论来看，他的立场似不能归入单纯的外在论与内在论中的任何一种，而是兼具外在论与内在论双重特点。他对第五伦关于自己有私的结论给予肯定，但判断依据却跟后者不同。后者主要就安寝与不安寝立论，而程颐则从不起与十起切入。本来，不起与十起很自然地被视为第五伦"义"压倒"亲"、理智战胜情感的证明。正是根据这些行为，外在论者做出第五伦无私的判断。程颐却从中看出了第五伦的"反常"：自己儿子病了，明明心里很挂记（否则不会竟夕不眠），却一次都不去看，这不是很奇怪吗？

第五伦的这个做法，从表面看，的确有让人不可思议处。既然我们不了解当时具体环境，所以，比较明智的做法还是以存疑为宜。不过，如果考虑到存在着各种可能，第五伦这样做也许自有分晓，并不一定就是存心与人立异。比如，日本学者佐藤一斋曾提出过一种解释，说也许是因为有看护存在，所以第五伦一次都没有起来看儿子："第五伦事未知其在当时事体如何。兄子有病，若看护无人，则虽十起而私其子。子有病，看护有人，则不起亦非私。今竟不可识也。"（《栏外书》卷六，"问弟条"，转引自：《近思录详注集评》，第 197 页）

　　注者当中，像佐藤一斋这样设身处地为第五伦分解的人毕竟是少数，更多的，是用舆论压力来解释第五伦的动机。程颐说得还比较含糊，后人在为程颐的话做注时渐将这一点挑明。比如，朱熹就说："只就理所当为处便为，若又怕人道如何，此却是私意。"（转引自茅星来 6：4b-5a。着重号为引者后加，下同）而张伯行的口气则更加不容置辩："子疾既关切，何得不起？不起者，畏人议其私也。兄子之疾，亦同关切，又何必十起？十起，欲人见其公也。"（张伯行：《近思录集解》卷六，第 192 页）❶

　　总之，在程颐看来，第五伦的不起与十起，完全是他个人刻意而为。程颐说的"著些心做"是指：第五伦在对待生病的侄子和儿子这件事上心上先有一个考虑或目的，然后据此而行动。这个考虑或目的就是：要向外界显示自己的公正无私。程颐从不起与十起这些行为入手讨论第五伦的私，这似乎是一种外在论的进路。但他最终关注的不是行为，而是行为背后的动机。就此而言，他又与内在论者有着某种一致的兴趣。

　　概括起来，程颐对第五伦的批评，可以写成这样一句话：第五伦的"私"正体现在他极力想"无私"这一点上。在程颐看来，第五伦因为想要做到无私，不惜违逆"父子之爱"的天性，殊不知，"父子之爱"本身就是"公"，而不是什么需要克服的"私"。说第五伦"私"，非但不是因为他在内心偏爱（私）儿子多一点，而恰恰是因为他没有如实地表达这种偏爱（私）。

---

❶ 张伯行的这个说法亦为陈荣捷的英译《近思录》所采，见 Chan1967：175。

可以看出，程颐对公／私的用法已与第五伦所代表的传统理解不同。第五伦以及传统观点所理解的"私"（selfishness）主要指有所偏倚，其反面——"公"（无私）即是不偏不倚（impartiality）。而声称"父子之爱本是公"的程颐则是将"公"理解为一种不以个体意志（personal idea）为转移的普遍（universal）、客观（objective）规律。就此而言，如果某个个体试图发挥意志的作用来控制自己从而抗拒这种普遍客观规律，那在程颐看来正是自私的表现，所谓"才著此心做便是私也"，说的就是这个意思。❶

相对于前一种"私"，后一种"私"较难为人察觉。而对这种"私"的揭示，可以说是儒家的一种特识。这种特识的获得，在一定程度上，源于新儒家对佛教批评的一种"以其人之道还治其人之身"的反击。儒者对佛家的批评，一个重要之点是佛家不履行人伦义务，而佛家则从无执的立场出发批评儒家的恪守君臣父子夫妇之道为有执。很长一段时间，儒者对佛家的这个批评不能给予很好的应对，直到王阳明吸收佛家智慧而反戈一击："佛氏不著相，其实著了相。吾儒著相，其实不著相。……〔佛〕都是为个君臣父子夫妇著了相，便须逃避。如吾儒有个父子，还他以仁；有个君臣，还他以义；有个夫妇，还他以别。何曾著父子君臣夫妇的相？"（《传习录下》，《王阳明全集》卷三）

程颐对公／私的看法，经过叶采（生卒不详，盛年1248）解释，变得更加清楚。

---

❶ 张伯行对此做了很好的揭示："或疑其自谓私者未必是私。伊川据理答之曰：公私之辨甚微。纯乎天理，无一毫私意较计，方谓之公。如伦所言，不待论其安寝与不安寝，方谓之私。只就其有意不起、有意十起，便是私也。……盖父子之爱本是天理人情之至，才著些少意见周旋做去，即是私，即与浑然天理之公不合也。"（张伯行：《近思录集解》卷六，第192页）

人知安寝与不眠为私爱其子，不知十起与不起亦私意也。盖事事物物各有自然之理，不容安排。父子之爱天性。今子疾不视，而十起于兄子，岂人情哉？着意安排即是私矣。（叶采 6：4a）

叶采所说的"安排"，是指以人力去对自然的进程施加影响。所谓自然之理，也就是不以人的意志为转移的客观规律。自然之理所具有的这种客观普遍性，在一定程度上，也比较接近"公"作为"不偏不倚"的意义。程颐将父子之爱视为公，由此可以得到某种理解。

"公"和"私"所对应的英文通常分别是：impartial（adj.）；impartiality（n.）与 selfish（adj.）；selfishness（n.）。陈荣捷在翻译程颐这段话时即是用此常规译法，对程颐关于公／私的富于个人特色的理解则未做评论：

QUESTION: Ti-Wu Lun had a different attitude toward his son's sickness from that toward his nephew's sickness，and he confessed that it was selfishness. Why?

ANSWER: It does not matter whether he slept peacefully or not. The fact that he did not get up in one case but get up ten times in the other shows selfishness. Love between father and son is essentially a matter of impartiality. To attach any personal idea to it is selfish. （Chan1967: 175）

想象一下，如果第五伦接受程颐的批评，他会怎么做呢？也许他会整夜守在生病的儿子身旁，而对生病的侄子只做礼节性的探望（可以肯定，其次数绝不会有一夜十起那样频繁）。姑不论第五伦是否因此会感到不安，且说程颐，他是否就感到满意了呢？从程颐下面的谈话来看，如果第五伦那样做的话，他又要提出批评，这是因为，在处理己子与兄弟之子的问题上，他从根本上就否定了"区别对待原则"的正当性。在逻辑上，对己子的爱是天性（所谓父子之爱天性），并不必然就推出：对兄弟之子的爱不是天性。程颐试图从人的自然本性上为儒家的悌道找到一个基础。

第二组问答：关于己子与兄子是否有间的讨论

> 又问：视己子与兄子有间否？
>
> 曰：圣人立法曰："兄弟之子犹子也"，是欲视之犹子也。

第一组问答中程颐的议论也许给问者造成这样的印象，那就是：顺着父子之爱的天性，爱己子比兄弟之子多一点并无任何不妥。然而，这种讲法跟经典上有关悌道的论述不完全吻合，问者似乎隐隐感到有些不安，因此从正面来问程颐：在处理己子与兄弟之子的问题上，是否存在一个"区别对待原则"？程颐引用经典的话做了否定性的回答。"兄弟之子犹子也"这句话出自《礼记·檀弓上》第64节："丧服，兄弟之子犹子也，盖引而进之也。嫂叔之无服也，盖推而远之也。或引或推，重亲远别。"（《礼记正义》卷八）"犹"，犹如，就好像。"视兄弟之子犹子"，意思是：将兄弟之子跟自己的孩子一样看待。它与"视己子与兄子有间"的说法正好相对。程颐的回答引起问者新的困惑，他不明白既然前面承认爱己子比兄弟之子多一点是人的天性，那么，又如何能做到对己子与兄弟之子一样看待呢？接下来的一组问答继续就"有间"原则展开讨论。

第三组问答：对己子与兄子是否有间的进一步讨论

> 又问：天性自有轻重，疑若有间然。

曰：只为今人以私心看了。孔子曰："父子之道，天性也。"❶此只就孝上说，故言父子天性。若君臣兄弟宾主朋友之类，亦岂不是天性？只为今人小看却，不推其本所由来，故尔。己之子与兄之子所争几何？是同出于父者也，只为兄弟异形，故以兄弟为手足。人多以异形故，亲己之子异于兄弟之子，甚不是也。

从"天性自有轻重"出发，问者对程颐的"视之犹子"说委婉地表示了质疑。这一次，因为问者触及悌道的难点，程颐不再能用三言两语就将问者打发，而是从两方面做了说明。他提出，就像父子之爱是天性，兄弟之爱同样也是天性。这一点构成"视兄弟之子犹己子"的基础。仅仅宣扬兄弟之爱也是天性，还不能解释为什么现实当中很多人"亲己之子异于兄弟之子"。程颐认为，那是因为人的私心作祟，人们只看到兄弟不是同一个身体（异形），却看不到兄弟都是来自共同的父母。顺便指出，这里的"私心"跟前文用法又不同，主要是指认识上的局限，以自我为中心，画地为牢，认识不到自己和他人的联系。

借助天性这个说法，程颐试图为悌道找到像孝道那样的生物基础。如果说兄弟之爱因为同根生，关系还比较密切，那么，对兄弟之子的爱，相对来说，就要远得多。在这几组关系当中，亲疏程度依次为：父子（也就是一个人跟自己子女的关系）、兄弟（也就是一个人跟自己弟兄的关系）、叔侄（也就是一个人跟自己弟兄子女的关系）。无论程颐怎样要求人们视兄弟之子犹己子，人对自己儿子的爱通常总

---

❶《孝经·圣治章第九》："（子曰）父子之道，天性也，君臣之义也。父母生之，续莫大焉；君亲临之，厚莫重焉。故不爱其亲，而爱他人者，谓之悖德；而不敬其亲，而敬他人者，谓之悖礼。"

是重于对兄弟之子的爱，这是一个客观事实，不是靠认识就能解决的。因此，程颐对悌道当中的"无间原则"的论证，总体说来，并没有足够的说服力。这也反映出，在处理悌道时，如何协调建立于血缘关系上的爱的轻重次序与悌道的无间要求，终究是一个棘手的问题。从理论上说，悌道的无间要求更多地属于规范（normative）问题，而建立在血缘关系上的爱的轻重次序则属于事实（factual）范畴。正如从"是"中推不出"应当"，规范与事实之间也存在着不可逾越的鸿沟。

对程颐个人而言，他在申述"顺天性而为即是公"的见解时，表现出一种灵活务实的现实主义或自然主义精神。而当他迁就传统论述"视兄弟之子犹己子"时，则陷入一种苍白的道德说教。这反映他作为理学家保守的一面。不过，多数情况下，程颐对儒家伦理问题的思考还是本着一种以自然（天）为应然（理）的方法论。他对第五伦是否有私的评论是一例，他对孔子是否避嫌的评论是又一例，从第四组问答可见。

第四组问答：关于孔子是否避嫌的讨论

> 又问：孔子以公冶长不及南容，故以兄之子妻南容，以己之子妻公冶长。何也？
>
> 曰：此亦以己之私心看圣人也。凡人避嫌者，皆内不足也。圣人自至公，何更避嫌？凡嫁女，各量其才而求配。或兄之子不甚美，必择其相称者为之配。己之子美，必择其才美者为之配。岂更避嫌耶？若孔子事，或是年不相若，或时有先后，皆不可知。以孔子为避嫌，则大不是。如避嫌事，贤者且不为，况圣人乎？

问者提到的孔子嫁女与侄女一事典出《论语》：

子谓公冶长："可妻也。虽在缧绁之中，非其罪也。"以其子妻之。子谓南容："邦有道，不废，邦无道，免于刑戮。"以其兄之子妻之。(《公冶长》)

公冶长（姓公冶，名长，字子长）和南容（姓南宫，名括，字子容）都是孔子的学生。从孔子对他们的评价来看，他们各有特色，孔子分别嫁之以女儿和侄女，其中似乎大有深意。后世做出各种猜测。有一种观点认为，孔子在为女儿、侄女挑选夫婿时，有意将更好的留给侄女。言下之意，孔子这样做是为了避嫌。

此问是承前面关于"有间""无间"的讨论而来，问者想为他的"有间"之说再找上一个支援。程颐坚决反对那种认为孔子在处理自己女儿与侄女婚事时有所避嫌的观点，他的理由是：以孔子这样的圣人来处理儿女婚姻大事，一定是秉承"各量其才而求配"的原则，而不会迁就舆论时议。"各量其才而求配"，究其实质，也就是照事情的本性去办，不掺进去一点额外的考虑。这是一种真正的"秉公直断"，不杂私意。

以自然（天）为应然（理）的方法论运用于悌道问题，它所得出的结论必然是：只求顺乎自然，不计厚薄差等。朱熹对第五伦个案的评论显示，儒家对于处理悌道问题上亲爱与公正之间的张力已臻圆熟之境。

宋杰问："宋杰尝于'亲爱而辟'上用功。如兄之子，常欲爱之如己子。每以第五伦为鉴，但爱己子之心终重于爱兄之子。"答曰："'常欲'二字，即十起之心也。须见得天理发见之本然，则所处厚薄虽有差等，而不害其理之一也。"（"答李敬子余国秀"，《文集》卷六十二，《朱子全书》第二十三册，第3028页）

"亲爱而辟"典出《大学》:"所谓齐其家在修其身者:人之其所亲爱而辟焉,之其所贱恶而辟焉,之其所畏敬而辟焉,之其所哀矜而辟焉,之其所敖惰而辟焉。"(传第八章)它的意思是人对于他所亲爱的人会产生偏袒(partial)心理❶。所谓修身,就是要去除这种偏袒心理。然而,去除这种偏私,对人来说并不容易,《大学》作者也承认这一点,说:"故好而知其恶,恶而知其美者,天下鲜矣!故谚有之曰:'人莫知其子之恶,莫知其苗之硕。'"(同上)向朱熹提问者就碰到这样的问题,他发现自己很难达到悌道的要求:"爱兄之子如己子",因为总是爱己子之心要重于爱兄之子。

就像当年那个与程颐一起讨论第五伦个案的问者一样,向朱熹请教的这个提问者也为天性有所轻重的问题困扰。不过,与程颐的回答让问者陷入更深的分裂的做法不同,朱熹明确告诉对方,不必刻意为之,只需要顺从本心去做即可。所谓"须见得天理发见之本然,则所处厚薄虽有差等,而不害其理之一也",即是说:只要是从天理本然出发,就无须担心爱有差等。天理发见之本然,也就是人性的自然趋向。❷

而无论是程颐还是朱熹,他们都一致强调,学者在履行悌道的过程中,应当放弃一切目的性行为,更不可掺杂一点世俗利益的计较,而将自己完全交给良知引导。只有这样,才能将亲爱与公正之间看似必然的矛盾消弭于无形,同时也从角色伦理的重负下解脱出

---

❶ 换言之,"辟"就是"不偏不倚"(impartial)的反面,理雅各(James Legge)正是用 partial 来翻译"辟"的:Men are partial where they feel affection and love;partial where they feel sorrow and compassion;partial where they arrogant and rude.(*The Great Learning*,《汉英对照四书》,第 11 页)

❷ 这里顺便指出,对于理学提出的"性即理"命题,有些论者认为它是以道德去规范人性,其实,也可以存在另一种理解,那就是,这个命题将人的自然倾向合理化了。全面的理解应该是将这两方面都包括进去。

来。这种自然主义方法，不同于理学一贯所讲的严肃主义工夫进路，在一定程度上可视为是对"无"之智慧的吸收。❶

儒家的悌道思想在 20 世纪激烈的反传统者那里曾经受到猛烈抨击。这里我们以新文化运动的旗手鲁迅的一部作品为例做一剖析。1926 年 2 月 10 日出版的《莽原》杂志发表了鲁迅的短篇小说《弟兄》。此文后来收为《彷徨》倒数第二篇。在这个短篇里，经历兄弟失和事件不久的鲁迅以其特有的敏感，对中国传统社会津津乐道的"兄弟怡怡"现象做了无情的解剖。文中主人公张沛君，是一位众人眼里堪称模范兄长的形象，张本人对此也颇为自许。然而有一天，他的弟弟靖甫生了急症，被中医误诊为致命之疾，随即在张心里引起极大的恐慌（事后被证明是虚惊一场）。鲁迅通过一段出色的心理描写和一段精彩的梦境虚构，惟妙惟肖地向读者展示，张沛君平日和睦友爱的兄弟之情是何等脆弱与虚有其表，而人心深处的自私与冷酷又是何等真实与可怕。文学研究者一般认为，这篇小说秉承了鲁迅一贯的对国民性的批判。❷而从本文所关心的家庭伦

---

❶ 关于理学的有无智慧，详陈来《有无之境——王阳明哲学的精神》一书。

❷ 在鲁迅研究中，《弟兄》这篇小说一向不太为人关注，据张梦阳《中国鲁迅学通史（索引卷）》（广东教育出版社，2002）统计，从《弟兄》问世到 2002 年，专篇研究论文共不过 4 篇，其中，1949 年后仅有 2 篇（第 565—566 页）。如果算上周作人的"鲁迅与《弟兄》"（收入所著《鲁迅的青年时代》，见《鲁迅回忆录（中册）》，北京出版社，1999）和"鲁迅小说里的人物·弟兄"（收入《鲁迅小说里的人物》，石家庄：河北教育出版社，2002），也才 4 篇，其受冷落的程度可见一斑。最早对《弟兄》做评论的是赵景深，他在"鲁迅的《弟兄》"（收入《1913—1983 鲁迅研究学术论著资料汇编（第一卷）》，中国文联出版公司，1986）中提出，《弟兄》一篇，盖讽刺人性之虚伪而作也。"（第 283 页）而许寿裳则认为，"这一段梦境的描写，也就是一种上文所述（二）的'暴露'（即指'要深究旧社会的病根，把它暴露出来，催人留心，设法加以疗治的希望。'——引者）：鲁迅在沛君的身上，发掘下意识的另一面貌，把它暴露出来。"（"关于《弟兄》"，收入《1913—1983 鲁迅研究学术论著资料汇编（第三卷）》，中国文联出版公司，1986，第 1222 页）无论是赵说的"讽刺"，还是许所说的"暴露"，都是鲁迅早期"批判国民性"的另一种说法。刘春勇也认为，

理角度，笔者认为，这篇小说实际上质疑了"悌"——儒家家庭伦理的一个重要方面——的人性基础，在一定程度上对传统社会中被理想化的兄弟之情起到了一种"祛魅"作用。然而，根据以上对程朱有关第五伦个案评论的分析，可以看到，作为现代思想家的鲁迅，在对传统家庭伦理中的"悌"进行反思时，由于未能了解儒家（尤其是程朱等宋代新儒家）为缓解亲爱与公正之间张力所做的复杂考量，从而使其批判实际建立在一种误解的基础之上。

综上所述，新儒学伦理并非不关心不偏倚性，只不过它所关心的不偏倚性是建立在一种承认人性情感合理流露的自然主义立场之上。因此，不能简单地将新儒学与承诺不偏倚性的康德伦理学或反对不偏倚性的美德伦理学进行比附，由此而来的褒或贬都未免失之草率。在当代道德哲学语境下要对新儒学伦理做出深刻体认和适切分析必须建立在坚实细致的个案研究基础之上，切忌以偏概全、泛泛而论。

（接上页）"在这篇小说中，鲁迅先生正是通过这讽刺和冷嘲将所谓人间的亲情可怕地撕裂开来，他让你看到这温情脉脉的背后不是别的而是赤裸裸的金钱、利用与被利用。所以小说一方面似乎在描写温情脉脉的兄弟之情，另一方面却毫不犹豫地用'凌乱的思绪'与可怕的梦境来拆解这温情的面纱，他让你看到了这人间最丑陋的面目，如魔鬼一样赤裸裸的利用，赤裸裸的利己以及无比伪善的辩护。"（"'无情面地解剖我自己'——读鲁迅的小说《弟兄》"，《沙洋师范高等专科学校学报》2007 年第 2 期，第 32 页）

第 6 章

新儒学的科举论

历史中的个体总是处在特定的制度与文化为基础的社会网络之中，程颐、朱熹这些新儒家也不能例外。在庞大而严密的社会网络面前，个体容易产生的那种渺小无力感，即使以成圣成贤为追求的新儒家学者大概同样不可避免。作为一项社会制度，科举取士深深地影响甚至塑造着生活于其下的个体及其相关者的命运。新儒学对理想精神生活的追求与科举取士的现实利益导向显然格格不入。在新儒家眼里，科举取士实在不能算是一个好的物事。然而，这个不好的物事同时却又是不可避免的物事。诚然，某个个体可以选择不从事举业，但这并不改变他的大多数同类仍然要面对这个关卡的现实，而且，当他这样做的时候，就等于一个运动员宣布退出比赛。就新儒家的那些杰出代表本人而言，他们似乎并没有被这一问题严重困扰。这一方面可能是因为他们基本上都是科举考试的成功者。另一方面，也与科举考试是一次性的这一点有关。对应试者来说，通过考试之后就不必再为之劳心费神。在客观上，它不构成一种生活方式，至多只能左右应试者通过科举之前的生活。因此，新儒家着重需要考虑的不是中试之后的生活方式选择，而是如何应对考试失利的局面。事实上，新儒家学者经常扮演安慰开导落榜者的角色。新儒家学者的劝慰多从修身理论出发。如果说修身理论提供的主要是对既定世界的解释，而具有一种治疗学（therapy）的意义；那么，新儒家提出的种种改革科举的议案则已进入对世界的改造之中，而具有一种建筑术（architectonics）的意义。从二程开始一直到朱熹，新儒家就不断谋划改变科举取士的方式内容，尽管其建议从未形成政策，但他们的议论对后世儒者具有强烈的吸引力。就此而言，新儒学就不应当再被简单地视为一种心性之学，而应当被正确地理解为一种积极的行动学说与社会改造理论。

一　治心

《近思录》卷七"出处进退辞受之义（出处）"收录了三条与科举有关的议论，它们分别是：

33．伊川先生曰：人多说某不教人习举业，某何尝不教人习举业也？人若不习举业而望及第，却是责天理而不修人事。但举业既可以及第即已，若更去上面尽力，求必得之道，是惑也。

34．问：家贫亲老，应举求仕，不免有得失之累，何修可以免此？伊川先生曰：此只是志不胜气。若志胜，自无此累。家贫亲老，须用禄仕，然"得之不得为有命"。曰：在己固可，为亲奈何？曰：为己为亲，也只是一事。若不得，其如命何？孔子曰："不知命，无以为君子。"人苟不知命，见患难必避，遇得丧必动，见利必趋，其何以为君子！

35．或谓科举事业，夺人之功，是不然。且一月之中，十日为举业，余日足可为学。然人不志此，必志于彼。故科举之事，不患妨功，惟患夺志。

（陈荣捷:《近思录详注集评》，台北：台湾学生书局，1992，第378—379页。下引此书，省作《集评》，不再说明）

前两条皆程颐语，原出《遗书》卷十八，后一条见《外书》卷十一，未注明是大程还是小程语。《近思录》收此三条，中间还有一段曲折。

《近思》举业三段及横渠语一段并录呈，幸付彼中旧官属正之。或更得数字，说破增添之意尤佳。盖闽、浙本流行已广，恐见者疑其不同。兼又可见长者留意此书之意，尤学者之幸也。（"答张钦夫第三十二书"，《文集》卷三十二，《朱子全书》，第二十一册，第1391页）

钦夫寄得所刻《近思录》来，却欲添入说举业数段，已写付之。但不知渠已去，彼能了此书否耳。（"答吕伯恭第五十六书"，《文集》卷三十四，《朱子全书》第二十一册，第1476页）

《答张钦夫第三十二书》所云"《近思》举业三段及横渠语一段并录呈"，由"答吕伯恭第五十六书"知，此是应张栻之请。盖《近思录》初版，张栻见后，意有不足，"却欲添入说举业数段"。朱熹在"答吕伯恭第五十六书"中说"已写付之，但不知渠已去，彼能了此书否耳"，查今本《近思录》，说举业三段之下正有张载

（横渠）论世家子弟不袭世禄一条❶，则张栻收到朱熹写本后即照之付印。换言之，此三条即为当时应张栻之请所添者。❷

又，《文集》卷五十四"答时子云"书称：

> 向编《近思录》，欲入数段说科举坏人心术处，而伯恭不肯。（《朱子全书》第二十三册，第2569页）

则朱熹当初即有意要收入对科举的批评，但吕祖谦不同意。最后朱熹加上说举业数段（即如今本所见），张栻之请是一个重要契机。从结果来看，吕祖谦应当是默许了朱熹所做的添补。当初他为何不肯收，最后他是否被朱熹说服，文献不足，不敢妄测。

1. "有命"与"夺志"

今本《近思录》关于举业的这三段，究竟是张栻所选还是朱熹所择，不得而知。不过，遍检《二程集》有关科举的语录，不难发现，这三条的确有一定的代表性，选之不为无故。以下，我们对这些语录逐条进行分析。

> 1．人多说某不教人习举业，某何尝不教人习举业也？人若不习举业而望及第，却是责天理而不修人事。但举业既可以及第即已，若更去上面尽力，求必得之道，是惑也。（《遗书》

---

❶ 此条作：36．横渠先生曰：世禄之荣，王者所以录有功，尊有德。爱之厚之，示恩遇之不穷也。为人后者，所宜乐职劝功，以服勤事任。长廉远利，以似述世风。而近代公卿子孙，方且下比布衣，工声病，售有司。不知求仕非义，而反羞循理为无能。不知荫袭为荣，而反以虚名为善继。诚何心哉！（《集评》，第381页）

❷ 陈荣捷亦作如是观："此条与下列两条，或即是张栻所欲添入之举业三段。"（《集评》，第379页注2）

卷十八"伊川先生语四",《二程集》，第185页）

《粹言》所收一条与此相似：

    2．或谓："举子必精修其所业，可以应有司之选。今夫子每止之使勿习，何也？"子曰："设科以文词取之，苟可以应科，则亦足矣；尽心力而为之，以期乎必得，是惑也。"（《粹言》卷一"论学篇"，《二程集》，第1193页）

虽然大意相同，但这两条语录所记还是各有侧重。在《遗书》所记的那一条中，程颐对别人说他不教人习举业这一点加以否认，而在《粹言》所记的这一条里，程颐则默认不讳。详味《粹言》所记，程颐的不教人习举业，不是完全禁人不习，而是反对人在这上面"尽心力"（亦即《遗书》所说的"更去上面尽力"）。程颐的意思是，掌握应试的基本技能是必要的，但也仅此而已，"既可以及第即已"，"苟可以应科，则亦足矣"，如果进一步钻研如何保证一定能够通过，那就失之于"惑"。程颐之所以认为"求必得之道"是"惑"，是因为那既不合于"义"也不能称为"智"。不"义"是指，一味求必得之道是利欲熏心的表现；不"智"是指，科场得失非应试者自己所能决定，期乎必得是不切实际的妄想。因此，最好的做法是无心以应之。在某种意义上，程颐所推荐的处理举业的方式是一种无为之道。

    3．问：家贫亲老，应举求仕，不免有得失之累，何修可以免此？伊川先生曰：此只是志不胜气。若志胜，自无此累。

家贫亲老，须用禄仕，然"得之不得为有命"❶。曰：在己固可，为亲奈何？曰：为己为亲，也只是一事。若不得，其如命何？孔子曰："不知命，无以为君子。"❷人苟不知命，见患难必避，遇得丧必动，见利必趋，其何以为君子！然圣人言命，盖为中人以上者设，非为上知者言也。中人以上，于得丧之际，不能不惑，故有命之说，然后能安。若上智之人，更不言命，惟安于义；借使求则得之，然非义则不求，此乐天者之事也。上智之人安于义，中人以上安于命，乃若闻命而不能安之者，又其每下者也。（孟子曰："求之有道，得之有命。"❸求之虽有道，奈何得之须有命！）（《遗书》卷十八"伊川先生语四"，《二程集》，第 194 页）

《粹言》也有一条与此类似：

4. 或问："为养而求仕，不免忧得失，将何以免此？"子曰："志胜气，义处命，则无忧矣。"曰："在己可免也，而亲不悦，奈何？"子曰："为己为亲，非二事也。其如命何？人苟不知命，见利必趋，遇难必避，得丧必动，其异于小人者几希。圣人曰命云者，为中人而设也。上智之士，惟义之安。虽曰求而得之，然安于义而无求，此乐天者之事也。至于闻有命而不能安之，则每下矣。"（《粹言》卷一"论学篇"，《二程

---

❶ 《孟子·万章上》："孔子进以礼，退以义，得之不得曰'有命'。"
❷ 《论语·尧曰》："孔子曰：不知命，无以为君子也；不知礼，无以立也；不知言，无以知人也。"
❸ 《孟子·尽心上》："孟子曰：求则得之，舍则失之，是求有益于得也，求在我者也。求之有道，得之有命，是求无益于得也，求在外者也。"

集》，第 1187 页）

两相比较，可知后者是前者的一个删节版。前者所引孔孟语录在后者那里都被删除。然而，这些语录正是程颐方法的理论来源。前已述及，程颐并不反对人去应举，也不反对为应举做必要的准备，他不以为然的是人对举业看得过重，以必得为期。然而，现实生活中，人对举业看得过重，似乎并非只是因为觉悟不够，往往还与当事者所处的客观境遇有关。换言之，一个人在应举求仕上表现得过于患得患失，也许是出于某种外界压力。此条语录中的问者就属于这种情况。家贫亲老，为养亲不得不应举求仕。在这种形势下，问者坦承，自己无法做得潇洒，而"不免有得失之累"。程颐告诉他，如果在内心"志"战胜了"气"，就不会有此烦恼。禄仕固然是客观需要，但能否得到却非人力所及，"有命"在焉。问者似乎只注意到前面的志气说而没有领会后面的有命说，辩白不是自己志在必得，而是养亲所迫。程颐于是将有命之说做了进一步展开。首先，他指出，无论是出于个人原因还是出于父母原因，应举求仕所遇到的问题是一样的，成功（得）失败（不得）都不是自己所能掌握的，都是命定的。如果命里注定得不到，你又能怎么办呢？忧心忡忡、费尽心机都无济于事。所以，程颐得出结论说，人要学会知命，知命也就是不做徒劳的挣扎。

程颐还对孔子有关知命的教诲做了自己的解释，他认为，孔子这个说法主要是针对一般人（中人）而发的，因为，一般人在得丧之际，难免有所困惑，这时就需要命的理论来解释才能使自己心安，而上智之人做事一切从义出发，对于得丧无所动心，无入而不自得；而中人以下则是即使告诉他命的道理，他也不能做到释然。程颐引孟子语"求之有道，得之有命"加以分析，手段正确并不保证目标一定能够达成，目标能否达成取决于命的安排。这个原理对任何人都适用，只不过上智之人已经不在乎结果如何，无论什么样的结果都不会动摇他按照正确的原则做事的决心；而一般人还做不到这一点，当结果不称心如意时会对做事的正确原则发生怀疑，但如果了解"得之有命"的道理就不会感到沮丧或轻举妄动。至于小人，则不接受命运的安排，为了改变命运不惜抛弃正确的做人做事原则（义），趋利避害，人所不齿。"知命"才能泰然"受命""安命"。按照这种观点，一个真正的人不会想着要改变自己的命运。事实上，程颐对一个人企图改变自己在科举上面的命运的做法很不以为然，下列一条语录记载了他劝告弟子谢良佐（字显道）放弃改变科举命运的努力。

5. 谢显道久住太学，告行于伊川云："将还蔡州取解，且欲改经《礼记》。"伊川问其故。对曰："太学多士所萃，未易得之，不若乡中可必取也。"伊川曰："不意子不受命如此！子贡不受命而货殖，盖如是也。"显道复还，次年获国学解。（祁宽所记尹和靖语，《外书》卷十二，《二程集》，第434页）

《外书》同卷另有一条亦载此事，而误记显道为游酢（字定夫）：

6. 游定夫忽自太学归蔡，过扶沟见伊川。伊川问："试有期，何以归也？"定夫曰："某读礼太学，以是应试者多，而乡举者实少。"伊川笑之。定夫请问，伊川曰："是未知学也。岂无义与命乎？"定夫即复归太学，是岁登第。（定夫字误，当作显道。）（收入吕坚中所记尹和靖语，《外书》卷十二，《二程集》，第440—441页）

两条所记谢良佐自述归蔡之故相同：因太学人多，蔡州人少，太学没有乡举容易。两条所记程颐的反应略异。其一谓程颐深表失望："不意子不受命如此！"将谢的这个做法与子贡不受命而货殖相比。其一谓程颐笑其不知学："岂无义与命乎？"无论是失望还是微讽，程颐的反应都是符合他一贯的思想的。前揭1、2条，程颐已经指出，在举业上求必得之道是错误（"惑"）的做法，而谢良佐自述理由中就有"不若乡中可必取也"这样的话，这正是"期乎必得"，因此，毫不奇怪，他会为程颐所笑。前揭3、4条，程颐开导提问者，举业的"得之不得为有命"，在这上面患得患失是不明智的。谢权衡利弊而做的返蔡决定，在程看来正是不知有命的不智之举，而谢作为学道之人，在科举问题上竟有这样的利害计较，这使程不禁感到诧异。

由于科举与利禄直接相连，从事科举者的心思很容易为利禄所牵。这对于学道大有妨碍。二程意识到这一层，特别提出科举夺志的问题。

> 7. 或谓科举事业夺人之功，是不然。且一月之中，以十日为举业，余日足可为学。然人不志此，必志于彼。故科举之事，不患妨功，惟患夺志。（《外书》卷十一，《二程集》，第416页）

这里关于志功的辨析再次显示程颐在应举求仕问题上强调意向之重要的特点。上面一条已经提到志的问题，只是在那里，"志"被用来与气做比较。所谓气，是"气质"之"气"，按照新儒学的一般看法，气构成人体中的形而下成分，它更多地与肉体、感性、欲望连在一起。❶本来，在孟子那里，"志"也是一种"气"，不过，程颐这里使用的"志"更多地指与"气"相对的那个范畴，它构成人体中的形而上成分，是理性的产物。❷如果说"气"相当于肉身我，那么，"志"就相当于理性我。志胜气，即意味着理性意志压倒了感性需求。"功"即功夫。程颐认为，科举对学者造成的损害主要不是时间、精力上的分散，而是意向（intention）的转移或改变。❸所谓"夺志"，就是心思不再放在读圣贤书上，而是花在千方百计取得科举成功上，亦即第一条所说的"更在上面用力，求必得之道"。一个人太在意应举的结果，不知不觉就会掉进利禄的陷阱，而远离读书学成圣贤的道路。朱熹所说的"科举坏人心术处"当即在此。而这，正是新儒学深所忧虑的。

归根结底，在程颐看来，应举不是读书的目标，即使中了状元，也许真正的"学"才刚刚开始。❹在科举之外，更有"学"在。科举是一时的事业，而"为学"（修身）则是终身之大业。新儒学的这个认识在以下这条语录里得到充分反映。

8．先生（案：尹和靖）曰：某才十七八岁，见苏季明教

---

❶ 陈荣捷似乎有鉴于此，将"气"译成 passions，见所译 *Reflection on Things at Hand*，Columbia University Press，1967，p.199。

❷ 陈荣捷将"志"译为 will（意志），又特别加注说：the will to abide by moral principles（信守道德原则之意志），强调这个"意志"是指向道德原则的。见 *Reflection on Things at Hand*，p.199，n.71。按照本文的理解，这里的"志"更接近于道德理性（moral reason）而非意志、意愿（will）。

❸ 陈荣捷将这里的"志"依旧译成 will，见 *Reflection on Things at Hand*，p.199。细味"人不志此，必志于彼"这句话，"志"做动词用，有"意欲"、"意向"之意，译为 intend 似乎更准确。

❹ 陈荣捷将"或谓科举事业夺人之功"译为 Someone said that preparation for the civil service examinations interferes with one's effort at real learning（*Reflection on Things at Hand*，p.199）。为"功"补上"at real learning"这样一个状语，比较准确地把握了语录原意。

授。时某亦习举业，苏曰："子修举业，得状元及第便是了也。"先生曰："不敢望此。"苏曰："子谓状元及第便是了否？唯复这学更有里？"先生疑之，日去见苏，乃指先生见伊川。后半年，方得《大学》《西铭》看。（祁宽所记尹和靖语，《外书》卷十二，《二程集》，第 437 页）

状元及第是科举的最高成就，对于习举业者，这是梦寐以求之事。作为一个初习举业者，尹和靖对状元及第抱着不敢奢望的心理。而苏季明竟然说，状元及第不是最高的，还有比它更值得追求的。在苏季明的引导下，尹和靖去见程颐，从而走上新儒学之路。尹和靖的经历在新儒家学者中非常典型，很多新儒家者都是从举业慢慢转到新儒学上来的。

应举求仕上太过顺利，对学道者不仅无益，甚至有害。因为，这种顺利容易使人产生一种故步自封心理，以为平生志愿已满，不再追求成圣成贤。程颐曾经提出人生三不幸说，世俗观念中的令人羡慕之事在他这里都成了不幸：

9. 伊川尝言："人有三不幸：年少登高科，一不幸；席父兄之势为美官，二不幸；有高才能文章，三不幸也。"（收入吕本中《吕氏童蒙训》，《外书》卷十二，《二程集》，第 443 页）

登高科、为美差、有高才，这些固然是人所羡慕的好事，但年少登高科容易滋长骄傲自满情绪，反而不利于日后发展；席父兄之势而为美官，容易形成骄纵心理，且为人所不服；有高才能文章，往往逞才为文，不知做身心工夫，一味外驰，其结局不过为一文人，所造有限。程颐的这个三不幸说当是总结他对世道人情的观察而来，初看离奇，细味则其意深长。

综上，二程论科举的语录凡九条，其中，1 与 2，3 与 4，5 与 6 内容相近，实为三条。从性质上看，5/6，8 是具体的例子，可以视为是对 1/2，3/4，7 所述原则的应用，9 则是泛泛之论。《近思录》所选为 1、3、7，不可谓不精当。这三条寓含的重要教训有两个，其一是有命说，其二是夺志论。

在科举取士这一国家大政面前，个体如何自处？怨天尤人还是百计钻营，都为新儒家学者所不齿。除了"修身以俟"，新儒家认为，没有更好的办法。"有命说"使人安命受命，"夺志论"则向上提点学者：举业之外更有真学在。二程所贡献的修身理论成为尔后新儒学处理此一问题的津梁与准绳。

2. 举业不害为学

《朱子语类》的编者将朱熹有关科举的语录分置两个标题之下，一是卷十三"学七　力行"，一是卷第一百九"朱子六　论取士"。前者主要是从学的角度谈，侧重个体的心态、意向等精神层面；后者则是从制度层面说，侧重相关政策及其影响下的公共设施、个体行为。如果说前者属于治心之论，也就是我们所说的具有"治疗学"意味的内容，那么后者则属于更制之议，也就是我们所说的具有"建筑学"意味的内容。朱熹《文集》中相关论述都可以纳入这两个部分来分析。我们先来看朱熹的治心之说。

总的来看，朱熹在治心方面吸收了二程的有命论、志气说，又以义利观、工夫论进行充实，从而使他的治心之说呈现出多重理论意蕴。

朱熹本人的科举之路可谓一帆风顺：他十八岁中乡举，十九岁登进士。举业对他几乎没有构成什么精神折磨，他自述"少年时只做得十五六篇义，后来只是如此发举及第"（《语类》卷一百七，第2671页）。在某种程度上，他甚至是以一种游戏心态通过了科举考试，据他回忆，他十五六岁时因为一个偶然的机会对禅发生了兴趣，曾向一位僧人请教，"及去赴试时，便用他意思去胡说。是时文字不似而今细密，由人粗说，试官为某说动了，遂得举。（时年十九）"（《语类》卷一百四，第2620页）。

或许是因为得来轻易，朱熹对科举的成功看得并不重要，他也从来不认为科举魁首是什么一流人物。下面这条语录可以反映科举在他心目中的地位。

> 因言科举之学，问："若有大贤居今之时，不知当如何？"曰："若是第一等人，它定不肯就。"又问："先生少年省试报罢时如何？"曰："某是时已自断定，若那番不过省，定不复应举矣。"（《语类》卷一百七，第2672页）

第一等人不屑应举，他自己是一试不中，即不再复。朱熹这里所表达的毋宁是他的一种志向，并不是对事情全盘考虑后的审慎回答。事实上，在另一处，他的想象就完全不同："居今之世，使孔子复生，也不免应举"（《语类》卷十三，第246页）。而在面对科举失利者时，他也不会告之以这样的话。他用来劝慰那些人的说辞是"淹速有时，得失有命"云云。比如，他在写给一位考试失利者的信中这样说：

> 吾友秋试不利，士友所叹。然淹速有时，不足深计，且当力学修己为急耳。（"答滕德章"，《文集》卷四十九，《朱子全书》第二十二册，第2279页）

在写给一位正在准备考试的学者的信中，为其抄录孔子格言"不知命无以为君子"：

> 科场不远，想不免分了功夫，然此等得失，真实有命，若信得未及，放不下，亦须且将此字顿在面前，政使未全得力，亦可减得些小分数，不为无助。夫子所谓"不知命，无以为君子"，正谓此也。（"答张元德"，《文集》卷六十二，《朱子全书》第二十三册，第 2983 页）

这种"得失有命"的论调，与程颐当年对谢良佐的教导如出一辙。宣扬"得失有命"，是要人不志在必得，努力尽到自己本分即可。比如，做科举文字，人不可不会，但如果求为必得，朱熹认为那就是"岂有此理"的事。

> 某人但不可不会作文字。及其得，也只是如此。今人却要求为必得，岂有此理！（《语类》卷一百七，第 2671 页）

因为得失不是由自己决定，求为必得是徒劳的、不明智的。这是朱熹反对求为必得的一个原因。另一方面，如果志在必得，人就会无所不用其极，投时所好，曲学阿世，忘记礼义廉耻。就此而言，谨守"得失有命"之训，可以使人免于无耻。朱熹就是这样来教育自己的子女的。

> 大儿不免令读时文，然观近年一种浅切文字殊不佳，须寻得数十年前文字宽舒有议论者与看为佳。虽不入时，无可奈何。要之，将来若能入场屋，得失又须有命，决不专在趋时

也。（"答蔡季通"，《文集》卷四十四，《朱子全书》第二十二册，第 1992 页）

志在必得，其实质是以利为心。陆九渊曾经用义利之辨来讲科举问题，朱熹深以为然。淳熙八年辛丑（1181）春二月，陆九渊来访朱熹，请书其兄墓志铭。朱熹率诸僚友诸生俱至白鹿洞书院，请升讲席，陆以《论语》"君子喻于义，小人喻于利"章发论，朱熹认为切中学者之病。❶据《语类》，朱熹对陆的演讲赞不绝口。

顾谓道夫曰："曾见陆子静'义利'之说否？"曰："未也。"曰："这是他来南康，某请他说书，他却说这义利分明，是说得好！如云：'今人只读书便是为利！如取解后，又要得官；得官后，又要改官。自少至老，自顶至踵，无非为利！'说得来痛快，至有流涕者！今人初生稍有知识，此心便恁鹘突地去了；干名逐利，浸浸不已，其去圣贤日以益远，岂不深可痛惜！"（《语类》卷一百一十九，第 2873—2874 页）

朱熹的转述与书面的陆九渊讲义略有不同，讲义的相关段落是这样的：

科举取士久矣，名儒钜公皆由此出。今为士者固不能免此。然场屋之得失，顾其技与有司好恶如何耳，非所以为君子小人之辨也。而今世以此相尚，使汩没与此而不能自拔，则终

---

❶ 参朱熹"跋金溪陆主簿白鹿洞书堂讲义后"，《文集》卷八十一，《朱子全书》第二十四册，第 3852—3853 页。

日从事者，虽曰圣贤之书，而要其志之所乡，则有与圣贤背而驰者矣。推而上之，则又惟官资崇卑、禄廪厚薄是计，岂能悉心力于国事民隐，以无负于任使之者哉？从事其间，更历之多，讲习之熟，安得不有所喻？顾恐不在于义耳。诚能深思是身，不可使之为小人之归，其于利欲之习，怛焉为之痛心疾首，专志乎义而日勉焉，博学审问，慎思明辨而笃行之。由是而进于场屋，其文必皆道其平日之学、胸中之蕴，而不诡于圣人。由是而仕，必皆共其职，勤其事，心乎国，心乎民，而不为身计。其得不谓之君子乎？（"白鹿洞书院论语讲义"，《陆九渊集》卷二十三，中华书局，1980，第 276 页）

陆九渊指出，科举考试的成败取决于个人应试技巧与改卷者的喜好，并不能用来区分君子与小人。应举者虽然整天攻读圣贤之书，但心思只在如何得高官厚禄，与圣贤之意背道而驰。应举者不是不明白义，而是心思没有放在义上。陆九渊希望学者能抛弃利欲之习，专志于义，应举为文时直道平日之学、胸中之蕴，登第入仕时勤勉于国计民生，如此，则不再为小人，而为君子。对于当时学者应举求仕的心理，陆九渊是把握得很准的，他用义利之辨将问题挑明，使人无法再自欺欺人。所以朱熹夸他"说得这义利分明"，"说得来痛快"。朱熹自己将明辨义利作为药方郑重地推荐给那些为举业得失所困者。

有位学者向朱熹连篇累牍地诉说举业失利给自己带来的痛苦，朱熹的回信像医生给病人看病一样，先分析病因，接着开出药方，甚至连每天服"药"的次数与"剂量"都做了详细说明。

来谕满纸，深所未喻。必是当时于此见得太重，所以如此执著，放舍不下。今想未能遽然割弃，但请逐日那三五分功夫，将古今圣贤之言剖析义利处反复熟读，时时思省义理何自而来，利欲何从而有，二者于人孰亲孰疏、孰轻孰重，必不得已，孰取孰舍、孰缓孰急。初看时似无滋味，久之须自见得合剖判处，则自然放得下矣。舍此不务，纷纷多言，思前算后，展转缠缚，一生出不得。未论小小得失，政使一旦便登高科、跻显官，又须别有思量擘画，终不暇向此途矣。试思之如何？（"答时子云"，《文集》卷五十四，《朱子全书》第二十三册，第2568—2569页）

朱熹开的药方是"将古今圣贤之言剖析义利处反复熟读"。考虑到对方可能将信将疑，朱熹又特别嘱咐，这个方子是慢慢见效："初看时似无滋味，久之须自见得合剖判处，则自然放得下矣。"

在分析学者从事科举之弊时，朱熹将自己看作一个医生，他直接用"病"这样的词来对事状进行描述。

大抵今日后生辈以科举为急，不暇听人说好话，此是大病。须先与说破此病，令其安心俟命，然后可教。告以收拾身心，讨论义理，次第当有进耳。（"答滕德章〔珙〕"，《文集》卷四十九，《朱子全书》第二十二册，第2278—2279页）

大抵今之学者之病，最是先学作文干禄，使心不宁静，不暇深究义理，故于古今之学、义利之间，不复能察其界限分别之际，而无以知其轻重取舍之所宜。所以诵数虽博、文词虽工，而只以重为此心之害。要须反此，然后可以议为学之方耳。向者盖亦屡相为道此，然觉贤者意中未甚明了，终未免以文字言语为工夫、声名利禄为归极。今以所述事状观之，亦可验其不诬矣。若诸贤者果以愚言为不谬，则愿且以定省应接之余功收拾思虑，完养精神，暂置其所已学者，勿令汹涌鼓发狂闹，却于此处深察前所谓古今之学、义利之间，粒剖铢分，勿令交互，则其轻重取舍之极自当判然于胸中，不待矫拂而趣操自分，圣学之门庭始可以渐而推寻矣。此是学者立心第一义，此志先定，然后修己治人之方乃可抉择而修持耳。（"答宋择之"，《文集》卷五十八，《朱子全书》第二十三册，第 2777 页）

按照朱熹的描述，这些学者的病因是：学作文干禄。症状是狂躁，失去正常的方位、轻重感：心不宁静，"于古今之学、义利之间，不复能察其界限分别之际，而无以知其轻重取舍之所宜"。他开的处方是隔离静养："以定省应接之余功收拾思虑，完养精神，暂置其所已学者，勿令汹涌鼓发狂闹，却于此处深察前所谓古今之学、义利之间，粒剖铢分，勿令交互。"朱熹称自己这个药方为"学者立心第一义"。可以说，义利之辨在朱熹的治心术中是一味重要的药方。

除了义利之辨，朱熹用以治疗应举者心病的另一个重要方子是立志为己之说。

在主持一县之学政时，朱熹特别寄语生员举子，不要一心期于干禄，而应志存古人。

顾念朝家设科以取士，本务得贤；然而学者挟策以读书，但期干禄。伊欲一新于散俗，不能无望于群公。辄诵浅闻，少酬盛礼。惟穷理修身之要，当有志于古人；则尊王庇民之功，庶无惭于当世。（"回众解元"，《别集》卷八，《朱子全书》第

二十五册，第 4996 页）

　　然朝家建学养士之意，正为育材；而诸生辞家射策之心，但期干禄。伊欲一新于散俗，不能无望于群公。辄诵浅闻，少酬盛礼。惟古人为己之志，当有余师；则《大学》新民之功，庶无违教。（"回待补生"，《别集》卷八，《朱子全书》第二十五册，第 4997 页）

　　"惟穷理修身之要，当有志于古人"，这是鼓励学者从事义理之学。"惟古人为己之志，当有余师"，是指要像古人那样从事为己之学。

　　朱熹认为，学者习举业最大的问题不是他们说的非圣贤之言，而是他们不用到自身。他们读书作文不是为了提高自身修养而是为了取得功名。

　　圣贤千言万语，只是教人做人而已。前日科举之习，盖未尝不谈孝弟忠信，但用之非尔。（《语类》卷十三，第 243—244 页）

　　专做时文底人，他说底都是圣贤说话。且如说廉，他且会说得好；说义，他也会说得好。待他身做处，只自不廉，只自不义，缘他将许多话只是就纸上说。廉，是题目上合说廉；义，是题目上合说义，都不关自家身己些子事。（《语类》卷十三，第 244 页）

　　"不关自家身己些子事"，简言之，就是他们从事的不是为己之学。为己还是为人，这是孔子在《论语》中对举的两种学风，为己之学，学者从中受用；为人之学，学者自己毫无受用。朱熹即运用孔子对学的这个区分来为习举业者把脉："（习举业者）所以到老全使不著，盖不关为己也。圣人教人，只是为己。"（《语类》卷十三，第 243 页）其实，站在另外一个角度，也可以说，习举业者的求取功名正是为自己打算，满足自身对名利的需求。只不过，这种为己在新儒学看来是为一己之私。新儒学所理解的为己、成己乃是对理想人格的追求。

习举业者对圣贤之言记诵如流，但行事做人却全不合圣贤教导，说到底，就是知行不一，欠缺践履工夫。朱熹曾经比较过这样三类人：

> 今来专去理会时文，少间身己全做不是，这是一项人。又有一项人，不理会时文，去理会道理，少间所做底事，却与所学不相关。又有依本分，就所见定是要躬行，也不须去讲学。这个少间只是做得会差，亦不至大狼狈。只是如今如这般人，已是大段好了。（《语类》卷十三，第 243 页）

第一类人是理会时文不理会道理者（专事举业者），第二类人是理会道理不理会时文者（空头讲学者），第三类人是依本分躬行实践者（务实者）。三类人三种结局：第一类人为人处世一无是处；第二类人讲而不行；第三类人小有偏差但大段尚可。从新儒学的标准来看，这三类人都不是值得效仿的。朱熹感叹，世风不古，像第三类人这样已经算是好的了。从朱熹的臧否可见，如果做不到讲学践履相须并进，退而求诸次，那么，他宁愿要有践履不讲学者，也不要那种只讲学而不践履者。不过，只要有可能，朱熹还是希望人能理会道理，因为，虽然理会道理者不一定都能实行，但理会时文不理会道理者先就欠了一节，境界上已经不及前者。这就是为什么朱熹总是说专事举业者已自输了的缘故。

> 专一做举业工夫，不待不得后枉了气力，便使能竭力去做，又得到状元时，亦自输却这边工夫了。（《语类》卷十三，第 245 页）
> "若欲学俗儒作文字，纵攫取大魁"，因抚所坐椅曰："已自输了一著！"（同上）

中状元、攫取大魁是举业的最高成就，然而，朱熹指出，就算做到这一步，也还是欠缺自家身心工夫，做不得一流人物。朱熹断言，一个人不读书专一理会时文，其下场必然是可悲的。因为，无非有两种结果等着这样的人：一种是屡试不得，老死乡间；一种是得到一官半职，然后整天就想着怎么往上爬，永无宁日。朱熹对这种人的刻画可谓入木三分，闻者悚然。

> 语或人曰："公且道不去读书，专去读些时文，下梢是要做甚么人？赴试屡试不得，到老只恁地衰飒了，沉浮乡曲间。若因时文做得一个官，只是恁地卤莽，都不说着要为国为民兴利除害，尽心奉职。心心念念，只要做得向上去，便逐人背后钻刺，求举觅荐，无所不至！"（同上）

这类人因为精神上没有更高的追求，只对功名利禄感兴趣，所以，总是不断钻营，为了获得更多的利益，百事可为，一生陷在里面，欲罢不能，实在是可悲也已。

对于这类人，朱熹内心一定怀着深深的同情，既哀其不幸，又悯其不明。这种态度从下面这条语录不难窥见。在谈话中，朱熹劝一位习举业者转去理会道理，言辞剀切，苦口婆心，足令听者动容。

> 告或人曰："看今人心下自成两样。如何却专向功名利禄底心去，却全背了这个心，不向道理边来？公今赴科举是几年？公文字想不为不精。以公之专一理会做时文，宜若一举便中高科，登显仕都了。到今又却不得，亦可自见得失不可必如此。若只管没溺在里面，都出头不得，下梢只管衰塌。若将这个自在一边，须要去理会道理是要紧，待去取功名，却未必不得。孟子曰：'自暴者不可与有言也，自弃者不可与有为也。言非礼义，谓之自暴也。' ❶非礼义，是专道礼义是不好。世上有这般人，恶人做好事，只道人做许多模样是如何。这是他自恁地粗暴了，这个更不通与他说。到得自弃底，也自道义理是好，也听人说，也受人说，只是我做不得。任你如何，只是我做不得。这个是自弃，终不可与有为。故伊川说：'自暴者，拒之以不信；自弃者，绝之以不为。' ❷拒之以不信，只是说道没这道理；绝之以不为，是知有道理，自割断了，不肯做。自暴者，有强悍意；自弃者，有懦弱意。"（《语类》卷十三，第244页）

朱熹先请对方思量这样一个问题：何以自己专一理会时文，文字亦不为不精，却至今没有及第？随后，顺势指出：应举之得与不得非人力所及。既然如此，朱熹向对方提议：何不将应举之得失放到一边，且去理会道理？等理会了道理再去取功名，也许反而能够

---

❶ 《孟子·离娄上》（7.10）。
❷ 《伊川易传》卷四"释革卦"，收入《近思录》卷一"道体"第十四条。

得到。接下来有关自暴自弃的一大段议论，似乎主要是针对人不理会道理的两种情况而发：一种是自暴型的，即无论你说义理怎么好就是不相信；另一种是自弃型的，即知道义理是好的但认为自己做不得。前者是否认有道理，后者是承认有道理但不肯做。自暴者刚愎自用，自弃者懦弱无能。应当说，朱熹对自暴自弃的解说是很精当的，而自暴自弃理论对不理会道理者心理的分析也是很到位的。朱熹把道理讲到这样透彻的地步，让听者找不到任何理由可以为自己不理会道理做辩护。

因此，朱熹在写给那些忙于应试者的信中总是不忘提醒他们不要忽略了对义理的玩味。

> 试期不远，且作举子文固所当然，然义理意味亦不可遽断绝耳。（"答余占之"，《文集》卷五十，《朱子全书》第二十二册，第2319页）

朱熹甚至榜谕属县人民，要他们教育子弟从小勿以爵禄为意，以穷理诚身作为读书的目的。

> 盖闻君子之学以诚其身，非直为观听之美而已。古之君子以是行之其身，而推之以教其子弟，莫不由此，此其风俗所以淳厚而德业所以崇高也。近世之俗不然，自父母所以教其子弟，固已使之假手程文，以欺罔有司矣。新学小生自为儿童时，习见其父兄之诲如此，因恬不以为愧，而安受其空虚无实之名，内以傲其父兄，外以骄其闾里，终身不知自力，以至卒就小人之归者，未必不由此也。故今劝谕县之父兄，有爱其子弟之心者，其为求明师良友，使之究义理之指归，而习为孝

弟驯谨之行，以诚其身而已。禄爵之不至，名誉之不闻，非所忧也，何必汲汲使之俯心下首，务欲因人成事，以幸一朝之得，而贻终己之羞哉！今兹试补县学弟子员，属熹典领，故兹劝谕，各宜知悉。（补试榜谕，《文集》卷七十四，《朱子全书》第二十四册，第3568—3569页）

世俗读书是以取第为荣，朱熹所说的读书则是以诚身为事。"究义理之指归，而习为孝弟驯谨之行，以诚其身"，这是典型的新儒学致知涵养之功。朱熹继承了程颐在应举求仕问题上强调意向（志）之重要的做法，又进一步将其与工夫论挂搭起来，从而使新儒学在这个问题上的立场显得更加圆融。

程颐关于举业夺志的说法在朱熹这里已经成为经典表述。

科举累人不浅，人多为此所夺。但有父母在，仰事俯育，不得不资与此，故不可不勉尔。其实甚夺人志。（《语类》卷十三，第246页）

问科举之业妨功。曰："程先生有言：'不恐妨功，惟恐夺志。'若一月之间著十日事举业，亦有二十日修学。若被他移了志，则更无医处矣！"（同上）

所谓夺志，朱熹将其具象为这样一种图景：科举与读书竞相争夺人的"志"，最后科举夺得分额更多甚至全部的"志"。

士人先要分别科举与读书两件，孰轻孰重。若读书上有七分志，科举上有三分，犹自可；若科举七分，读书三分，将来必被他胜却，况此志全是科举！（《语类》卷十三，第243页）

这两者是此消彼长的关系，一个人如果胸中都为利害计较所占据，他就没有工夫去穷理涵养了。

> 补试得失如何？此不见补试榜，然计此亦分定矣。虽断置不下，徒自纷纭，岂能移易毫发于其间哉？而其所以害夫学问之道者，则为不细。盖物欲利害之私日交战于胸中，亦何暇而及于玩索存养之功也耶？（"答滕德粹"，《文集》卷四十九，《朱子全书》第二十二册，第2274页）

科举夺去人志，按照新儒学，这是反常的现象。因为，"义理，人心之所同然，人去讲求，却易为力。举业，乃分外事，倒是难做"（《语类》卷十三，第243页）。从道理上说，讲求义理容易举业难，可最后结果却是举业占了上风，人多去应举而不去讲求义理。朱熹为此扼腕而痛惜："可惜举业坏了多少人！"（《语类》卷十三，第243页）在他看来，这正是世风日下的表现：

> 说修身应举重轻之序，因谓："今有恣为不忠不孝，冒廉耻，犯条贯，非独他自身不把作差异事，有司也不把作差异事，到得乡曲邻里也不把作差异事。不知风俗如何坏到这里，可畏！某都为之寒心！"（《语类》卷十三，第245页）

让朱熹感到失望甚至愤怒的是修身应举的轻重次序完全颠倒了。不忠不孝、冒廉耻、犯条贯这些事是修身有差的表现，而世人竟不以为意，可见世人已将修身放到了一个怎样不重要的位置。

程颐已经指出，科举之所以累人，不是科举有多么占用人的精力时间（妨功），而是人在应举时往往以得失为念，志在必得。因为志在必得，心理包袱就特别重。所以，准确地说，举业所累的是人心。但科举本身并不要求人把全副心思都放在上面，也没有要求应举者一定要阿世所好。是习举业者自身心术不正才将科举变成了追逐名利的舞台，这在很大程度上已经远离设科取士的本意。说科举害人，不如说是人的功利心害了自己；说科举累人，不如说是人累科举。因为，朱熹指出，并不是所有应举者都是这样一门心思在举业成功上。所以，他的结论是：举业不害为学。

> 举业亦不害为学。前辈何尝不应举。只缘今人把心不定，所以有害。才以得失为心，理会文字，意思都别了。(《语类》卷十三，第246页)

要想应举而不为其所累，朱熹提供了一个窍门，那就是：直抒己见，不计得失。

> 父母责望，不可不应举。如遇试则入去，据己见写了出来。(《语类》卷十三，第247页)

> 宜之云："许叔重太贪作科举文字。"曰："既是家贫亲老，未免应举，亦当好与他做举业。举业做不妨，只是先以得失横置胸中，却害道。"(同上)

> 尝论科举云："非是科举累人，自是人累科举。若高见远识之士，读圣贤之书，据吾所见而为文以应之，得失利害置之度外，虽日日应举，亦不累也。居今之世，使孔子复生，也不免应举，然岂能累孔子邪！自有天资不累于物，不须多用力以治者。某与科举，自小便见得轻，初亦非有所见而轻之也。正如人天资有不好啖酒者，见酒自恶，非知酒之为害如何也。

又人有天资不好色者，亦非是有见如何，自是他天资上看见那物事无紧要。若此者，省得工夫去治此一项。今或未能如此，须用力胜治方可。"（《语类》卷十三，第246—247页）

朱熹充分体谅学者去应举的苦衷：或是因为父母责望，或是因为家贫养老。但是，同时他又相信，应举并不必然为举业所累。为了说明这一点，朱熹做了一个有趣的假设，说如果孔子生在当世，会出现什么情况？朱熹认为，第一，恐怕孔子也不得不去应举，因为，无论是要解决生计还是要实现平天下的抱负，在当世都只有科举一途；第二，孔子一定不会为科举所累，因为，无法想象，圣人会将科举的得失成败放在心上，如果那样计较名利，他就不是孔子了。对于朱熹的假设，人们可能会做出这样的反应：诚如你所说，孔子是可以做到不为举业所累，但我们不是孔子，怎么能指望我们也做得到？似乎是怕被人说成在唱高调，朱熹又做了补充说明。他承认，人是不同的，有的人天资不累于物，在这方面几乎不需要用力克制。他举自己为例，说他对于科举从小就看得轻，不是他从小就有多高的见识，而是他天性如此，就像有的人天生不好酒，有的人天生不好色，这些人不是了解到酒色对人有多么严重的危害才这样的，而是出于一种本能的厌恶或排斥。这是一类人。还有一类人，天资不是这样的，那么，这类人就需要下工夫来克制了。朱熹还根据自己的经验告诉学者，其实，计较得失利害之心并不难克除，只要自己真去做工夫（理会道理），名利的心自然就会淡了，到那时节，就算不赴科举也视若等闲。

或谓科举害人。曰："此特一事耳。若自家工夫到后，那边自轻。"（《语类》卷十三，第245页）

不赴科举，也是匹似闲事。如今人才说不赴举，便把做掀天底大事。某看来，才著心去理会道理，少间于那边便自没紧要。不知是如何，看许多富贵荣达都自轻了。如郭子仪二十四考中书，做许大功名，也只是如此。(《语类》卷十三，第245—246页)

有一次，朱熹甚至说，参透陶渊明的诗也会对功名富贵看得淡了。

寿昌因先生酒酣兴逸，遂请醉墨。先生为作大字韶国师颂一首，又作小字杜牧之九日诗一首，又作大字渊明归田园居一首。有举子亦乘便请之，先生曰："公既习举业，何事于此？"请之不已，亦为作渊明《阻风于规林》第二首。且云："但能参得此一诗透，则公今日所谓举业，与夫他日所谓功名富贵者，皆不必经心可也。"(《语类》卷一百七，第2676页)

陶渊明《阻风于规林》第二首全诗如下："自古叹行役，我今始知之！山川一何旷，巽坎难与期。崩浪聒天响，长风无息时。久游恋所生，如何淹在兹。静念园林好，人间良可辞。当年讵有几，纵心复何疑！"此诗上半节述官宦之劳，下半节表归隐之心。朱熹为习举业者书此诗，意在讽喻，"但能参得此一诗透，则公今日所谓举业，与夫他日所谓功名富贵，皆不必经心可也"云云，则是明白晓示其人，举业、功名富贵皆非人所应该经心者。

作为过来人，朱熹经常被问到如何作时文，他也不吝传授自己的心得。朱熹的心得概括起来，就是九个字：用他格式说自家道理。

谭兄问作时文。曰："略用体式，而隐括以至理。"(《语类》卷十三，第 247 页)

或问科举之学。曰："做举业不妨，只是把他格式，隐括自家道理，都无那追逐时好、回避、忌讳底意思，便好。"(同上)

格式用科举所规定的格式，道理却依旧用自家的，这样一来，是所谓两全其美。朱熹在这里通过具体行事（作时文）演示了举业与为学不相妨的道理。既然如此，为学者就不必担心自己理会的道理在应举中无用武之地，尽可以放心地去应举。在朱熹看来，以为应举就不能读书，要读书就不能应举，或者以应举作为不读书不从事为己之学的理由，虽然表面上是两个极端，但在认识上却犯了同样的错误，都是没有意识到：能否读书关键不在于要不要应举，而在于自己的意向是否放在读书做人上。

了解到朱熹持有这样一种见解，就不会对下面的一则轶事感到奇怪。

南安黄谦，父命之入郡学习举业，而径来见先生。先生曰："既是父要公习举业，何不入郡学。日则习举业，夜则看此书，自不相妨，如此则两全。硬要咈父之命，如此则两败，父子相夷矣，何以学为！读书是读甚底？举业亦有何相妨？一旬便做五日修举业，亦有五日得暇及此。若说践履涵养，举业尽无相妨。只是精神昏了。不得讲究思索义理，然也怎奈何！"(同上)

黄谦似乎是一个向学之士，对举业不感兴趣，所以当父亲要他进郡学习举业时，他却直接跑来见朱熹。然而，他并没有受到朱熹的欢迎。相反，朱熹劝他还是听从父命入郡学学习。朱熹的说辞，一方面当然是考虑到孝道的问题，因为他不可能鼓励儿子违背父亲；另一方面，也可能是主要的，则是出于他对为学工夫的认识。他认为举业完全不妨碍为学。首先是举业所读之书也是圣贤之书；其次，举业不会占据全部时间，如果一个人想读书为学，仍有足够时间；再次，在习举业这件事上一样可用践履涵养工夫。人之所以习举业时忽略或妨碍了为学，那是因为他的精神迷失，不再讲求义理。不讲求思索义理，用新儒学的话说，就是不去"做工夫"。如何才能保证"做工夫"呢？新儒学的意见是立志。所谓立志，就是确立为学之志（意向），就是一心向学。朱熹认为，如果意向确定不移，则无论何时何地都可以为学，无处不可以做工夫。

> 或以科举作馆废学自咎者。曰："不然，只是志不立，不曾做工夫尔。孔子曰：'不怨天，不尤人。'❶自是不当怨尤，要你做甚耶！伊川曰：'学者为气所胜，习所夺，只可责志。'❷正为此也。若志立，则无处无工夫，而何贫贱患难与夫夷狄之间哉！"（《语类》卷十三，第 246 页）

自咎本意是指自怨自艾，以科举作馆废学自咎，意思是对自己应举而废学的行为进行自我谴责。这种自我谴责是建立在以应举作为废学客观理由的基础之上的。朱熹说不然，是认为应举作为废学客观理由这一点不能成立。他指出，关键是没有真正确立为学之志

---

❶ 《论语》"宪问第十四"。
❷ 《遗书》卷十五，收入《近思录》卷二"为学大要"第三十八条。

（意向），没有做过实地工夫。他引孔子语是想说明不必有所怨尤，引程颐语是想说明立志的重要。"何贫贱患难与夫夷狄之间"这句话则是暗用了《中庸》第十四章典故：

> 君子素其位而行，不愿乎其外。素富贵，行乎富贵；素贫贱，行乎贫贱；素夷狄，行乎夷狄；素患难，行乎患难；君子无入而不自得焉。在上位不陵下，在下位不援上，正己而不求于人则无怨，上不怨天，下不尤人。故君子居易以俟命，小人行险以徼幸。子曰：射有似乎君子，失诸正鹄，反求诸其身。

《中庸》原文是强调君子安于其位，无入而不自得。朱熹联想到此章，也许是因为其中的"上不怨天，下不尤人"句与前面所引孔子语同。不过，《中庸》原文中的"正己""俟命"思想，用在应举问题上亦很合适。当然，朱熹在这里主要是想说：只要立志，无处无工夫，这在某种意义上，跟《中庸》所说的"君子无入而不自得"属于同一境界。

一旦达到无处无工夫的境界，为学也就变成像饮食一样平常而且是须臾不可分离之事了。朱熹曾经揶揄说，如果一个人认为举业是从事为己之学的妨碍，不知道这个人会不会也认为举业会妨碍到饮食？

> 以科举为为亲，而不为为己之学，只是无志。以举业为妨实学，不知曾妨饮食否，只是无志也。（《语类》卷十三，第246页）

认为举业会妨碍到饮食，这明显是荒唐的。基于同样道理，朱熹相信，举业也不会妨碍到为己之学。一个人以举业为为己之学的妨碍，说到底，只是他在内心没有真的打算从事为己之学罢了。因为，如果一个人内心足够坚决，有什么东西可以真的妨碍到他呢？

经过几代人的覃思精研，新儒学已经发展出一套有效的理论来治疗应举这一难症。"举业不害为学"说的提出，标志着新儒学在理论上已经解决举业与为学之间的冲突。经过朱熹的疏通，一向被认为追逐功名的世俗之事——举业，如今也为新儒学的工夫论所融摄。

二 改制

"修身以俟"是守住自身，以不变应万变，在一定程度上，也是基于科举取士的本体论事实而做的无奈选择。但新儒学并不自限于这种被动的适应世界策略，而是力图改造世界，重新"洗牌"，修改游戏规则，比如，不以科举考试作为取士的手段，至少不作为唯一手段；退而求之，至少可以改变考试科目，重新分配取士名额。新儒学人士怀着极大的热情投入到对国家选举制度的完善行动之中，他们或上书朝廷献计献策，或在教学之中评论时政得失，为后人留下了一大批嘉言善制。《近思录》收入的几条有关科举的议论主要是二程有关对治科举病的修身理论，并没有包括他们有关科举改制的意见。事实上，二程及其门下的科举改制论十分丰富，为了全面反映新儒家的科举论，本章以《近思录》之外的文献为材料，分析新儒学的科举改制言论。

1. 二程

程颢在给朝廷的奏劄中几次提议改革学校取士制度，其中心思想是要充分发挥学校作为人才选拔机构的作用。在那篇后来被称为"熙宁之议"的疏文中，程颢完整地陈述了他的学校选士方案，按照这个方案，不仅人才的培养，而且官员的选拔，都直接依赖学校。

在程颢的构想中，学校分为中央与地方两级，前者为太学，后者为州（郡）学、县学。❶无论是平民子弟还是贵胄之后，一律都需要学校出身才能授官，公卿大夫子弟进入学校之后被称为国子，在培养选拔上与贫民子弟出身的学生没有任何不同。国家每年从太学中选拔后备官员（选士），具体选拔标准是："性行端洁，居家孝悌，有廉耻礼逊，通明学业，晓达治道"（"请修学校尊师儒取士劄子"，《文集》卷一，《二程集》，第 449 页），即从品性、操行、经义、治事四个方面加以衡量。选拔的方式不是通过书面考试，而是让大家推荐："在州县之学，则先使其乡里长老，次及学众推之。在太学者，先使其同党，次及博士推之。"（同上）可以看到，推荐权不是控制在学师或长官手上，为了防止学师与长官徇私舞弊，程颢还制订了严厉的处罚措施："其学之师与州县之长，无或专其私，苟不以实，其怀奸罔上者，师长皆除其仕籍，终身不齿，失者亦夺官二等，勿以赦及去职论。"（《二程集》，第 449 页）

被选出来的后备官员按经义与实习成绩优劣授以相应官职："朝廷问之经以考其言，试之职以观其材，然后辩论其等差而命之秩。"（同上）

此外，对于太学、州县学教师的人选，学生从州县学到太学的升级，以及推荐的年限，程颢都做了详细的规定。

---

❶ 程颢还设想，将来如果条件许可，乡党之间也应当建立学校："异日，则十室之乡达于党，遂皆当修其庠序之制"（"请修学校尊师儒取士劄子"，《文集》卷一，《二程集》，第 449 页）。

相对于既成的科举取士制度，程颢的方案无疑是一次彻底的革命。程颢突出学校（庠序）在国家选士上的作用，这是一种复古主张。❶在另一份劄子中，程颢曾经指出，当代由于不行古制导致人才的极度匮乏：

> 庠序之教，先王所以明人伦，化成天下；今师学废而道德不一，乡射亡而礼义不兴，贡士不本于乡里而行实不修，秀民不养于学校而人材多废，此较然之事，亦非有古今之异者也。（"论十事劄子"，《文集》卷一，《二程集》，第453页）

程颢所理解的古代庠序之教包括以下要点：师儒，乡射礼，贡于乡，学校。对照这些要点，可以看到他的学校选士方案对古代庠序之教存在明显的继承关系。❷他期望，这种由学校推荐而选士的制度能够一劳永逸地解决科举考试带来的种种弊端。在劄子的最后，程颢满怀信心地向神宗许诺，一旦采纳他有关选举取士的新方案，未来就会出现这样一幅理想图景：

---

❶ 需要指出的是，这种复古主张在宋代并非程颢所首倡，在他之前，范仲淹执政时期曾经短暂地实行过。史载：时范仲淹参知政事，意欲复古劝学，数言兴学校，本行实。诏近臣议，于是宋祁等奏："教不本于学校，士不察于乡里，则不能核名实。有司束以声病，学者专于记诵，则不足尽人材。参考众说，择其便于今者，莫若使士皆土著，而教之于学校，然后州县察其履行，则学者修饬矣。"乃诏州县立学，士须在学三百日，乃听预秋试，旧尝充试者百日而止。试于州者，令相保任，有匿服、犯刑、亏行、冒名等禁。三场：先策，次论，次诗赋，通考为去取，而罢帖经、墨义，士通经术愿对大义者，试十道。仲淹既去，而执政意皆异。是冬，诏罢入学日限。言初令不便者甚众，以为诗赋声病易考，而策论汗漫难知；祖宗以来，莫之有改，且得人尝多矣。天子下其议，有司请如旧法。乃诏曰："科举旧条，皆先朝所定也，宜一切如故，前所更定令悉罢。"（《宋史》卷一五五"志第一百八 选举一"）
❷ 在"熙宁之议"中，作为学校制度的一个环节，每年县令与县学之师以乡饮酒礼会其乡老，郡守与郡学之师行乡饮酒礼大会郡士。参见前揭文，《二程集》，第449页。

264

臣谓既一以道德仁义教养之，又专以行实材学升进，去其
声律小碎、糊名誊录、一切无义理之弊，不数年间，学者靡然
丕变矣。岂惟得士浸广，天下风俗将日入醇正，王化之本也。
臣谓帝王之道，莫尚于此，愿陛下特留宸意，为万世行之。
（"论十事劄子"，《文集》卷一，《二程集》，第 450 页）

　　"天下风俗将日入醇正""帝王之道莫尚于此""为万世行之"，
这些话恐怕会让任何一个想有所作为的皇帝都怦然心动。虽然宋神
宗事实上采纳的是王安石的三舍之法 ❶，但三舍法在以学校代科举
这个总体思路上与程案却有异曲同工之处。❷
　　相比之下，程颐未能如程颢那样提出建设意见，他对科举取士
的议论主要集中在对现行制度弊端的揭露上。他在宋仁宗皇祐二年
（1050）上皇帝书中对当时的取士制度加以条分缕析，指出其得人

───────

❶ 三舍法是熙宁"新政"之一，全称为三舍考选法或三舍选察升补法。时进士科重
　诗赋，明经科专记诵，王安石认为不能造就有用人才，遂建议神宗，于熙宁四年
　（1071）创立太学生三舍法，即将太学生分为上舍、风舍、外舍三等。在一定的年
　限及条件下，外舍生得升入内舍，内舍生得升入上舍；上舍生考试成绩优异者直
　接授官，中等者直接参加蓼试，下等者直接参加省试。元丰二年（1079）订出三舍
　法一百四十条，颁布一系列考试方法，三舍取士与科举考试并行。哲宗元符二年
　（1099）后，三舍法逐步推广于各类学校。至徽宗崇宁三年（1104），州郡解试与省
　试停止，士子非三舍法不能入仕。宣和三年（1121）时，罢州、县学校三舍法，仅
　太学依旧。终宋一代，以三舍法完全取代科举凡二十年，影响巨大。至南宋，太
　学继续实行三舍法且日趋严密，武学、宗学、算学、书学、画学、医学同。详《宋
　史·选举志》。
❷ 虽然道学对王安石的新政不表赞成，但在学校取士这一点上，他们却是一致复古的，
　甚至王安石的有关议论也与程颢的相似，如他向神宗建言："古之取士俱本于学，请
　兴建学校以复古。"（《宋史》卷一五五"选举一"）"今人材之少，且其学术不一，异
　论纷然，不能一道德故也。一道德则修学校，欲修学校，则贡举法不可变。若谓此
　科尝多得人，自缘仕进别无他路，其间不容无贤；若谓科法已善，则未也。今以少壮
　时，正当讲求天下正理，乃闭门学作诗赋，及其入官，世事皆所不习，此科法败坏人
　材，致不如古。"（同上）

之不能。

> 国家取士，虽以数科，然而贤良方正，岁止一二人而已，又所得不过博闻强记之士尔；明经之属，唯专念诵，不晓义理，尤无用者也。最贵盛者，唯进士科，以词赋声律为工。词赋之中，非有治天下之道也；人学之以取科第，积日累久，至于卿相。帝王之道，教化之本，岂尝知之？居其位，责其事业，则未尝学之。譬如胡人操舟，越客为御，求其善也，不亦难乎？往者丁度建言，"祖宗以来，得人不少"，愚瞽之甚，议者至今切齿。使墨论墨，固以墨为善矣。（"上仁宗皇帝书"，《文集》卷五，《二程集》，第513页）

当时取士有数科，程颐对其中主要的三科一一做了分析。贤良方正科：取得人数微乎其微，且所得又不过博闻强记之士；明经科：只知道念诵，不晓义理，对于治国毫无用处；进士科：人数最多，以词赋声律为工，而词赋声律无关治道。人以此取得科第，最后甚至做到卿相，但是对于帝王之道、教化之本，茫无所知。要求这样的人尽职尽责，就好比让不识水性的胡人操舟，没有骑过马的越人驾车，那是注定没有好结果的。这样，按照程颐的描述，当时国家取士虽有数科，要之无非记诵声律而已，皆非得人求贤之道。

一晃过了十六年，到宋英宗治平二年（1065），情况似乎仍无好转，程颐在代父程珦应诏上给皇帝的书中，再次谈到取士之弊，而心情则变得愤激起来：

> 今取士之弊，议者亦多矣。臣不暇条析，而言大概。投名自荐，记诵声律，非求贤之道尔。求不以道，则得非其贤，间

或得才，适由偶幸，非知其才而取之也。朝廷选任，尽自其中，曾不虞贤俊之弃遗于下也。果天下无遗贤邪？抑虽有之，吾姑守法于上，不足以为意邪？将科举所得之贤，已足致治而不乏邪？臣以为治天下今日之弊，盖由此也。以今选举之科，用今进任之法，而欲得天下之贤，兴天下之治，其犹北辕适越，不亦远乎？（"为家君应诏上英宗皇帝书"〔治平二年〕，《文集》卷五，《二程集》，第525页）

程颐对当时的科举取士之制毫不留情地做了几乎全盘否定。他直截了当地指出，当时实行的"投名自荐，记诵声律"的考试办法根本不是"求贤之道"。他明确告诉皇帝：采用当时的选举之科与进任之法，要想得天下之贤、兴天下之治，无异于南辕北辙。他对皇帝发出一连串地质问：是否以为天下已经没有被遗漏的人才？还是知道有所遗漏却因循旧法听之任之？是否认为科举所得人才已足够使天下达到至治？可以想见，接到这样的奏议，英宗皇帝内心一定为之震动。事实上，英宗对奏议的确有所反应。史载：

治平三年，命宰执举馆职各五人。先是，英宗谓中书曰："水潦为灾，言事者云'咎在不能进贤'，何也？"欧阳修曰："近年进贤路狭，往时入馆有三路，今塞其二矣。进士高科，一路也；大臣荐举，一路也；因差遣例除，一路也。往年进士五人以上皆得试，第一人及第不十年有至辅相者，今第一人两任方得试，而第二人以下不复试，是高科路塞矣。往时大臣荐举即召试，今只令上簿候缺人乃试，是荐举路塞矣。惟有因差遣例除者，半是年劳老病之人。此臣所谓荐举路狭也。"帝纳之，故有是命。（《宋史》卷一五六"志第一百九　选举二"）

按：程颐上书中有"今陛下嗣位之初，比年阴沴，圣心警畏，下明诏以求政之阙"云云（《二程集》，第519页），盖此书是应英宗之诏而上，其背景乃英宗即位之初国家连年水灾。而书中提出，当世之务"所尤先者有三焉"，"一曰立志，二曰责任，三曰求贤"（《二程集》，第521页），有关取士之弊的这段议论就是在"求贤"这个部分讲到的。综此，有理由认为，英宗所说的"水潦为灾，言事者云'咎在不能进贤'"与程颐的这封上书不无关系。

2. 程门后学

二程门人中，对科举留下议论的有吕大临（与叔）、杨时（龟山）。朱熹曾数称吕大临有关科举取士的议论："因论吕与叔论得取士好"（《语类》卷一百九，第2693页），又说吕所定的取士之法"意详尽"（《语类》卷一百九，第2692页）。

吕大临论取士的具体内容，查其遗著，已难考见，兹据朱熹之说转录如下：

> 吕与叔欲奏立四科取士：曰德行，曰明经，曰政事，曰文学。德行则待州县举荐，下三科却许人投牒自试。明经里面分许多项目：如春秋则兼通三传，礼则通三礼，乐则尽通诸经所说乐处。……政事则如试法律等及行移决判事。又定为试辟，未试则以事授之，一年看其如何，辟则令所属长官举辟。（《语类》卷一百九，第2692页）

原来，吕大临曾经提出过一个四科取士的方案。在一定程度上，可以认为，这是一个折中性的方案。相比于程颢的以推荐为选拔方式的学校选士方案，吕氏方案对固有的科举取士之法做了较多保留，比如保留了明经、文学两科，允许投牒自试，等等。另一方面，相对于以往的科举考试之法，它也有一些新的举措，比如设立德行科，用州县举荐的方式，这大概是吸收了程颢的意见；又比如，它在考试科目中增加了政事科，"试法律等及行移决判事"，这是考察应试者处理法律、公文等事务的实际行政能力，这大概是从胡瑗（993—1059，字翼之，学者称安定先生）的治事斋❶得到的启发。试辟是指正式授官前有一年的挂职试用期，这个做法显然是借鉴了程颢提出的对官吏后备人选"试之职以观其材"，"然后辩论其等差而命之秩"的创意。

据冯从吾《关学编》，吕大临对于选举制还曾经有过一个一揽子的设想：

> 尝论选举曰："立士规，以养德厉行；更学制，以量才进艺；定试法，以区别能否；修辟法，以兴能备用；严举法，以覆实得人；制考法，以责任考功。"（《蓝田吕氏遗著辑校》，"附录"，第 623 页）

从士规到学制，从试法到辟法，乃至举法、考法，吕大临似乎都有自己的想法，看来，他对选举制度的确做过一番系统研究。惜乎现在只能看到简目，难究其详。

杨时没有像吕大临那样对选举取士制度做过系统筹划，但零散的议论却也不少。

---

❶ 胡瑗在湖州教学设经义、治事二斋，据其《家塾记》云："时天下方尚词赋，独湖学以经义与时务，学中故有经义斋、治事斋。经义斋者，择疏通有器局者居之；治事斋者，人各治一事，又兼一事，如边防、水利之类。"（四库全书版《宋名臣言行录前集》卷十，页十二右）

首先，科举取士之弊是杨时关心的问题之一。在他所拟的策论题目中，一则问到如何恢复三代教学之法：

> 三代教学废而礼义之泽竭，士无中行，非特今日也。熙宁之初，天子尤锐意于辟雍成均之法，以作新人材为务，其有不在于兹乎？然士虽无卑近之习而忠信之道微，革雕虫之弊而浮诞诡异之风炽。薄廉耻而敦进取，则士之失，又不特无中行也。今将欲追三代教学之法，以渐摩士类，使无过行，宜何施而可？博古之君子幸详言之毋隐。（四库全书本《龟山集》卷十五，页六至七）

这里涉及如何总结熙宁科举改革的得失问题。如前所述，熙宁年间，神宗用王安石谏，复古兴学，于太学立三舍之法。杨时在这里委婉地暗示，三舍取士的效果并不理想，虽然革除了词赋声律之习，但却出现了浓重的浮诞诡异风气，所谓"革雕虫之弊而浮诞诡异之风炽"。他将原因归结为士行堕落，所谓"虽无卑近之习而忠信之道微"、"薄廉耻而敦进取"，意思是说强调德行、主要依靠推荐的三舍取士之法在客观上助长了士人作伪之习❶，而三舍的不平等又使一些人以锐意升等为追求，而不顾廉耻。

另一则策论则问到士应当如何修身善世：

---

❶ 神宗采王安石建议而复古兴学校，当时就有苏轼提出反对。苏预言，此法必将造成天下作伪："夫欲兴德行，在于君人者修身以格物，审好恶以表俗，若欲设科立名以取之，则是教天下相率而为伪也。上以孝取人，则勇者割股，怯者庐墓。上以廉取人，则弊车、羸马、恶衣、菲食，凡可以中上意者无所不至。"（《宋史》卷一五五"志第一百八 选举一"）

……后世道学不明，士大夫穷而善其身，则进无以经世之务汲汲于事功，则退无以箪瓢陋巷之乐。自汉唐以来，往往皆是也。其失果安在哉？国家比诏有司，推原熙、丰三舍之令、播告之修，所以迪士者至矣。盖将养天下之成材，而望之以禹、稷之事也。承学之士宜知古人所以修身善世之道与后世之失，躬蹈而力行之，以副朝廷出长入治之选，请试言之。（《龟山集》卷十五，页十九）

这里又一次涉及对熙（宁）、（元）丰间所行三舍之法的认识。❶杨时请学者思考古人所以修身善世之道，这是典型的新儒学提问方式。不过，他所针对的是士"进无以经世""退无以箪瓢陋巷之乐"的问题。在他看来，当时国家兴学校目的就是"养天下之成材，而望之以禹、稷之事"，也就是说，好的学校选举制度培养选拔的是"进可以经世""退可以安享孔颜之乐"的士君子。

其次，对于当时施行的科举取士之法，杨时跟程颐一样，也基本持否定态度，径称"大抵科举取人不得"（《龟山集》卷十三，页十）。他认为，科举所取之士多为不学之人，品质低下：

谓正叔云：古之学者，四十而仕，未仕以前二十余年，得尽力于学问，无他营也，故人之成材可用。今之士，十四五以上便学缀文觅官，岂尝有意为己之学去。以不学之人，一旦授

❶ 作为二程高足，杨时对王安石之学自不予认同，但他对王安石倡议的三舍之法却怀有同情的理解，认为，虽然王的学问可议，但其法可用，不可因人废法："朝廷议更科举，遂废王氏之学。往往前辈喜攻其非，然而，真知其非者，或寡矣。某尝谓，王金陵力学而不知道，妄以私智曲说眩瞽学者耳目，天下共守之，非一日也。今将尽革前习，夺其所守，吾畏学者失其故步将有匍匐而归者矣。"（"与吴国华别纸"，《龟山集》卷十七，页一至二）杨时担心，遽废王氏学制，会造成邯郸学步的窘境。

之官，而使之事君长民治事，宜其效不如古也。故今之在仕路者，人物皆凡下，不足道，以此。(《龟山集》卷十三，页五)

他还写诗讽刺那些应举者一心只想钻进名利场：

末流学多歧，倚门诵韩庄。出入方寸间，雕镌事辞章。学成欲何用？奔趋利名场。("此日不再得示同学"，《龟山集》卷三十八，页一)

对于学校用分数评定士人文章，他抱怨这一做法助长了学者的利害之心，而放松了认真做人：

谓学校以分数多少校士人文章，使之胸中日夕只在利害上，如此，作人要何用？(《龟山集》卷十三，页四至五)

在他看来，科举所取之士往往不如资荫为官者：

因论寒士乍得官非不晓事便是妄作，大抵科举取人不得，间有得者，自是豪杰之士因科举以进耳。问：李德裕言"公卿大夫家子弟可用，进士未必可用"，此论不偏否？曰：德裕为此论，至今人以为偏，当时人以德裕用资荫进身不由科举故为此论，此最无谓。以德裕之才，应唐之科目极容易，自是不为耳。且资荫得官与进士得官孰为优劣？以进士为胜、以资荫为歉者，此自后世流俗之论，至使人耻受其父祖之泽，而甘心工无益之习，以与孤寒之士角胜于场屋，侥幸一第以为荣，是何见识？夫应举，亦是寒士无禄不得已藉此进身耳。如得已，何用应举？范尧夫最有见识，然亦以资荫与进士分优劣，建言：于有无出身人衔位上带左右字，不可谓无所蔽也。其言曰：欲使公卿子弟读书。此意甚善，但以应举得官者为读书而加奖劝，焉可也？彼读书者，应举得官而止耳，岂真学道之人？至如韩持国，自是经国之才，用为执政亦了得，不可以无出身便废其执政之才。曰：尧夫所别异者，莫非此等人否？曰：执政不是合下便做，亦自小官以次迁之，如后来吴坦在绍圣中被驳了博士，以无出身故也。彼自布衣中，朝廷以其有学行赐之爵命，至其宜为博士，乃复以为无出身夺之，此何理也？资荫、进士中俱有人，惟其人用之。加一右字亦自沮人为善。（《龟山集》卷十三，页十至十二）

从杨时的这段议论可以推知，资荫与进士优劣比较当是士人平日经常讨论的话题。与一般人意见不同，杨时对李德裕的"公卿大夫家子弟可用，进士未必可用"的论调给予肯定。他将"进士为胜，资荫为歉"的观点斥为流俗之论。在他眼里，应举实在是寒士无禄不得已才用的晋身手段，根本不是什么人人都应当从事的正途。杨时还对范尧夫（纯仁）以带左右字区分进士、资荫出身的做法提出异议。他认为，指望用这种办法刺激公卿子弟读书是可笑的，因为，应举得官者并非真学道之人，其读书到应举得官即止。杨时的观点总结为一句话，就是：不可以出身废人才。较之于一开始所说的"大抵科举取人不得"，他在这段话末尾提出的"资荫、进士中俱有人，惟其人用之"显得更为公允。

二程及其门人在选举取士问题上的议论，既有对现实制度的激烈批评，也有参酌古今而做的制度设计。虽然变化屡迁的宋代选举制度不是由他们所左右的，但无法否认的是，他们的意见构成改制呼声的一个重要部分。

三　均额

科举考试是中国古代社会人才流动的主要途径，元代之后，儒家学者成功地将科举考试的方向掌握到自己手中，实现了对知识精英、政府官员的全面"理学"格式化，这诚然是程朱理学的绝大胜利，它具有思想史与社会学的双重意义。然而，就像历史上任何一项长期存活的社会制度一样，科举取士这一制度同样经历了多次复杂的理性博弈。理学在没有成为科举考试的度量衡之前，曾经试图放弃这一制度，一旦认识到无法如愿时，他们就加入到对它进行改造的行列，这种改造固然是以他们的道德理性主义的价值观为目标，但理学家并非某些人想象的那样迂远而不切于事情，相反，他们在制度设计中所表现出来的理性与直觉毫不逊色于现代有着高等数学基础的经济学家。本节以朱熹为例，展示新儒学在制度设计上为实现公平这一目标所做的种种理性考量。

1. 均解额

朱熹对科举取士的现实政治及社会现象做过广泛评论，举凡科举取士的科目设置、命题形式、举人名额的分配方案、混补与三舍之法的弊端、学校如何兴办，乃至科举时文的荒谬，等等，他都有自己的思考，这些思考既是对熙宁以来宋朝选举政策的反思或清理，同时，也是对二程以来新儒学有关选举取士意见的一次总结。《语类》卷一百九所记载的随机兴发的议论与他的专论——《学校贡举私议》（《文集》卷六十九）合起来就构成他对整个选举制度的系统建构。后世要想了解新儒学对选举问题的看法，在朱熹这里都可以找到答案。在《学校贡举私议》中，朱熹提出了一个包括九条措施的系统方案：（1）均诸州解额；（2）立德行科；（3）罢去词赋；（4）分诸经、子史、时务之年；（5）治经者必须守家法；（6）出题者必须依章句；（7）答义者必须通贯经文、条举众说而断以己意；（8）遴选道德之士充当学校教官；（9）制科、词科、武举之类亦做相应改革。其中，（1）是关于科举名额的分配，（2）—（7）是有关考试本身的设想，从考试科目到经义科的出题形式、答题要求，朱熹都做了具体规定，（8）是关于学校建设的意见，着重教官选择问题，（9）是对经义科之外其他科目的要求。可以看到，朱熹对考试本身的改革用力尤多。以下我们采取成本—收益分析的经济学视角，对朱熹有关科举名额的议论重点进行分析。

科举名额就是所谓解额。朱熹的观点，简单地说就是"均解额"。其完整的表述见于《学校贡举私议》一文。

> 先令礼部取见逐场人数。（太学终场人数，解试亦合分还诸州，理为人数。）通比旧额都数，定以若干分为率，而取其若干以为新额。（如以十分为率而取其一，则万人终场者以百人为额。更斟酌之。）又损太学解额、舍选取人分数，使与诸州不至大段殊绝。（其见住学人分数权许仍旧。）（《文集》卷六十九，《朱子全书》第二十三册，第3357页）

这是说，"均解额"有两手做法，一手是确定新的解额；另一手是拉平太学与诸州之间解额数。这个意思，朱熹有时还将之简洁地表达为如下形式：

某常说均解额，只将逐州三举终场人数，用其最多为额，每百人取几人，太学许多滥恩一齐省了。(《语类》卷一百九，第2702页)

　　按照这个概括，"均解额"实由两个部分构成：一是立定额，二是损太学解额。先来看立定额的问题。

　　或曰："解额当均否？"曰："固是当均。"或曰："看来不必立为定额，但以几名终场卷子取一名，足矣。"曰："不得。少间便长诡名纳卷之弊。依旧与他立定额。只是从今起，照前三举内终场人数计之，就这数内立定额数。三举之后，又将来均一番。如此，则多少不至相悬绝矣。"(《语类》卷一百九，第2695页)

　　由上可知，朱熹之所以主张立定额而不用比例解额制，是因为，他担心如果用后一种办法将会发生弄虚作假的情况，所谓"诡名纳卷"，即是指为了获得更多名额，一些考区出现捏造人名提交假卷的现象。

　　朱熹的担心并非过虑，而是有着前车之鉴。至道三年（997），宋廷为了限制发解人数的增长，规定在取解时推行比例解额制，并在真宗即位后的第一次贡举（咸平元年，998）正式开始实行，可是，令朝廷始料不及的是，发解人数不仅没有减少，反而大大增加，该年全国获得发解人数达到2万人，创历史新高。(《宋会要辑稿》选举十四之十七）为了打击滥举，有效地遏制发解人数高涨之势，宋廷遂出台新政，真宗大中祥符二年（1009），实行固定解额，所谓"限岁贡之常数"(《宋会要辑稿》选举十四之二十）。

客观而言，实行比例解额制后，发解人数大幅上升，并不完全是作弊的结果，也存在着随着社会稳定、经济发展以及地方积极兴学而参加考试人数自然增加的因素。❶朱熹意识到了这一点，所以，他提出，立定额数的参照标准应是前三举内终场人数。具体计算时，则本着取最大值的原则："诸州解额，取见三举终场最多人数，以宽处为准，皆与添上。"（《语类》卷一百九，第2701页）可以想见，根据这个人数所确立的定额一定会在原有定额的基础上有所增加。为了防止一开始所定的解额有所偏差，朱熹还建议在三举之后再做一次微调，所谓"三举之后又将来均一番"。

朱熹的"立定额"设计，对"诡名纳卷"无异于釜底抽薪。它的建设性意义则在于，首先，它充分考虑到国家财力以及社会承受能力，有效地控制了供养官员的经济成本。其次，它照顾到人数自然增加的实情，体现了一种机会均等原则。

就后一点来说，对于冗官已经成为一大社会问题的南宋政府尤其具有现实意义。朱熹指出，当朝取士与前相比已有滥多之嫌，宜加减少。他回忆说：

> 祖宗时，科举法疏阔。张乖崖守蜀，有士人亦不应举。乖崖去寻得李畋出来举送去。如士人要应举时，只是着布衫麻鞋，陈状称，百姓某人，今闻朝廷取士如何如何，来应举；连投所业。太守略看所业，方请就客位，换襕幞相见，方得请试。只一二人，试讫举送。旧亦不糊名，仁宗时方糊名。（《语类》卷一百九，第2692—2693页）

---

❶ 关于宋代科举解额的分配，可参裴淑姬的论文"论宋代科举解额的实施与地区分配"（《浙江学刊》2000年第3期）。

所谓"科举法疏阔",有两方面含义,一是指彼时制度尚不严密,比如,糊名等法犹未实行;一是指应举者并不踊跃。宋初取士局面之寥落,于此可见一斑。朱熹还以某地为例,说明赴试人数今胜于昔:"旧时此中赴试时,只是四五千人,今多一倍。"(《语类》卷一百九,第 2693 页)

然而,国家广开取士之门,并不令朱熹感到高兴,相反,他对朝廷甚表忧虑,以为士多无益:

> 商鞅论人不可多学为士人,废了耕战。此无道之言。然以今观之,士人千人万人,不知理会甚事,真所谓游手!只是恁地底人,一旦得高官厚禄,只是为害朝廷,何望其济事?真是可忧!(同上)

商鞅等法家站在求富求强的实用主义立场对儒士不无歧视,认为士多无益,影响生产与军事。朱熹当然不会认同这种法家式理由,但他同样认识到士多会带来严重的社会问题。他直斥一些士人为游手好闲之徒,认为这样的人一旦入仕,只是为害朝廷,全不济事。朱熹甚至悲观地认为,整个士阶层已经遭到严重腐化,几乎没有可用之才。

> 又笑云:"常有一人作随时变通论,皆说要复古。至论科举要复乡举里选,却说须是歇二十年却行,要待那种子尽了方行得。说得来也是。"(义刚)(《语类》卷一百九,第 2697 页)

有人主张复古,将科举考试复古为乡里推荐,又提出,要实行这项制度至少须等二十年,须等到那些科举考试的种子都尽了才行。所谓科举考试的种子，是指为科举考试观念洗脑的那些人。这种议论在一般人看来不无矫枉过正之嫌，但朱熹却认为其说有理。身为儒者，朱熹能够超越自己的阶级利益，对多士现象怀有这样的一种忧思，的确是难能可贵的。

如果说"立定额"所着眼的是对后备官员的规模控制，属于科举经济学的宏观部分。那么，朱熹关于精简发解途径的意见则着眼于内部优化组合，属于科举经济学的微观部分。

南宋发解有多重途径，州府解试只是其中之一，且难度最大，除此而外，尚有：（一）太学试，太学上舍生考试成绩优秀者，可以直接参加礼部试（省试）和殿试。（二）漕试，又称牒试。这是每路转运司为照顾本路现任官员的子弟、亲属及其有关系的人包括门客以及宗女夫等所设，当时称作"别头试"，简称"别试"。太学试与漕试要容易得多，与州府解试相去不可以道里计。南宋初年曾任丞相的朱胜非在《秀水闲居录》中说："东南诸州解额少，举子多，求牒试于转运司，每七人取一名，比之本贯，难易百倍。"（李心传：《建炎以来系年要录》卷一四四，第1599页）一般而言，北宋太学（国子监）免解人数都在100人以上，最后登科的比例则为4：1至5：1，[1]而漕试的发解比例是7：1，[2]而州府解试的发解比例则是100：1至200：1，[3]而温州与福州两地的发解比例更是全国最低，有的年份连200：1都达不到，南宋末刘宰在嘉定元年（1208）

---

[1] 此据裴淑姬统计，见前揭文，第122页。

[2] 绍兴三年（1133）二月十四日，应国子监丞王普奏请，漕试的合格人数依元丰法，终场每七人解一人（《宋会要辑稿》选举十六之五）。

[3] 高宗绍兴二十六年（1156），部分地区随着解额的增加，解试合格者的比例被确定了下来，大致可分为终场200人以上解1人的温州、台州、婺州和100人解1人的静江府、明州、处州、湖州、严州、衢州、福州、秀州、汀州、宾州、融州两种类型（《宋会要辑稿》选举十六之十）。

说："顾今天下士子多而解额窄者，莫甚于温、福二州，且如福州，终场万八千人……旧额五十四名……。温州终场八千人……旧额十七名……"（刘宰：《漫塘集》卷一三"上钱丞相论罢漕试太学补试札子"）福州是 18000 人取 54 人，录取比例为 333∶1，温州是 8000 人取 17 人，录取比例为 470∶1。

政出多门，且存在明显的机会不均，这当然是制度性缺失，其弊病是非常明显的。最简单的解决办法，就是如朱熹所建议的那样，一方面重新确定诸州解额，另一方面损太学之有余以补诸州府之不足。然而，现实情况是当政者并没有这样做。结果，流弊丛生。其中，最主要的后遗症是趋利避害的人性本能则驱使士人纷纷涌入那些发解容易的领域——一些发解比例比较宽松的州府以及太学试、漕试。本来，由于建立了一种身份约束机制，使得士子只能对口于某一解试途径。现在，因为解试途径之间存在着这种明显的不平等，所以，很多士子通过非常手段，即所谓冒贯寄应的方式，进入到相对容易的解试渠道：或是冒贯开封府和解额较宽的州郡寄应，或是南方士人到北方去寄应，再有就是冒贯参加漕试。冒贯寄应的现象在南宋时期非常严重，因此滋生的纠纷就有多起❶，因为冒贯者实际上构成对被冒贯地方士子权益的一种损害，直接侵占了当地士子的解额。

如果说冒贯寄应是士子对制度缺失的一种自下而上的反抗行为，那么，太学补试法的实施则是政策制订者自上而下的一种自我纠偏行动。太学补试是宋廷为解试落榜者提供的第二次考试机会，由于当时规定，只要在太学修业满一年就可以参加太学的解试，而太学的解额比诸州府要宽得多，因此，很多落榜生纷纷进入太学。

---

❶《宋会要辑稿》选举十六之三十一至三十四记载了发生在孝宗淳熙十三年（1186）潭州以及宁宗开禧三年（1207）衡州考场的两起骚乱。

最初，太学入学采取混补法，即各地士人只要有人作保，就可参加太学的入学考试。后来，参加混补的人太多，因此，从淳熙四年（1177）起，改行待补法，即每遇科举年份，省试下第的士人和发解试终场100人中选取6人准其参加补试。庆元（1195—1200）中停止，嘉泰二年又恢复。●

绍熙五年（1194），朱熹在朝，当时叶适、陈傅良等人主张实行混补法，丞相赵汝愚因顾虑这个做法会引起米价上涨而没有采纳，赵本人则希望能恢复北宋王安石时期实行过的三舍法："顷在朝时，赵丞相欲行三舍法。陈君举欲行混补，赵丞相不肯，曰：'今此天寒粟贵，若复混补，须添万余人，米价愈腾踊矣！'"（《语类》卷一百九，第2695页）

作为有经验的政府官员，赵汝愚正确地预计到实行混补法之后带来的社会影响，届时数以万计的士子云集太学，因为天寒，粮食本来就贵，现在京城猛然添了这么多吃饭的人，粮价必然上涨，而粮价一涨，其他物价一定跟进，整个市场随之动摇，社会秩序必然动荡。赵汝愚基于成本分析而做出的不行混补法的决定，也得到朱熹的支持。更进一步，他还认为，赵汝愚自己所倾向的三舍法，其实也经不起成本分析。朱熹说：

> 为混补之说者固是谬，为三舍之说亦未为得也。未论其

● 参《建炎以来朝野杂记》甲集卷十三《取士》；《文献通考》卷四二《学校考三》。"是月（宁宗嘉泰二年三月，1202），复太学混补法。先是，太学补弟子员，凡每三岁科举后，差官锁院，凡四方举人皆得就试，取合格者补入之，谓之混补。淳熙后，朝议以就试者多，欲为之限制，乃立待补之法。诸路漕司及州军皆以解试终场人数为准，每百人取六人，许赴补试，率以开院后十日揭榜。然远方士人多不就试，则为它人取其公据代之，冒滥兹甚；庆元中，罢之。至是，复行混补，就试者至三万七千余人，分六场十八日引试云。"（《续资治通鉴》卷第一百五十六）

他，只州郡那里得许多钱谷养他？盖入学者既有舍法之利，又有科举之利，不入学者止有科举一途，这里便是不均。利之所在，人谁不趋？看来只均太学解额于诸路，便无事。如今太学解额，七人取两人。便七人取一人也由我，十人取一人也由我，二十人、三十人、四十人取一人也只由我。而今自立个不平放这里，如何责得人趋！（《语类》卷一百九，第2695页）

而议者不知其病源之所在，反以程式文字之不工为患，而唱为混补之说以益其弊。或者知其不可，又欲斟酌举行崇宁州县三舍之法，而使岁贡选士于太学。其说虽若贤于混补之云，然果行此，则士之求入乎州学者必众，而今州郡之学钱粮有限，将广其额则食不足，将仍其旧，则其势之偏、选之艰而途之狭，又将有甚于前日之解额少而无所容也。正使有以处之，然使游其间者校计得失于锱铢之间，不得宁息，是又不唯无益，而损莫大焉，亦非计之得也。（"学校贡举私议"，《文集》卷六十九，《朱子全书》第二十三册，第3356页）

朱熹指出，按照三舍之法，入学者会享受到双重好处，"既有舍法之利"，可以享受学舍的福利，"又有科举之利"，也不耽误参加科举，这对不入学者来说，显然有失公平。更有甚者，由于人趋利避害的天性，势必造成很多人争先恐后地要求入学，而支付学舍经济的地方政府财力有限，将处于进退两难之境。

本来，王安石建立三舍法的初衷是要以学校逐步取代科举考试，而赵汝愚要恢复三舍法，却又保留科举考试，这样不仅失了三舍法本意，而且不能从根本上解决四方士人都来赴太学试的问题。朱熹一下子就抓住了太学冗员问题的实质，那就是机会不均导致不良的社会流动。

然初间所以立待补之意，只为四方士人都来就试，行在壅隘，故为此法。然又须思量，所以致得四方士人苦死都要来赴太学试，为甚么？这是个弊端，须从根本理会去。某与子直书曾云，若怕人都来赴太学试，须思量士人所以都要来做甚么。皆是秀才，皆非有古人教养之实，而仕进之途如此其易。正试既优，又有舍选，恩数厚，较之诸州或五六百人解送一人，何其不平至于此！自是做得病痛如此。不就这处医治，却只去理会其末！（《语类》卷一百九，第 2703 页）

士人之所以都来太学赴试，是因为太学的仕进之途较本州为易：正规考试已经比较优惠，还有舍选机会。这才是症结所在。对症下药，真正有效的做法就应当是取消以往给予太学的种种政策优惠。

今要好，且明降指挥，自今太学并不许以恩例为免。若在学人援执旧例，则以自今新补入为始。他未入者幸得入而已，未暇计此。太学无非望之恩，又于乡举额窄处增之，则人人自安乡里，何苦都要入太学！不就此整理，更说甚？（同上）

或言太学补试，动一二万人之冗。曰："要得不冗，将太学解额减损，分布于诸州军解额少处。如此，则人皆只就本州军试，又何苦就补试也！"（《语类》卷一百九，第 2698 页）

朱熹推荐的办法可谓"损有余以补不足"：将太学的解额减损，转拨给解额少的州。他相信，这样一来，学者就会自安于乡里，太学补试再也不会出现万人云集的浩大场面。

补试原是堵漏补救之策，它的出台，乃是因为前面实行了明显机会不等的政策，在理论上已落入第二义。而从实行效果上看，它不仅没有缓解机会不均的状况，反而滋长了新的不均。也就是说，它未能通过政策自我调节以实现机会均等的目标。另一方面，它以高昂的社会成本付出为代价。很自然，一个理性的公共政策制订者不会以它作为优选。从机会与成本这两个参数出发，朱熹对太学冗员现象的分析，正是他的科举经济学理性的发挥。其实，不单是朱熹，他的新儒学前辈亦然。

北宋时，程颐已经注意到赴太学试人数太多的问题，而主张只保留一百人的解额规模：

> 国学解额，嘉祐以前一百人，自元丰后欲得举人入学，遂设利诱之法，改作太学解额五百人；又患来者遽去，复立一年之限，以拘留之。近日朝廷知其非便，已改去逐次科场一年之限。然而人数岁岁增添，以外处解名比之，五百人额当有万余人奔凑。使万余人舍父母之养，忘骨肉之爱，往来道路，旅寓他土，人心日偷，士风日薄，所费财几何？所破产几何？少年子弟远父兄而放荡者几何？父母骨肉离别悲念以至失所者几何？以万余人聚之京师，弊害不可胜言。今欲量留一百人解额，以待在学者取应，余四百人分在州郡解额窄处，自然士人各安乡土，养其孝爱之心，息其奔驱流浪之志，风俗亦当稍厚。况人于乡里，行迹易知，冒滥之弊，因而少革。（"论改学制事目"，《文集》卷七，《二程集》，第 563—564 页）

"使万余人舍父母之养，忘骨肉之爱，往来道路，旅寓他土，人心日偷，士风日薄，所费财几何？所破产几何？少年子弟远父兄而放荡者几何？父母骨肉离别悲念以至失所者几何？"程颐的这些话说得何其沉痛，而他的这个论述还为我们提供了有关社会成本的一个很好说明。父母之养、骨肉之爱、人心、士风、财产，等等，构成一个综合的社会成本概念。这其中，当然有经济（物质）的因素，但情感、社会风尚等精神因素同样也不可忽略。就此而言，新儒学的科举经济学就超越了一般意义上的计量经济学，而具有更宽广深厚的道义内涵。

比较而言，机会均等属于正义原则（义），成本最小化则属于功利原则（利）。可以看到，朱熹对科举制度的考量不是仅仅关注正义原则（义），而是同时也将功利纳入视野。这个结论使我们有必要反思以往关于朱熹乃至程朱理学重道德不重实效的通常印象。至少，在科举问题上，程朱的考量从来就不排斥功利因素。以下，我们从朱熹对事功学派的代表——叶适的科举论的批评，进一步揭示新儒学科举经济学的内涵，同时，也对新儒家反功利主义的传统面貌重新加以检讨。

2. 废混补

如前所述，新儒家对科举改制多有建言，耐人寻味的是，长于制度设计的永嘉学者在此方面却没有贡献多少意见。本节拟通过分析新儒家学者对永嘉学者（后者以功利儒家著称）在科举问题上的批评揭示新儒家在制度设计上体现出来的实践理性。

永嘉学者之所以对科举改制兴趣缺缺，究其缘由，或许是因为，有宋一代，尤其是从北宋后期开始，永嘉进士最盛 ❶，陈傅良、

---

❶ 乾道八年（1172），时任温州教授的楼钥在《温州进士题名序》中写道："永嘉自晋为名郡，宋兴六十余年，人物未有显者。至天圣初（按：1023），朱君士廉第进士，乡人荣之，以名其闾。自天圣至今百四十有八年，举其上第者凡三百三十有七人。……魁南宫者四（按：指省元四名，分别是绍兴十二年的何溥，绍兴十八年的

叶适等永嘉巨子皆以时文名扬天下，换言之，永嘉学者作为当时科举制的最大受益群体，在改革科举方面不够积极乃至无所作为，毋宁是很自然的。即以叶适为例，从现存著作来看，他对科举的议论甚少，主要见于《水心别集》卷之十三"外稿"之"科举"篇，其中历数科举四害：一、今并与艺而失之为一害；二、化天下之人为士尽以入官为一害；三、解额一定为一害；四、一预乡贡以官锡之为一害。遍检其书，对科举之弊的批评固有之，但积极性的建议却很难看到。

笔者在检读《朱子全书》时，偶然发现一条朱熹评论叶适科举论的语录，涉及叶适改革科举的正面主张。朱熹在跟学生的谈话中提到：

> 叶正则、彭大老欲放混补，庙堂亦可之，但虑艰食，故不果行。二人之意，大率为其乡人地耳。(《语类》卷一百九，第2701页)

叶正则即叶适，而彭大老则是彭椿年。然而，叶、彭的动议发于何时？这里的庙堂又何指？这条材料的可信度如何？这些问题都需要进一步研究才清楚。无论如何，朱熹这条语录透露了一个信息，那就是：叶适曾主张用混补法对南宋时期的科举制加以改革。

所谓混补，是南宋时期太学补充生员的一种扩大化做法。最

（接上页）徐履，隆兴元年的木待问，乾道八年的蔡幼学），冠大廷者再（按：指状元两人，绍兴二十七年的王十朋，隆兴元年的木待问）。呜呼！亦盛矣！"（楼钥：《攻媿集》卷五三，第15页）乾道八年之后，永嘉又出了两名状元：嘉定四年的赵建大、嘉熙二年的周坦。关于温州（永嘉）科举的情况，王宇在书中有详细介绍，参见所著：《永嘉学派与温州区域文化》，第4—21页。

初，宋朝的太学规定每年春秋两次考试招生，不久改为一年一补，后改成三年一试。学生入学资格，高宗时规定，凡在本州州学修满一年，三试中选者，得送入太学肄业。孝宗朝又定混补法 ❶，即每三年科举考试之后，所有落第举人都可以参加太学的入学考试，合格者补入太学。淳熙（1174—1189）时，因应试者过多，立待补法，即多设一道门槛，各州落第举人，每百人中只能挑选六人送太学补试。待补法实行了一段时间，由于出现冒名顶替的情况，到宁宗庆元（1195—1200）中就停止了。嘉泰二年（1202），根据时议，又重新恢复了混补法。

> 是月（宁宗嘉泰二年三月），复太学混补法。先是，太学补弟子员，每三岁科举后，差官锁院，凡四方举人皆得就试，取合格者补入之，谓之混补。淳熙后，朝议以就试者多，欲为之限制，乃立待补之法，诸路漕司及州军皆以解试终场人数为准，每百人取六人，许赴补试，率以开院后十日揭榜。然远方士人多不就试，则为它人取其公据代之，冒滥兹甚，庆元中，罢之。至是，复行混补，就试者至三万七千余人，分六场十八日引试云。（《续资治通鉴》卷第一百五十六）

可以看到，混补法的初衷是要给乡试落第者多一次发解机会，而且太学的解额比地方更为优渥，相应的，其难度也比州府解试小得多。如前所述，北宋时，太学登科比例为 4∶1 到 5∶1，而州府发解比例为 100∶1 到 200∶1，相去不可以道里计。南宋时，州府

---

❶ 混补制始行于孝宗隆兴元年（1163）（见《宋会要辑稿》选举四，又参《宋史》卷一五七《选举志》）。

发解比例并没有什么变化。

　　叶适提议混补法的具体时间，从朱熹这条语录不能直接看出，不过，朱熹的另一条语录为我们提供了一个线索。

　　　　因说混补，曰："顷在朝时，赵丞相欲行三舍法，陈君举欲行混补，赵丞相不肯。"（《语类》卷一百九，第2695页）

　　观此可断，混补之议系朱熹在朝时所闻，赵丞相当指赵汝愚。考朱熹在朝、赵汝愚为丞相，事在光宗绍熙五年（1194）。是年六月，孝宗卒。七月五日，在赵汝愚等策划下，光宗之子嘉王赵扩即位，是为宁宗，时叶适在朝，为尚书左选郎官，参与拥立活动。❶八月，宁宗任命赵汝愚为右丞相，后者调潭州知州兼湖南安抚使，朱熹任焕章阁待制兼侍讲，又引中书舍人陈傅良（君举）、吏部侍郎彭龟年（元老，弟椿年）等为讲读官。❷而叶适（正则）则由吏部郎官升为司业❸，彭椿年（大老）为国子祭酒❹。闰十月，朱熹以上疏劾韩侂胄而除宫观❺，龟年亦去郡，椿年除江东路转运副使❻。十一月，叶适求外调，同月，中书舍人陈傅良辞实录院同知修撰，荐叶适自代，不允。十二月，叶适赴丹阳任淮东总领。❼

　　由上史实可知，朱熹提到混补法的两次谈话，所涉及的人物

<hr />

❶ 参见周梦江《叶适年谱》"绍熙五年"条，《叶适研究》，第257页。

❷ 《宋史》卷三百九十二"赵汝愚传"，卷三百九十三"彭龟年传"。

❸ 楼钥："吏部郎官叶适国子司业"，《攻媿集》，卷四十，第7页。

❹ 楼钥："国子司业彭椿年除祭酒"，《攻媿集》，卷三十六，第1页。

❺ 《宋史》卷四百二十九"朱熹传"。

❻ 陈傅良：《止斋文集》卷十八，八一九页，"国子祭酒彭椿年除直龙图阁江东路转运副使（闰十月二日）"。

❼ 参见周梦江《叶适年谱》"绍熙五年"条，《叶适研究》，第257—258页。

（叶适、彭椿年、赵汝愚、陈傅良以及他本人）都共同出现在绍熙五年的临安朝廷。就此而言，他们就混补法发表意见，应当确有其事，而非朱熹虚构或误记。如此说来，叶适、陈傅良这两位永嘉健将都是混补法的提倡者。

查叶适《水心外集》，其中，卷十三有关科举的议论，与该卷其他六篇文字一起属于所谓"外稿"，是叶适的前期作品，写于孝宗淳熙十二年（1185），当时他三十六岁，此前他没有在太学学习或工作的经历。如前所述，混补法早在孝宗隆兴元年（1163）就曾试行，其后又为待补法所易。叶适写作这些应对文字之年，正是待补法仍在运行之日。然"外稿—科举"一文无一言及于混补，以笔者之见，不是因为混补法尚未出现，而是因为太学以及由之滋生的混补、待补法没有进入与太学素无瓜葛的叶适的视野。此文有关科举四害的说法，特别是第三条对各区配额严重不均的不满，明显是一种感到在现行配额方案中受到不公待遇的浙籍士人的口吻。叶适写道：

> "何为解额一定为一害？"百人解一，承平之时，酌中之法也。其时，闽、浙之士少以应书，而为解之额狭矣。今江、淮之间，或至以仅能识字成文者充数，而闽、浙之士，其茂异颖发者，乃困于额少而不以与选，奔走四方，或求门客，或冒亲戚，或趁巢纳。夫士之为学，其精至于性命之际，而其用在于进退出处之间，然后朝廷资其才力以任天下之重。今也，以利诱之于前，而以法限之于后，假冒干请，无所不为。然则以其有士之可取也而取之，此其义理之当然者耳，则解额之狭于彼者，何不通之使与宽者均平？（《水心外集》卷之十三，第799页）

叶适这里所说，触及宋代科举解额分配的两个关节，一是解额长期固定，跟不上应试士子人数不断扩大的形势；二是州郡之间发解的比例严重不均，导致文化落后地区的发解者水平甚低，而文化发达地区却有大量水平很高的人发解无门。

前已述及，在宋代发解的三条途径中，太学最容易，其次是漕试（别试），最难是州府。而在州府当中，又以温州、福州两地为最难，南宋末甚至达到了 330：1、470：1 的程度，真可谓"难如上青天"。

在此情况下，出于人性趋利避害的本能，闽、浙两地士子遂纷纷寻求捷径坦途，或假冒他州户籍，或盘桓京城参加太学补试，或托关系找门路获得漕试资格。这就是叶适所说的"或求门客，或冒亲戚，或趁巢纳"。叶适认为，"假冒干请，无所不为"的不良社会风气实际是政府的恶性政策——"以利诱之于前，而以法限之于后"所造成的必然后果。可以看出，叶适对"出此下策"的士子们并无谴责之意，相反，满怀同情。这可能跟叶适自身的经历有关。事实上，叶适本人就是以朝廷大员的门客身份发解的，只不过他没有主动去奔走乞求而已。淳熙四年（1177）秋，叶适发解，成为乡贡进士。叶适的发解，不是从温州解试出身，而是由当时任翰林学士的周必大以门客名义保送他去参加浙东转运司的别头试而发解的。❶

---

❶ 周必大《与王才臣书》："前年秋，偶见温州叶适者，文笔高妙，即以门客牒漕司。适会有石司户识见颇高，遂置前列。"（周必大：《文忠集》书稿一）周梦江推测，可能是吕祖谦介绍叶适给周必大的。（《叶适研究》，第38—39页）叶适于淳熙二年（1175）秋，游学婺州，到武义县明招山向吕祖谦问学，之后吕祖谦对叶适非常照顾，叶适参加省试、殿试时，吕祖谦是当时考试官之一，叶适最后高中榜眼。吕、叶的这种特殊关系，叶适的密友陈亮最清楚，所以，揭榜后，陈亮写信给吕祖谦，有这样的话："廷试揭榜，正则、居厚、道甫皆在前列。自闻差考官，固已知其如此。……正则才气俱不在人后，非公孰能掔成之！"（"与吕伯恭正字又书"，《陈亮集》卷二十七，第321页）

如果没有周必大保送，叶适能不能发解，会不会成为进士，都是一个问题，至少，没有这么一帆风顺。叶适非常清楚，只有极少数幸运儿才能通过温州解试发解："温之士几万人，其解选拘于旧额，最号狭少，以幸为得尔。"❶

　　事实上，跟叶适一样，很多温州士子发解都走的是乡贡之外的道路。例如，绍兴十二年（1142），两浙东路所录取的温州举子多达42名，都是温州士人在别处设法考上的。"是秋，两浙转运司秋试举人凡解二百八人，而温州所得四十有二人，宰执子弟皆预焉。"（李心传：《建炎以来系年要录》卷一四四，第2318页）乾道八年（1172），温州登科者19人，通过乡贡登第者只有1人："余与叔椒同乾道八年进士，是岁隶乡贡以第者，惟叔椒一人。"（陈傅良：《徐叔懋圹志》，《止斋集》卷四十七，第1页）事情发展到这个地步，时人逐渐形成这样一个印象：温州士子几乎少有不投机取巧、钻营作伪的。以致朱熹对他温州籍学生叶味道回乡赴举一事大为感慨：（味道）辞先生，同黄敬之归乡赴举。先生（朱熹）曰："仙里士人在外，孰不经营伪牒？二公独径还乡试，殊强人意。"（《语类》卷一百十四，第2761页）

　　叶适对于科举的意见，随着后来他进入太学为官，逐渐有所改变。淳熙十二年（1185）冬，叶适奉诏赴都，次年春，正式成为一名京官。一直到淳熙十五年七月转任太常博士之前，叶适都在太学为官，历任太学正、太学博士。光宗绍熙四年（1193），他再度入都，做吏部员外郎，管理全国文官的考核和升降。次年，也就是绍熙五年，七月以参与拥立宁宗之功升为国子司业。此时的叶适，既有在太学担任学官的经历，现在又成为国子监的重要学官，在太

---

❶ 叶适："包颙叟墓记"，《水心文集》卷二三，《叶适集》，第462页。

学补充生员的问题上自然具有发言权，混补是他所能选择的较佳改革方案。因为这个方案既维护了太学的既有地位，同时，也为像他故乡温州那样人多而额少的州府士子提供了第二次机会。在不触动既定的州府解额分配方案的情况下，不失为一种匡救之策。不难预见，温、福这些地区士子将是太学混补法的最大受益者，就此而言，叶适倡导混补法，无论他主观上是否故意，客观上的确有为乡人争取利益的效果。

再来看朱熹提到的赞成混补法的另外两人——彭椿年和陈傅良的情形。陈傅良跟叶适一样是温州人，而彭椿年是浙江黄岩人，黄岩属台州。如前所述，台州的解额比例，与温州、婺州一样，都是终场200人以上解1人。如果实行太学混补法，可以想见，文化程度高、应试人数多的这些州士子将瓜分掉太学发解的大部分名额。因此，朱熹说叶适与彭椿年"二人之意，大率为其乡人地耳"，并非莫须有的推测。朱熹敏锐地观察到混补法支持者的地区背景。

> 今日倡为混补之说者，多是温、福、处、婺之人，而他州不与焉。非此数州之人独多躁竞，而他州之人无不廉退也，乃其势驱之，有不得不然者耳。(《学校贡举私议》❶，《文集》卷六十九，《朱子全书》第二十三册，第3357页)

在这里，朱熹没有自居道德高地，对主张混补之说者横加贬抑，而是颇具理解之同情。朱熹所说的"其势驱之，有不得不然者耳"，指的是温、福、处、婺等州解额过窄的严峻现实。在太学补

---

❶ 《学校贡举私议》撰著年代失记，然朱熹此文评及混补，而混补最早行于孝宗隆兴元年（1163），则此文不得早于隆兴元年。又，文中论及三舍法之议，当值绍熙五年（1194）诸人在朝论衡混补、三舍之际。则《私议》乃朱熹退而申述己说之作。

试这个问题上，朱熹并不如一般人所想象的新儒家那样古板迂腐，而是对趋利避害的人性有深刻认识。他一语中的地指出：

> 今之士子不安于乡举而争趋于太学试者，以其本州解额窄而试者多，太学则解额宽而试者少，本州只有解试一路，太学则兼有舍选之捷径，又可以智巧而经营也。（《学校贡举私议》，《文集》卷六十九，《朱子全书》第二十三册，第3357页）

相比于州府，太学在发解上具有压倒性的优势。这就难怪天下士子蜂拥而至京师参加太学补试。然而，京师一下子增加了上万人口，吃饭就成了一个严峻问题。赵汝愚虽然理论上不反对混补，但出于这层现实顾虑，最终并没有放行。赵汝愚本人欣赏的三舍法，则是通过县州一层一层选拔到太学，而非太学直接招考，从而能够避免大批考生云集太学的情况发生。

对混补与三舍之说，朱熹一概反对。朱熹并不笼统地反对政策主导下的社会流动，他反对这些政策的共同理由是其经济成本过大。混补法的经济成本高昂，已如赵汝愚所言，而赵本人所倾向的三舍法，在朱熹看来，同样成本不菲，所不同的是，太学混补有可能使京城财政告急，而州县三舍则使地方财政吃紧。弃混补而行三舍，好比五十步笑百步，只不过将财政紧张从中央转嫁到了地方而已。

朱熹正确地指出，如果真的实行三舍法，可想而知，就会有大批士子要去上州学。在这种情况下，如果扩大州学的招生规模，在州学经费不增加的情况下，势必意味着扩招后的州学生不能享受之前的待遇。如果不扩招，则意味着州学的入校门槛要比原来高很多。朱熹很清楚，在当时的财政状况下，政府不可能增加对州学经费的投入。他一再表示，"州郡哪里得许多钱谷养他？""而今州郡之学钱粮有限"，朱熹算的是地地道道的经济账。正是考虑到节约成本，朱熹对需要常年养士的学校兴趣不大，而主张就地消化应试士子的应考需求。所以，他的思路是以州府乡试为主，逐渐削弱太学以及牒试的分量。要实现这个目标，他的办法是"损有余以补不足"，即"痛减（太学）解额之滥以还诸州"（《学校贡举私议》，《朱子全书》第二十三册，第 3361 页），"欲革奔竞之弊，则均诸州解额，稍损太学之额"（《语类》卷一百九，第 2698 页）。

不难看出，朱熹科举改制的关键是整顿太学。之所以如此，首先是因为太学占用的社会资源太多。其次，太学的福利引发大量游士聚集都城，成为宋朝的一大社会问题。程颐在北宋时就已深刻认识到这一问题的严重性。

程颐算过一笔账，假设太学有 500 个发解名额，那么，正常情况下，肯定会吸引到上万人来参加。而数以万计的外地生员离开自己的家庭，千里迢迢来到京师，旷日持久，无论从哪方面看，都是严重的社会事件。

作为新儒家，经济成本只是程颐考虑的一个方面，他提出"所费财几何？所破产几何？"这样的问题表明他已经看到太学补试政策所带来的经济负担。他更注意到在这个事件当中整个社会所付出的沉重道德代价："使万余人舍父母之养，忘骨肉之爱，往来道路，旅寓他土，人心日偷，士风日薄"，"少年子弟远父兄而放荡者几何？父母骨肉离别悲念以至失所者几何？"程颐认为，游学对于儒家社会所赖以生长的基础——家庭造成了严重伤害。由于远行，为人子者不能对父母尽其孝道，为人父者对子女不能尽关爱教养之责，老者、幼者因为无人照顾而流离失所，很多家庭名存实亡。另一方面，程颐指出，游学还可能导致个人感情淡漠、社会风气堕落。所以，他的结论是"弊害不可胜言"。

到南宋时，都中游士问题已成为社会一大痼疾，据刘宰（盛年在 1190—1234）描述，游士有四大害：一是插手诉讼，干扰司法；二是混淆视听，左右舆论；三是冒滥作弊，操纵科举；四是成群结伙，胁制朝令。

游士之聚于都城，散于四方，其初惟以乡举员窄，经营漕牒，夤缘京庠，补试太学为名。积而久之，而来者日众，其徒实繁，而又迫于饥寒，诱于声色，始有并缘亲故以求狱讼之关节者，而狱讼始不得其平；有事缙绅之唇吻者，而毁誉始不得其真；有为场屋之道地者，而去取始不得其实。其甚也，挟众负气以取必于朝廷，而朝廷之势日轻。大率富人之粗于狱，负者求胜，刑者求贷，死者求生，无辜者则欲其陷于罪而理不可行也。游士则为之文致，为之游谈，为之请托，为之行贿。或藉权势以劫攘，或与胥吏相表里。不直于宪，则转而漕；不理于部则申于台。以省事为常行，以伏阙为常事，千变万化，必欲获所求而后已。所谓狱讼不得其平者，此也。朝廷耳目之寄，外则付之监司郡守，内则付之给舍台谏，不能知天下之事也，则有采访焉，有风闻焉，游士知其然也。于是择其厚己者则多方延誉，违己者则公肆诋訾，或形之书疏，或形之歌咏，或述之短卷。为耳目之官者幸其然也，招徕之，诱进之，采用之，或又畏惮而弥缝之，递递相承，贤否易位，所谓毁誉不得其真者，此也。往者，场屋之弊惟铨试，其后也，补试亦弊，今则省试、御试无一不弊矣。弊者，一曰冒名入试，二曰同场传义，三曰换易卷头，四曰计属暗号，五曰计会分房。五者之中，如换易卷头，计会分房，若非游士所得为，而非游士与吏辈平时往来，心腹相孚，亦未有能相通者。方秦氏当国，私其亲党，场屋盖尝弊矣，至更化而尽革。今则更化之后，万事维新，惟场屋不与焉。传闻省场之中以试卷字画同异驳放者数人，其后夤缘覆试，而一人者不至，岂无其故？而上下含护，不复稽考。特科之就御试，行贿者皆不在末等，此其弊已久而今举尤甚。远方孤寒至有通榜而无名者（传闻榜中无名者二人，其一镇江汤泳）。铨试之冒滥抑又甚焉。盖有专一坐铺议价者，入试之前，凡往投托，无不取效，虽不通文墨之士亦可窜名高等。而场屋之去取滥矣。朝廷政令所出，处置一定，公议无愧，人言何惧？而年来事无巨细，求者从，欲者得，有如嘉兴免解之事，上庠混补之事。朝廷深知其不可行，而不敢固拒。盖游士率敛钱物入己，志在必行，百十为群，遍走朝路，或谤訾以胁制，或佞媚以乞怜，或俯仰拜跪以祈哀。朝廷顾惜大体，重失众心，俛而从之，以幸无事，而朝廷之势轻矣。夫朝廷之势轻，则缓急之际必有令之不行、作之不应者，甚可惧也。故尝为今之计莫若散游士。（刘宰："上钱丞相论罢漕试太学补试札子"，《漫堂集》卷十三，页一至十三）

刘宰的札子向我们呈现了南宋中期以降游士生活的丰富画卷，他的说法容有夸大之处，但游士俨然已成为一有力的社会团体，其势力渗透到司法、舆论、科举、政治等众多领域。按照刘宰的说法，这个游士集团已经严重地扰乱了社会、政治秩序，应当坚决予以打散。他主张要从根上消除，即彻底罢除漕试与太学补试："散之之道有二，一曰罢漕司之牒而增解额，二曰罢太学之补试而用乡贡。"（刘宰："上钱丞相论罢漕试太学补试札子"，《漫堂集》卷十三，页十三）罢除漕试与太学补试之后多出来的名额全部拨给乡试。

刘宰的方案比朱熹更为激进，后者仅仅建议对太学进行整顿，尚未触及漕试改革，也许是因为朱熹无意挑战漕试所保护的贵胄特权。然而，历史的真实是，不仅刘宰的激进方案未蒙采纳，而且朱熹相对保守的改革方案也没有变成政策。朱熹写成《学校贡举私议》后，过了不到十年，南宋朝廷迫于时议，于嘉泰二年（1202）又恢复了混补制，不无讽刺的是，从刘宰的札子可知，这项政令的出台，正是那些为太学补试而来的游士们发挥了重要作用。

无论是朱熹所代表的新儒家团体，还是叶适、陈傅良等人所在的永嘉学派，或者当时执政的赵汝愚，他们对于现行的科举政策及其下的社会现状都表示不满，改革方案都以实现公平为目标，所不同的是，他们所设想的手段不同。朱熹的议论启发我们，公正不能无偿获得，人们为达到公正需要付出一定的代价，而代价最低就成了我们在不同的旨在实现公正的方案中间进行选择的根据。如传统说法，朱熹及其所代表的新儒家团体当然是重道德者，但是，在道德哲学上，朱熹及其所属的新儒家却并非只强调善良动机的道义论（deontology），而更接近于后果论（consequentialism）或功利论（utilitarian）。这个结论和朱熹作为功利主义儒家对立面的传统的形象 ❶ 大相径庭。就政治哲学而言，公正是有代价的，作为正义的公平必须同时将成本计算在内，朱熹所提示的这个洞见，直到今天，也值得人们记取。

---

❶ 朱熹的这一形象根深蒂固，美国学者田浩的《功利主义儒家：陈亮对朱熹的挑战》一书可为代表。

《近思录》：新儒学之"经"

　　谈到新儒学的核心文本，不能不推《近思录》。该书是朱熹与吕祖谦共同编辑的一本北宋理学文选，在新儒学历史上影响极大。陈荣捷先生曾指出，宋代《朱子语类》，明代《性理大全》，清代《朱子全书》与《性理精义》，"均依此书次序为次序，支配我国士人之精神思想凡五六百年"。❶而钱穆先生也曾比《近思录》于经书。❷鉴于《近思录》对新儒学有如此重要的文献价值，因此，本书特辟附论加以论列，着重处理目前学界有关《近思录》的一些争议问题。首先是关于义理结构，其次是关于编者，最后是关于如何定位。

---

❶ 陈荣捷：《近思录详注集评》"引言"，华东师范大学出版社，2009，第1页。

❷ 钱穆：《读书与做人》（《人生》杂志第298期，1963，第4页）。按：钱穆此文原为1962年12月2日对慕德中学师生的演讲词，在演讲中他向听众推荐了七本有关人生修养的书，认为"中国传统所讲修养精义尽在其中"，人人必读，其中包括：《论语》《孟子》《老子》《庄子》《六祖坛经》《近思录》《传习录》。

一　结构

《近思录》一书，通行本凡 14 卷，622 条。原无标题，今所通行者为朱熹门人叶采所拟。叶氏所题，却也并非自出胸臆，而是有所依据，其依据就是《朱子语类》上的一条记录。

> 《近思录》逐篇纲目：一、道体；二、为学大要；三、格物穷理；四、存养；五、改过迁善，克己复礼；六、齐家之道；七、出处，进退，辞受之义；八、治国平天下之道；九、制度；十、君子处事之方；十一、教学之道；十二、改过及人心疵病；十三、异端之学；十四，圣贤气象。（振）（《语类》卷一百五，论《近思录》之第三条，第 2629 页）

这条材料由吴振所记。由于没有任何上下文做背景交代，引来不少猜测，从而给它的权威性打上了一个问号。❶不过，这并不影

---

❶ 比如，在当时，黄榦——朱熹最亲近的门徒之一——在一封信里就对这条材料提出了异议："……但觉《近思》旧本，二先生编次之日，未尝立为门目。其初固有此意，而未尝立此字。后来见金华朋友方撰出此门目，想是闻二先生之说，或是料想而为之。今乃著为门目，若二先生之所自立者，则气象不佳，亦非旧书所有。不若削去，而别为数语载此门目，使读者知其如此而不失此书之旧为佳。试与真丈言之，如何？"（黄榦："复李公晦书"，四库本《勉斋集》卷八，页十八上至十九下）黄榦提供了一个值得注意的信息：《近思录》早期版本（旧本）并没有这个门目。他猜测，《语类》所记有可能是听来的，甚至有可能只是记录者根据自己个人的理解写出来的。有鉴于此，黄榦反对为《近思录》添上门目的做法。后世学者如钱穆，对这条没头没脑的材料也感到奇怪，说这个记录"不知在何年，只举《近思录》逐篇纲目，却不再下一语，其义何在，大可疑，或是记者忽略了朱子当时所说，仅把逐篇纲目录下，乃成全无意义"（转引自严佐之导读《朱子近思录》，上海古籍出版社，2000，第12—13页）。考虑到存在这些疑点，笔者认为，在对待纲目以及标题时要把握

响我们从篇题入手来讨论《近思录》全书的内在结构。

叶采对《语类》所载纲目做了一些技术处理，二者大同而小异，为便比照，列表如下：

卷	一	二	三	四	五	六	七	八	九	十	十一	十二	十三	十四
纲目	道体	为学大要	格物穷理	存养	改过迁善，克己复礼	齐家之道	出处进退辞受之义	治国平天下之道	制度	君子处事之方	教学之道	改过及人心疵病	异端之学	圣贤气象
近思录集解	道体	为学	致知	存养	克己	家道	出处	治体	治法	政事	教学	警戒	辨异端	观圣贤

可以看到，《集解》所用标题是对《语类》所载之纲目的概括，故较简练。❶然而，无论是从纲目还是从《集解》所概括的各卷主旨来看，《近思录》所分 14 卷在内容上却并不构成彼此独立的 14 个门类，有些卷之间明显存在交集，比如，卷五改过迁善克己复礼与卷十二改过及人心疵病，这两卷都有与改过相关的内容，理应归为一卷。❷

（接上页）这样一个原则，即不要把《纲目》理解为是朱、吕编辑《近思录》时严格执行的一个大纲，至于叶采所拟标题，更不能当作朱、吕原意。

❶ 不过，也正因为求简，所以有时难免丧失纲目原意，如卷五克己，即未尽迁善复礼之意。详陈荣捷：《宋明理学之概念与历史》（台北："中研院"中国文哲研究所筹备处，1996），第 337—340 页。关于纲目文字失于规整，严佐之有一个解释，说：恐亦不外其弟子因《近思录》不及标立篇名有问，朱子作答之语耳。特举纲目之要，并非代为篇名，故语词颇不规整（见《朱子近思录》"导读"，第 13 页）。

❷ 或许是考虑到这一点，叶采集解所拟标题即作克己与警戒，以示有别，然而，这样处理似乎并不解决问题，陈荣捷就对叶采的概括是否完整反映朱熹原意提出了质疑："卷五朱子明言'改过迁善克己复礼'，今只标'克己'，未得其全。"（见所著"近思录卷次与题目"，《朱子新探索》，第 398 页）也许是为了避免这些问题，江永本就直接用了纲目原文作篇题。

如果再进一步检读各卷具体条目，还会发现，无论是纲目还是《集解》所列各卷主旨都未能将该卷所有条目内容囊括进去。朱熹本人即承认《近思录》各卷所录有杂而不纯的问题：

> 《近思录》大率所录杂。逐卷不可以一事名。如第十卷亦不可以事君目之，以其有"人教小童"一段在。（扬）（《语类》卷一百五，论《近思录》之第四条）

按，今本卷十（叶采题作"政事"），第六十四条亦即最后一条，有"人教小童"一段：

> 人教小童，亦可取益。绊己不出入，一益也。授人数数，己亦了此文义，二益也。对之必正衣冠，尊瞻视，三益也。常以因己而坏人之才为忧，则不敢惰，四益也。

这段话原出张载，意谓成人在教育儿童时自身也多方受益，也就是通常所说的教学相长之意。❶这与整卷所谈"政事"（也就是朱熹所说的"事君"）的确关系不大。

朱熹关于"《近思录》大率所录杂"这条语录，在某种意义上也可以视作是对纲目使用的一个提醒。朱熹指出"第十卷亦不可以事君目之"，同理，对其他各卷，读者也不应当坐实纲目所列之名。

---

❶《张载集》收有两段与此相近的文字，一见《语录·附语录抄七则》第四则："人教小童亦可取益，绊己不出入，一益也；授人数数，己亦了此文义，二益也；对之必正衣冠，尊瞻视，三益也；常以因己而坏人之才为忧，则不敢惰，四益也。"一见《经学理窟·义理》："常人教小童，亦可取益：绊己不出入，一益也；授人数次，己亦了此文义，二益也；对之必正衣冠，尊瞻视，三益也；尝以因己而坏人之才为之忧，则不敢惰，四益也。"两相比较，《语录》本为胜，《近思录》所收亦然。

易言之，纲目的作用只是方便读者把握各卷中心大意而已。如果读者过分拘泥于纲目，则反为所累。

按照同类合并的原则，我们可以对《近思录》的内容先做如下整理：

一、原理（卷一道体）

二、致知（卷二为学大要，卷三格物穷理）

三、修身（卷四存养，卷五改过迁善、克己复礼，卷十二改过及人心疵病，卷十四圣贤气象）

四、出处（卷七出处进退辞受之义）

五、治事（卷六齐家之道，卷八治国平天下之道，卷九制度，卷十君子处事之方）

六、教人（卷十一教学之道，卷十三异端之学）

很清楚，《近思录》一书按如下的逻辑展开：从形上到形下，从内到外，从知到行，从学到教，从治己到治人。❶

如果我们将这个框架与《大学》的"三纲八条目"比对，则不难发现，二者有相似之处。❷实际上，从纲目所用语汇来看，有些就

---

❶ 束景南将《近思录》分为四部分：第一卷论太极之理的本体论和性论；第二至四卷论敬知双修的认识论与修养论；第五至八卷论大学之道；第九至十四卷杂论儒家之学。概括了四子的政治观、人生观、教育思想、反老佛异端思想等，具体而微地构造出了以实用伦理人生哲学为核心的二程理学体系（见所著《朱子大传》）。这个分析大体不差，但未能将其内在逻辑清晰地揭示出来，且现代术语与古代名词混用，不甚可取，故笔者自己重新做了归纳，且尽量用古人术语，以免用现代哲学语词而出现词不达意的问题。

❷ 《近思录》卷次安排与《大学》的这种相似性，很多论者都注意到了。清人茅星来谓，《近思录》浓缩了古圣贤穷理正心修己治人之要，可与《大学》一书相发明，《近思录》篇要不外三纲领八条目之间（参所著《近思录集注》）。当代学者如

是直接取自《大学》本文，比如，卷三"格物穷理"，卷六"齐家之道"，卷八"治国平天下之道"等。除了卷一"道体"这部分，其余内容几乎都可以纳入"三纲""八目"之下，比如，格物穷理、存养、克己复礼、改过、为学大要、出处之义等卷可纳入"明明德"范畴，处事之方、齐家之道、治国平天下之道、制度、教学之道等卷可纳入"亲民"范畴，异端之学、圣贤气象等卷可纳入"止于至善"范畴。❶格物穷理与格物相应，为学大要、出处进退辞受之义与致知相应 ❷，存养、改过迁善克己复礼、改过及人心疵病则与正心诚意修身相应。❸

（接上页）刘鹿鸣，还进一步提出，《近思录》的主导思想依据《中庸》和《大学》，三书在文本结构和深层义理上具有内在同一性（见所著《〈近思录〉与〈中庸〉〈大学〉文本的内在同一性》，《安徽大学学报》2009 年第 2 期）。然而，需要指出的是，《近思录》与《大学》的这种相似性不可夸大，毕竟它们并非完全同构，像首卷"道体"就不可以纳入"三纲""八目"之下。详下所论。

❶ 卷十三"异端之学"（叶采集解作"辨异端"）、卷十四"圣贤气象"（叶采集解作"观圣贤"），可以说是"止于至善"的两手，因为成圣成贤是儒家的最高目标，用《大学》的语言说，即是"止于至善"，为了达到这个目标，一方面，当了解圣贤气象是如何，以有所效仿；另一方面，当了解异端之学是如何，以有所警戒。

❷ 叶采将卷三直接标为致知，而朱熹原拟纲目标题则是格物穷理，此在宽泛意义上亦能成立，但如果按《大学》原文，格物与致知属于相互独立的两个条目，则不该将之混为一谈。

❸ 在这里，我们没有像前面那样，为"正心""诚意""修身"三个条目找到它们一一对应的卷次，主要是因为这三个条目很难截然分开。首先，正心与诚意作为两个独立的条目，不像格物与致知那两个条目那么容易区分。其次，很明显，致知、格物、正心、诚意这四个条目是一组，修身齐家治国平天下是一组，每组的各条目之间大致可以说是环环相扣的关系，但这两组之间是什么关系，就难以说清，虽然可以说修身与前四个条目所构成的第一组是包含关系。由于存在这种复杂的关系，所以，如果机械地套用，就难免削足适履。历史上有些注家就有此弊，如日本注家山崎闇斋（1618—1682）与其徒三宅尚斋用《大学》三纲八目来套《近思录》，认为卷三至五为修身，卷六为齐家，卷八至十为治国平天下。正如陈荣捷所批评的，这个次序大体不错，但三纲尚未比配，而卷十三、十四亦无所属，且不能谓卷十二"改过及人心疵病"为非修身也（见所著"近思录卷次与题目"，《朱子新探索》，台北：台湾学生书局，1988，第 399 页）。相对而言，茅星来虽然也用三纲八目分析各卷意旨，但在具体处理上比较灵活，他认为首卷道体是"就理之本然者而言"，道体以下诸篇"皆言当然工夫"。始论"为学大要"，以统领纲领旨趣。其次"格物穷理"，与八条目中的

那么，朱熹、吕祖谦在编选《近思录》时是否"主题先行"——按《大学》的理路行事？文献不足，不敢妄测。不过，如果他们那样做，在理论上也完全可能，以朱熹对《大学》的重视，将周、张、二程之说纳入《大学》的义理架构予以编排，并没有什么值得奇怪的。

二　编者

《近思录》的编刻不是孤立的事件，它隶属于朱熹清点其新儒学前辈遗产的庞大计划。从 12 世纪 60 年代末以来，朱熹埋首寒泉精舍，潜心著述，对北宋新儒学进行了系统整理，在将二程、张载、周敦颐这些新儒家重镇的著作一一做了疏解之后，勾画整个新儒学谱系也就显得水到渠成，《近思录》的编辑为这一时期的工作画上了一个完美的句号。❶

传统上，提到《近思录》，往往只举朱熹之名，如张伯行《近

_____

（接上页）"格物致知"对应。接下来，"存养"与"省察克治"一正一反，正是《大学》"诚意、正心、修身工夫"。这三篇在性质上属于"三纲"的"明明德"，卷六以下则为《大学》"新民"之事。"齐家"卷，其义自明。"治体""治法""临政处事之方"，乃《大学》"治国平天下"之道。在"齐家"与"治国平天下"之间置"去就取舍"一篇，是因为君子在兼济天下与独善其身之间必须有所慎取。"临政处事之方"后设"教学"一篇，是因为君子去官退居宜教学授道，以传薪火。末三卷，"警戒"篇揭示不能"省察克治"者的"人心疵病"，以示学者深戒；"辨异端"斥释、老、神仙；"观圣贤"确立为学的终极目标：止于至善（参所著《近思集注》卷首）。

❶ 寒泉时期著述系年如下："乾道八年壬辰（1172），春正月，《论孟精义》成；夏四月，《资治通鉴纲目》成，《八朝名臣言行录》成；秋十月，《西铭解义》成。乾道九年癸巳（1173），夏四月，《太极图说解》、《通书解》成；六月，《程氏外书》成，《伊洛渊源录》成。淳熙元年甲午（1174），夏五月，编次《古今家祭礼》。淳熙二年乙未（1175），夏四月，东莱吕公伯恭来访，《近思录》成；偕东莱吕公至鹅湖，复斋陆子寿、象山陆子静来会。"（王懋竑《朱子年谱》）寒泉之前，朱熹已完成对《二程文集》《经说》和《易传》的校订，还与张栻书信往复讨论《二程集》的版本问题。

思录集解》、茅星来《近思录集注》、施璜《五子近思录发明》，皆不提吕祖谦（东莱）。日本注家大半亦然。不能不说，这对吕氏有失公允。《四库提要》作者即为东莱抱不平："讲学家力争门户，务黜众说而定一尊，遂没祖谦之名，但云朱熹《近思录》，非其实也。"❶今人陈荣捷译注《近思录》，则谓：合作是实，但朱为主，吕为宾，亦不可不知。❷近年，越来越多的学者注意到吕祖谦在《近思录》编纂过程中的作用。❸笔者认为，今本《近思录》的形成，自始至终都非朱熹一人裁决，毋宁说是相互妥协的产物。

朱熹在从事新儒学义理总结工作时，并非单枪匹马、孤军奋战，而是跟他的同志相互切磋、随时取益，可以说，他充分吸取了朋辈的意见。当时最有声望的新儒家，要数吕祖谦与张栻。很自然地，朱熹同他们进行了合作，尤其是吕祖谦，资历最长，又富于编书经验，在编辑印刷方面积累了不少人脉与资源，令朱熹颇为倚重。只有了解这个背景，我们才能理解为何朱熹主动发起的《近思录》编纂一事却由吕祖谦在其中扮演了主导角色（至少表面上朱熹是以建议者而非主持者的名义参与其事）。《近思录》动议于南宋淳熙二年（乙未，1175，朱熹四十六岁）夏❹，其后又数经删补，故

❶ 四库本《近思录》卷首。
❷ 陈荣捷："朱子之近思录"，《朱学论集》（台北：台湾学生书局，1982），第123—126页。
❸ 杜海军："吕祖谦与《近思录》的编纂"（《中国哲学史》2003年第4期）；虞万里："吕祖谦与《近思录》"（《温州师范学院学报》2004年第1期）。
❹ 淳熙二年夏，朱、吕一起在寒泉精舍的时候只是就《近思录》的编辑达成了某些共识，并没有定稿，此后两年间，二人一直通信继续讨论编辑事宜，朱熹文集中收有《答吕伯恭四十一》（昨专人返）、《答吕伯恭四十八》（昨承远访）、《答吕伯恭四十九》（奉八月六日手教），皆商榷改定《近思录》，是其证。据朱熹《答吕伯恭四十二》（便中承书），淳熙三年（丙申，1776）冬，《近思录》刻板已成。关于《近思录》的成书过程，日本学者山崎道夫曾专门做过考证，参所著"《近思录》成立过程"，《东京学艺大学研究报告》十（1959），第27—39页。

传本颇有异同。❶

朱熹自己对《近思录》的定位是为初学者提供一个周、张、二程著作的入门读物。所谓入门读物，有两方面意义，其一是指在篇幅上它只是周、张、二程之书的很小一部分，其二是指在内容上它只是周、张、二程之学中最切近学者实践的部分，如题"近思"所示，是所谓"切问而近思"。具体说来，它包括以下内容："盖凡学者所以求端用力，处己治人之要，与所以夫辨异端，观圣贤之大略，皆粗见其梗概。"❷ "所以求端用力"是指工夫当从何处入手，"处己治人之要"是指如何在社会上立身，"所以夫辨异端，观圣贤之大略"是指了解何为儒家立场。

定稿后的《近思录》有十四卷、六百二十二条之多，如果每一条都要经过双方讨论才确定，那么，充其量，朱、吕在寒泉精舍相处的旬日只能完成其中一小部分，还有大量的工作要留到日后书信往复才能解决。为便于操作，势必有一方先要提出一个草案，供另一方发表意见，最后原起草者再将这些意见整合进去。从淳熙二年秋朱熹答吕祖谦的一封信来看，负责起草初稿的是吕祖谦，而朱熹则对这个初稿提出了很多意见，就此而言，《近思录》的编辑分工不是像有些学者所认为的那样，"朱为主，吕为宾"，而是相反，吕为主，朱为宾。其实，纠缠于形式上的主宾身份，没有太大意义，搞清朱熹和吕祖谦各自要对哪些提案负责才是重要的。

《四库提要》作者已经注意到，《晦庵集》中有乙未八月与祖谦、丙申与祖谦、戊戌与祖谦等书，都涉及对《近思录》的商榷改定。实际上，《文集》中相关书信共五通，其中，丙申（1176）年

---

❶ 《近思录》在当时的刻本及流传情况可参程水龙《近思录版本与传播研究》（上海古籍出版社，2008）第1章第1节"《近思录》的编纂及其当世的版本与传播"。

❷ 《近思录》朱序，《朱子全书》第十三册，第163页。

最多，有三书，乙未（1175）与戊戌（1178）年各一书，以下依次录出，逐一研究。

1. 乙未八月书

> 昨专人返，附府中一书，想比日秋凉，伏惟尊候万福。《近思录》近令抄作册子，亦自可观。但向时嫌其太高，去却数段（如太极及明道论性之类者），今看得似不可无。如以颜子论为首章，却非专论道体，自合入第二卷。（作第二段）又事亲居家直在第九卷，亦似太缓，今欲别作一卷，令在出处之前，乃得其序。卷中添却数段，草卷附呈，不知于尊意如何？第五伦事，《闻范》中亦不载，不记曾讲及否？不知去取之意如何？因来告谕及也。此书若欲行之，须更得老兄数字，附于目录之后，致丁宁之意为佳，千万勿吝也。……熹顿首再拜，八月十四日。（《答吕伯恭》四十一，《文集》卷三十三，《朱子全书》第二十一册，第 1460 页）

此书落款"八月十四"，其年，据陈来考证，当在乙未（1175）。❶从信的口气来看，朱熹的议论似乎面对吕祖谦提供的一个征求他意见的《近思录》稿本而发，在这封信里，朱熹明确却不失礼节地对吕祖谦的稿本提出了三条意见。对于这些意见，吕祖谦收到后又做何处置呢？虽然没有吕的回函供我们直接查考，但我们利用定本（亦即今之通行本）却不难推知。以下是三条意见及其落实情况。

---

❶ 陈来：《朱子书信编年考证（增订本）》（以下省称《考证》），生活·读书·新知三联书店，2007，第 136 页。

（1）关于第一卷所收"颜子论"条

"颜子论"即程颐的名作"颜子所好何学论"，吕祖谦似乎打算将它作为第一卷"道体"的首章。朱熹则提出，这一条不是专论道体的，应该放在第二卷。从今本来看，朱熹的这个意见已被采纳，颜子论在卷二第二条。

（2）关于第九卷所收事亲居家数条

朱熹认为，事亲居家这部分内容放在第九卷，其位置未免太靠后，不能反映它应得的重视程度，他建议单做一卷，其位置提到出处之前。从今本来看，朱熹的这个意见也得到贯彻，卷六即齐家之道，卷九为制度。这个情况似乎清楚不过地显示，《近思录》定本是朱、吕反复协商的结果，因为在吕祖谦最初的规划中并没有齐家之道这样一卷，这一卷（即今本卷六）是应朱熹提议后加的。另外，卷九的名称（制度）可能也是后来相应做的调整。

（3）关于卷中增加数段

朱熹还建议增补一些内容，附在信后，请吕祖谦考虑。朱熹增补的这"数段"文字究竟是什么，因原书附件缺载，其详已不可考。不过，从前面两条所得到的处理，我们有理由推测，这个意见应当也被定本所采。这样说来，定本在篇幅上要比吕祖谦当初的稿本多出很大一块。

2. 丙申四月书

> 昨承远访，幸数日款，诲论开警良多。别忽五六日，虽在道途，不忘向仰。乍晴渐热，伏惟尊候万福。熹十二日早达婺源，乍到，一番人事冗扰，所不能免。更一两日，遍走山间坟墓，归亦不能久留也。……《近思录》道中读之，尚多

脱误，已改正送叔度❶处。……前日过拜石门墓下，甚使人凄怆也。因便拜状，草草。正远，惟为道自重为祷。（《答吕伯恭》四十八，《文集》卷三十三，《朱子全书》第二十一册，第1466—1467页）

此书未署年月，据陈来考证，当在丙申（1176）四月。❷从信中可知，朱熹在回婺源省亲途中也仍然在校读《近思录》稿本，发现脱误，随时记录传给负责刻板的潘景宪（叔度）。具体脱误何处，今已不可得知。

3. 丙申九月书

奉八月六日手教，开警良深。信来愈月，秋霖为冷，不审尊候复何如？伏惟德业有相，起处多福。熹前月至昭武，见端明黄丈，旬日而归，幸粗遣日，无足言者。……《近思》数段，已补入逐篇之末，今以上呈。恐有未安，却望见教。所欲移入第六卷者，可否，亦望早垂谕也。丧礼两条承疏示，幸甚。或更有所考按，因便更望批报也。偶有便人，夜作此附之，未及究所欲言。临风惘惘。……叔度向欲刻《近思》板，昨汝昭书来，云复中辍，何也？此人行速，亦未及作书。此事试烦商

---

❶ 叔度即潘景宪（1134—1190）。《宋元学案》卷七十三"丽泽诸儒学案"有传：潘景宪，字叔度，金华人。九岁以童子贡京师。后入太学，益自刻厉，学官汪玉山、芮国器、王梅溪皆推重焉。隆兴元年进士，请为南岳祠官。秩满，力请太平教授。远次以归，始为浮屠说。既而学于吕祖谦，与祖谦同年而齿长，闻其论说行身探道之意，慨然感悟，遂弃所学学焉。父丧服除，不复仕，日游吕氏之门，诵诗读书，旁贯史氏，尤尽心于程《易》。朱熹子塾，其婿也。又，其弟景愈，字叔昌，尝为太学解魁，年三十余，甚有志趣，吕祖谦称其有意务实。潘家富藏书，为朱熹、吕祖谦刻书甚多，《近思录》即其一也。

❷ 《考证》，第145页。

订，恐亦有益而无损也。未承教中，正惟以道自重为祷。（"答吕伯恭"四十九，《文集》卷三十三，《朱子全书》第二十一册，第1468—1469页）

此书未署年月，据陈来考证，写于丙申九月。[1]从信上看，朱熹又为《近思录》增添了一些条目，附在每卷之末，其详如何，囿于材料，今已不可得知，不过，可以确知的是，第六卷新增了一些条目。朱熹将这些增补文字传给吕祖谦，征询后者意见。这封信还谈到《近思录》刻板中辍之事，朱熹为之甚感忧虑。

4. 丙申冬书

便中承书，良慰瞻仰。比日冬温异常，伏惟尊候万福。……会稽之行，计已不多日也。……《近思》刻板甚善，曲折已报叔度矣。垂谕昏义，此极不忘。……近复一到武夷，留近旬月，乃知昔之未始游也。摩挲旧题，俯仰陈迹，而叔京遂为古人，重以伤叹耳。……相望千里，未有承教之日，临风不胜黯然。顾言为道自重，副此祷恳。（"答吕伯恭"四十二，《文集》卷三十三，《朱子全书》第二十一册，第1461—1462页）

此书未署年月，从信上看，其时冬日，其年据陈来考证，当在乙未，又疑为丙申。[2]而从"《近思录》刻板甚善"这句话来看，此信不会晚于丙申九月书，盖丙申九月书中有"叔度向欲刻《近思》板，昨汝昭书来，云复中辍"之说。以此可断，此书写于丙申之冬。

---

[1]《考证》，第145页。
[2]《考证》，第137页。

5. 戊戌夏书

> 钦夫寄得所刻《近思录》来，却欲添入说举业数段，已写付之。但不知渠已去，彼能了此书否耳。（"答吕伯恭"五十六〔"久不闻问"〕，《文集》卷三十四，《朱子全书》第二十一册，第1476页）

此书未署年月，据陈来考证，写于戊戌（1178）之夏。[1]信中有两点值得注意。其一，朱熹提到，他收到张栻（钦夫）所刻《近思录》本，这个情况说明，《近思录》在当时不只潘景宪一个刻本，另有张栻刻本。其二，张栻不仅刊刻《近思录》，而且加入到《近思录》的编纂工作中来，他提议添入说举业数段。由此可知，朱熹与吕祖谦商订的《近思录》稿本本来没有说举业数段。朱熹最终采纳了张栻的建议。这个情节，从朱熹同一时期给张栻的信中可以得到印证。

> 《近思》举业三段及横渠语一段并录呈，幸付彼中旧官属正之。或更得数字说破增添之意尤佳。盖闻、浙本流行已广，恐见者疑其不同。兼又可见长者留意此书之意，尤学者之幸也。（"答张敬夫"三十三〔"诸谕一一具悉"〕，《文集》卷三十二，《朱子全书》第二十一册，第1391页）

此书据陈来考证，写于丁酉（1177）。[2]信中所说的"《近思》

---

[1]《考证》，第159页。
[2]《考证》，第153页。

举业三段"，陈荣捷疑即今本卷七"出处"第三十三条"伊川先生曰：人多说某不教人习举业"以下三条。❶如果这个推测无误，那么，朱熹的修改意见已经吸收到今本之中。又，信中提及"闽本、浙本流行已广"，这又一次证实，《近思录》在当时已有多个刻本。潘景宪所刻当即所谓浙本，不知其所谓闽本为何人所刻。

综上所述，无论是《近思录》的稿本阶段，还是之后的多次刻本阶段，朱熹都没有停止对《近思录》的修订增补，而其意见大体都得到落实。易言之，今天我们看到的这个通行本应该是一个经过多次修改的版本，至少，到戊戌（淳熙五年，1178），《近思录》还没有形成终版。究竟是何时形成今天所见到的这个传世本面貌，文献不足，我们已无法究知。上引《语类》吴振所记条（即有关《近思录》纲目者）在卷次上已与今本无异，从时间上看，此条语录不会早于淳熙十八年（1191）❷，其时上距朱、吕序《近思录》之日（淳熙三年，1176）已十有五载。可以想见，在这十五年里，朱、吕就《近思录》的编辑问题又多次交换过意见，其书迭经修改增益，最后才形成与今本大致相当的面貌。❸

朱熹对《近思录》的不满，并不止于稿本阶段，即使对于后来的定本，他仍有很多不同意见，这些意见散见于《文集》《语类》，斑斑可考。这个情况从反面说明，吕祖谦对朱熹的意见并不总是言

---

❶ 见所著《近思录详注集评》，第 379 页。

❷ 此条语录为吴振所记。吴振字子奇，鄞县人，淳熙十四年（1187）进士，尝记饶州刻语后录卷十七，所录共百余条。吴振师事朱熹，是在淳熙十八年（辛亥，1191）后。（此据陈荣捷考证，见所著《朱子门人》，台北：台湾学生书局，1982，第 96 页）故知此条记录时间最早不超过淳熙十八年。

❸ 关于《近思录》的成书过程，日本学者山崎道夫曾专门做过专证，参所撰"近思录成立过程"，《东京学艺大学研究报告》第 10 辑（1959），第 27—39 页。《近思录》在当时的刻本及流传情况可参看水龙：《近思录版本与传播研究》（上海古籍出版社，2008）第 1 章第 1 节"《近思录》的编纂及其当世的版本与传播"。

听计从。换言之，在《近思录》的编辑上，并不是都由朱熹说了算。面对朱熹提出的修改建议，吕祖谦维持自己原案的也不在少数，否则，朱熹也就不会有那么多遗憾甚至不满了。因此，事情并不像某些学者所想的那样，《近思录》只反映朱熹一个人的意志，而吕祖谦在其中的作用可以忽略不计。而毋宁是：吕祖谦不仅发挥了他的影响，而且在某种程度上甚至充当了主导。

《近思录》之编讫，诚然是朱、吕两人道谊的一大见证，对于后学参究新儒学义理之详更是一大功德。然而，在朱熹这里，也留下了诸多遗憾。在不同场合，朱熹表达了他的遗憾甚至不满之情。这些遗憾以及不满，具体说，分为两种情形：（一）朱熹认为不当收的却收了；（二）朱熹认为当收的却没有收。朱熹不是没有跟吕祖谦据理力争，但最后因为各种原因，吕祖谦还是没有采纳。有的，朱熹后来也慢慢释然，但更多的，朱熹一直耿耿于怀。以下，我们就具体来看，《近思录》定稿后朱熹究竟还有哪些未了之情。

1. 不当收而收者

属于这类情况的有三种，一是《伊川易传》，二是首卷"道体"，三是卷九"介甫言律"条。

（1）关于《伊川易传》

《近思录》采《伊川易传》达一百零六条之多，居全书之冠。或者以为，此见朱熹对程颐之重视。然而，这个创意实际出自吕祖谦，而朱熹却并不赞成。

> 因论《近思录》，曰："不当编《易传》所载。"问如何，曰："公须自见。"意谓《易传》已自成书。（文蔚）（《语类》卷一百五，论《近思录》之第十一条，第2630页）

何以朱熹不同意编入程颐《易传》，在这个对话里，朱熹并没有正面回答，"意谓《易传》已自成书"，是记录者推测之辞。我们认为，这个解释似乎未尽朱熹之实。诚然，程颐《易传》是现成之书，但这却不足以成为朱熹认为不当将其编入的理由，因为，《近思录》编入的周、张、二程著作，很少不是已自成书者。那么，真正的原因是什么？只能从思想上去寻找。如果了解朱熹与程颐在易学上的异趣，答案也就昭然若揭。

虽然在哲学理论上，尤其是经由《大学》发挥出来的格物穷理的理解方面，朱熹对程颐推崇有加，承之唯恐不及，但在易学上，他们却判然两途：程重义理，朱重象数。比较而言，程是哲学家的讲法，故每就事而好发深远之理；朱是史学家的讲法，故强调从卦画亦即象数入手，就事论事，不做推衍。本来，易学就有多种讲法，见仁见智，义理与象数两派，各有擅场，不分高下。程颐《易传》既以义理见长，自不必求其象数亦备。然而，由于朱熹倾向于以象数解易为是，故对程颐《易传》评价不高，直谓："《易传》言理甚备，象数却欠在。"（《语类》卷九十五，第 1652 页）又屡称其书难读："《易传》是豫先说下未曾有底，故乍看甚难。"（同上，第 1650 页）"（《易传》）卒乍里面无提起处，看者无个贯穿处。"（《语类》卷一百十七，第 2814 页）他不推荐程《传》，编《近思录》不愿编入此书，自是理之常情。

有意思的是，日后朱熹曾以检讨的口气述及自己当初对吕祖谦在《近思录》选入程《传》某条的反对，大有与吕祖谦早异晚同之意。

陈芝拜辞，先生赠以《近思录》，曰："公事母，可检'榦母之蛊'❶看，便自见得那道理。"因言："《易传》自是成书，伯恭都撼来作《闺范》❷，今亦载《近思录》。❸某本不喜他如此。然细点检来，段段皆是日用切近工夫而不可阙者，于学者甚有益。"（友仁）（《语类》卷一百一十九"训门人七"，第2874—2875页）

德粹问陈君举福州事，曰："如此，只是过当。作一添倅，而一州之事皆欲为之。❹益之初九曰：'利用为大作，元吉，无咎。'象曰：'下不厚事也。'初九欲为九四作事，在下本不当处厚事。以为上之所任，故为之而致元吉，乃为。又不然，不惟己不安，而亦累于上。[璘录云："初九上为四所任，而作大事，必尽善而后无咎。若所作不尽善，未免有咎也。故孔子

---

❶ 此指《近思录》卷六第三条："干母之蛊不可贞。子之于母，当以柔巽辅导之，使得于义。不顺而致败蛊，则子之罪也。从容将顺，岂无道乎？若伸己刚阳之道，遽然矫拂，则伤恩，所害大矣，亦安能入乎？在乎屈己下意，巽顺相承，使之身正事治而已。刚阳之臣，事柔弱之君，义亦相近。"

❷ 据《文献通考》卷二百十"经籍考三十七"：《闺范》十卷，吕祖谦撰。集经史子传，发明人伦之道，见于父子、兄弟之懿者为一篇。时教授严州，张南轩守郡，为之序。

❸ 《近思录》卷六"齐家之道"（叶采集解题为"家道"）凡二十二条，选程颐《易传》有六条，分别是第三、四、五、六、七、八条。

❹ 陈傅良（字君举，号止斋）于淳熙五年（戊戌，1178）由太学录外放，添差通判福州。时梁克家（1128—1187，字叔子，福建泉州人，绍兴三十年状元，乾道六年任参知政事，八年任右丞相兼枢密使，不久被罢）起知福州兼福建路安抚使，得陈傅良甚喜，以政委之，陈傅良"为之画。凡一路若郡所当兴废及讼狱之曲直，一裁以义，无所回屈"（《行状》）。淳熙七年（1180），右正言黄洽以专擅劾之，卒罢。（参见［清］孙锵鸣原著，周梦江校点：《陈文节（傅良）公年谱》，政协瑞安市文史资料委员会编印，1997，第21页）按：通判一职，在宋代是作为知州的副手，北宋哲宗朝，"通判掌倅贰郡政，凡兵民、钱谷、户口、赋役、狱讼听断之事，可否裁决，与守臣通签书施行"（《宋会要辑稿》职官47，第3423页）。南宋宁宗朝，有人奏请罢除通判，宁宗不肯："郡有倅贰，正如诸军统制之有副也，互相纠察，岂容省去。"（《宋会要辑稿》职官47，第3442页）作为"倅贰"的陈傅良，因为得到知州梁克家的信任而统管一州事务，在人眼里未免有"越权"之嫌，实际上，他最后就是被"专擅"之名劾去的。所以，朱熹评论他："如此，只是过当：作一添倅，而一州之事皆欲为之。"

释之曰：'下不厚事也。'盖在下之人不当重事。若在下之人为在上之人作事，未能尽善，自应有咎。"〕向编《近思录》，说与伯恭：'此一段非常有，不必入。'伯恭云，'非常有则有时而有，岂不可书以为戒？'及后思之，果然。"（可学。璘录少异）(《语类》卷一百二十三"陈君举"，第2965页）

从一开始的不解与反对到后来的信服乃至运用，朱熹对程颐《易传》的态度转变于此可见。耐人寻味的是，朱熹对自己在这件事上的"后知后觉"不以为讳，相反还每每提及，从而，这段经历成了他"现身说法"的依据。无论是在家应当如何侍奉母亲，还是出仕应当如何得体地行事，朱熹认为，都可以从程颐《易传》获得教益。这实际上是把程《传》当作一部生活百科。

（2）关于首卷"道体"

此卷多涉性命理气，不近日用常行。在朱熹看来，与《近思录》之宗旨"切问而近思"甚为不类。本欲削之，后经再思，又觉存之有理：

> 《近思录》近令抄作册子，亦自可观。但向时嫌其太高，去却数段（如太极、明道论性之类者）❶，今看得似不可无。("答吕伯恭第四十一书"，《文集》卷三十三，《朱子全书》第二十一册，第1460页）

正为此卷以东莱之意而设，所以朱熹在这封信的后面才对东莱提出了这样一个请求："此书若欲行之，须更得老兄数字，附于目

---

❶ 当指《近思录》卷一道体第一"无极而太极"与第二十一"生之谓性"等条。

录之后，致丁宁之意为佳，千万勿吝也。"（同上）而东莱亦不负所托，在序中对编选首卷之意做了如下说明：

> 《近思录》既成，或疑首卷阴阳变化性命之说，大抵非始学者之事。祖谦窃尝与闻次辑之意：后出晚进，于义理之本原虽未容骤语，苟茫然不识其梗概，则亦何所底止？列之篇端，特使之知其名义，有所向往而已。（"《近思录》吕序"，《朱子全书》第十三册，第165页）

从朱、吕各自的学术著作来看，前者对阴阳变化之说的讨论大大超过后者，研究朱熹哲学，自然无法绕过其理气、太极诸说。另一方面，正是朱熹的大力推广，周敦颐的著作才为更多的人了解与重视。然而，令人困惑的是，将周敦颐有关太极的论述放在《近思录》首卷，这个做法不仅不是朱熹的主意，相反，他还表示过反对。其实，这一点并不难解释。朱熹之所以如此，乃是因为他对《近思录》一书的定位是一本入门读物，而像太极、理气这些内容对初学者来说显然有太深之嫌。这一点也提醒我们，《近思录》的编纂固然是朱熹主动，但基于他对这本书的功能考虑，一开始他并没有打算将个人的学术兴趣贯彻其中。可是，由于吕祖谦的坚持，最后的结果是这部分内容得以保留，从而客观上与朱熹本人有关阴阳性命的学术兴趣构成某种对应关系。在一定程度上，也使得《近思录》这本书越出朱熹最初的设想，成了一本比较全面的新儒学读本。

在这一点上，前贤时杰所论常有未得其情之处，如陈荣捷认为，《近思录》之编排与内容，均以朱熹本人之哲学与其道统观念为根据。全书以周子《太极图说》为首，盖由太极而阴阳而五行以至于万物化生与圣人之立人极，为朱熹哲学之轮廓，亦成为数百年后新儒学一贯之的哲学轮廓。又称，二程发展了形而上和形而下的思想，但他们并未搞清其中关系，朱熹避开了这两个领域的分裂，提出了太极的学说。这就是他抬出周敦颐的《太极图说》并把它列为道学之首的原因所在。❶

由太极而阴阳五行以至于万物化生与圣人之立人极，是否为朱熹哲学之轮廓，暂且不论，这里我们首先需要明确的是，将周子此语列为《近思录》之首是否为朱熹授意。如果不是，那么，据此而发的议论对朱熹而言就只能是一种不虞之誉了。

（3）关于"介甫言律"条

《近思录》全书论及法律者只有程颐论王安石言"律是八分书"一条，这一条见收，也是以吕祖谦主张。

> 问："'介甫言律'一条，何意也？"曰："伯恭以凡事皆具，惟律不说，偶有此条，遂谩载之。"（陈淳录）（《语类》卷九十六，第 2474 页）

按："介甫言律"一条系指《程氏外书》卷十第三十五条："介甫言律是八分书，是他见得。又有学律者言今之人析言破律。正叔谓，律便是此律否？但恐非也。学者以传世已来未之或能改也。惟近年改了一字。旧言指斥乘舆言理恶者死，今改曰情理，亦非也。今有人极一场凶恶，无礼于上，犹不当死，须是反逆得死也邪？"❷
《近思录》卷九"制度"第二十条对此作了节录："介甫言'律是八

---

❶ "论朱熹与程颐之不同"，《新儒学论集》，第 78 页。
❷ 《二程集》，第 406 页。

分书',是他见得。"

陈淳似乎不明白《近思录》为什么要收这一条,朱熹回答说,那是因为吕祖谦看到《近思录》包罗万象,唯独没有法律方面的内容,因此添入,聊胜于无。

朱熹并没有用正面解释程颐这条语录的含义。王安石原话是什么意思?程颐对它的评论究竟是褒是贬?孤立地看这段文字,很难了解。

经过进一步查考,笔者发现,朱熹这条语录下还有两条,亦涉及"律是八分书":"'律是八分书',言八分方是。"(李公晦录)"'律是八分书',是欠些教化在。"(吴必大录)又,朱熹与邓绚(邓卫老)书论"律是八分书"更详。邓绚在信上说:"'介甫言律是八分书',绚谓八分者,岂王氏谓其身肯犹未及十分也?"朱熹答曰:"律所以明法禁非,亦有助于教化,但于根本上少有欠阙耳。八分是其所长处,二分是其所阙,此言是他见得者。盖许之之词,非讥之也。"❶

至此,问题已非常清楚。按朱熹解释,王安石原话的意思是说律虽有所是但在根本上不无少欠,对王氏此见,程颐表示肯定。可以看到,朱熹在《答邓卫老第一书》中所表达的意思,《语类》当中,吴必大与李公晦各记了一半,合起来才完整。

叶采在为《近思录》这一条做注时即引用了朱熹答邓绚之语。可是,日本学者佐藤一斋却提出叶注与原文意思相反:"八分书体混篆隶,言篆二分,隶八分也。荆公以律为八分书,言谓今法十分之八,古法仅存二分。盖谤其与古法相远也。愚案,意

---

❶ "答邓卫老第一书",《文集》卷五十八,《朱子全书》第二十三册,第2796页。

与注文反。"●

佐藤之说未知何本。王安石说律是八分书究竟是从其中保留多少古法成分的意义上来讲的，还是像朱熹所理解的那样，是从整体评价法律的作用，文献不足，无法做出判定。不过，如果说叶注有误，那也是朱熹误解在前，因为叶采只不过是照搬了朱熹的话而已。

2. 当收却未收者

属于这类情况的有四种，一是邵雍所有语录，二是二程某些语录，三是张载某些语录，四是涉及举业的几条。

（1）有关邵雍语录

朱熹晚年对《近思录》未收康节语，意终难平：

> 康节煞有好说话，《近思录》不曾取入。近看《文鉴》编康节诗，不知怎生"天向一中分造化，人于心上起经纶"底诗（引者案：语出《伊川击壤集》卷十五，观易吟，页一上）却不编入。（《语类》卷一百，第 2553 页）

此黄义刚癸丑（1193）以后所闻，时朱熹六十四岁，上距《近思录》成书已十有八年。虽然这一条语录也可以解释为朱熹晚年于康节之学转多肯定，但即便如此，也不妨说，此条反映朱熹对《近思录》未收康节语一事的遗憾或惋惜。

（2）有关二程语录

四子中，二程语录采之最多，然在朱熹看来，亦有当收而未收者。

● 《栏外书》卷九"介甫言律"条，转引自陈荣捷《近思录详注集评》，第 431 页。

《遗书》《晁氏客语》卷中，张思叔（引者案：张绎）记程先生语云，"思欲格物，则固已近道"一段甚好，当收入《近思录》。(《语类》卷十八，第405页）

查《遗书》卷二十一上、下张绎所录，不见有此语，《外书》卷十二晁氏客语中亦无，疑为二程佚文。

因举《东见录》中明道曰"学者须先识仁。仁者，浑然与物同体，义礼智信皆仁也"云云，极好，当添入《近思录》中。(《语类》卷九十五，第2447页）

此条明道语见《遗书》卷二上 ❶。

以上两条朱熹语录，据陈荣捷考证，为沈僴戊午（1198）以后所闻，则朱熹六十九岁以后之语。中日注《近思录》家中，只陈沆《近思录补注》述之。❷

问："程子说性一条云：学者须要识得仁体，若知见得，便须立诚敬以存之。❸是如何？"曰："公看此段要紧是那句？"曰："是'诚敬'二字上。"曰："便是公不会看文字。它说要识仁，要知见得，方说到诚敬。末云：'吾之心即天地之心。吾之理即万物之理。一日之运，即一岁之运。'这几句

---

❶ 《二程集》，第16页。

❷ 见所著"论《近思录》"，《朱子新探索》，第395页。

❸ 这是对程颢"识仁篇"开头一段话的转述，原文为："学者须先识仁。仁者，浑然与物同体，义礼智信皆仁也。识得此理，以诚敬存之而已，不须防检，不须穷索。"（《遗书》卷二上，《二程集》，第16—17页）

说得甚好。人也会解，只是未必实见得。向编《近思录》，欲收此段。伯恭以为怕人晓不得，错认了。"（《语类》卷九十七，第 2483—2484 页）

二程论性这段文字见《遗书》卷二上 ❶，朱熹转述与原文小异，其中，"吾之心"，原文为"一人之心"；"吾之理"，原文为"一物之理"。

（3）有关张载语录

至于张载语录，是否也存在该收而未收的情况，朱熹没说，但对《近思录》所收之一者，朱熹提出，收得不全。

> 问"一故神"。曰："横渠说得极好，须当子细看。但《近思录》所载与本书不同。当时缘伯恭不肯全载，故后来不曾与他添得。'一故神'，横渠亲注云，'两在故不测'。只是这一物，却周行乎事物之间。如所谓阴阳、屈伸、往来、上下，以至于行乎什百千万之中，无非这一个物事，所以谓'两在故不测'。'两故化'，注云：'推行乎一。'凡天下之事，一不能化，惟两而后能化。且如一阴一阳，始能化生万物。虽是两个，要之亦是推行乎此一尔。此说得极精，须当与他子细看。"（《语类》卷九十八，第 2511—2512 页）

"一故神"一语在《张载集》中凡两见，一见《正蒙·参两篇第二》："一物两体，气也；一故神（两在故不测）。两故化（推行

---

❶《二程集》，第 13 页。

于一）。此天之所以参也。"❶一见《横渠易说·系辞上》："一故神。
譬之人身，四体皆一物，故触之而无不觉。不待心使至此而后觉
也。此所谓'感而遂通'，'不行而至，不疾而速'也。"❷《近思录》
卷一道体第四十九条所载为后者。而从"《近思录》所载与本书不
同"这句话来看，朱熹本拟采入前者。

（4）关于说举业数段

今本《近思录》收录了三条有关科举的议论（卷七第三十三、
三十四、三十五条），这些条目当初并没有，是后来才加进去的。
朱熹的书信披露了这一事实。

> 钦夫寄得所刻《近思录》来，却欲添入说举业数段，已写
> 付之。但不知渠已去，彼能了此书否耳。（"答吕伯恭"五十六，
> 《文集》卷三十四，《朱子全书》第二十一册，第 1476 页）

说举业数段，《近思录》初稿中并没有，是张栻刻成初版后建
议补上的。朱熹接受了张栻的建议。这条材料也可以说明，《近思
录》并不是朱熹与吕祖谦两个人草草编定的急就章，而是广泛征求
了他们所在的新儒家共同体的意见而后定本的，在一定程度上可以
反映新儒家共同体的重叠共识。

从朱熹另一封信来看，吕祖谦曾经抵制朱熹要收入批评科举的
议论的做法：

> 向编《近思录》，欲入数段说科举坏人心术处，而伯恭不

---

❶《张载集》，中华书局，1978，第 10 页。

❷《张载集》，第 200 页。

肯。今日乃知此个病根，从彼时便已栽种培养得在心田里了，令人痛恨也。（"答时子云"，《文集》卷五十四，《朱子全书》第二十三册，第1569页）

朱熹本想收入"数段说科举坏人心术处"，而吕祖谦不同意，可能吕祖谦是担心《近思录》收入激烈的反科举言论会引起社会对新儒家的反感。从最后的结果来看，双方都做了妥协，今本《近思录》收录了有关科举的议论，但基本是正面的意见。

朱、吕二人学问路数本自不同，故在编辑过程中，对很多问题往往意见不一，比如，当设哪些门类，立多少卷，选哪些人，入选的这些人整体比例如何分配，每个被选者该选他哪些文字，等等，时有分歧。在朱熹看来，吕祖谦的学问是从史上得力，其教人也只是看史，对经（尤其是《四书》）却明显重视不够；❶朱熹认为，吕祖谦这种史学进路导致他在处理有关经典义理问题时不够仔细，失之于粗。❷吕

————————

❶ 如说："伯恭更不教人读《论语》。"（方子）（《语类》卷第一百二十二，论吕祖谦之第五条）"问东莱之学。曰：'伯恭于史分外子细，于经却不甚理会。有人问他"忠恕"，杨氏、侯氏之说孰是？他却说："公如何恁地不会看文字？这个都好。"不知是如何看来。他要说为人谋而不尽心为忠，伤人害物为恕，恁地时他方说不是。'义刚曰：'他也是相承那江浙间一种史学，故恁地。'曰：'史甚么学？只是见得浅。'"（义刚）（《语类》卷第一百二十二，论吕祖谦之第十三条，第2951页）"先生问：'向见伯恭，有何说？'曰：'吕丈劝令看史。'曰：'他此意便是不可晓。某寻常非特不敢劝学者看史，亦不敢劝学者看经。只《语》、《孟》亦不敢便教他看，且令看《大学》。伯恭动劝人看《左传》、迁《史》，令子约诸人抬得司马迁不知大小，恰比孔子相似！'"（必大）（《语类》卷第一百二十二，论吕祖谦之第十四条，第2951页）

❷ "东莱聪明，看文理却不子细。向尝与较程《易》，到噬嗑卦'和而且治'［一本'治'作'洽'］，据'治'字于理为是，他硬执要做'洽'字。'和'已有洽意，更下'洽'字不得。缘他先读史多［淳录作'读史来多而'］，所以看粗著眼。读书须是以经为本，而后读史。"（义刚。淳同）（《语类》卷第一百二十二，论吕祖谦之第九条，第2950页）

祖谦个人曾独立编过很多资料，他的编辑方针与眼光，朱熹并不表示佩服。比如，吕曾编《文鉴》，朱熹对他的去取就不无微词。❶当然，换个角度，也可以说，朱熹未免自视太高，自信太过。无论如何，谈性理之学，朱熹没有将吕祖谦放在眼里。所以，可想而知，虽然两人都有共襄此事的愿望和热情，但真正做起来，需要磨合的地方也不少。总的来说，合作是在双方既坚持各自原则同时又相互妥协的气氛中进行的。

总之，《近思录》的成书是"合力"的结果。至于其中何者由朱负责，何者由吕负责，需要仔细分疏。从本文的考证来看，朱熹对《近思录》传世面貌所负的责任并没有传统所认为的那样大。如果说《近思录》为后世奠定了新儒学义理体系的基本构架，那么，需要明确的是，这个构架不是朱熹个人哲学的投射，而是凝聚了朱熹所在新儒家共同体（其中包括吕祖谦、张栻等人）的共识，从而具有一种新儒学义理范本的意味。

三　定位

关于《近思录》的地位，从前被抬得很高，晚近又颇受争议，究竟应该如何看待才得其情？下面，我们将通过两个相关问题的讨论，以求对《近思录》的史料价值做出恰如其分的评价，为其准确

---

❶ "先生（引者按：朱熹）方读《文鉴》，而学者至。坐定，语学者曰：'伯恭《文鉴》去取之文，若某平时看不熟者，也不敢断他。有数般皆某熟读底，今拣得也无巴鼻。如诗，好底都不在上面，却载那衰飒底。把作好句法，又无好句法；把作好意思，又无好意思；把作劝戒，又无劝戒。'林择之云：'他平生不作始。'曰：'此等有甚难见处？'"（义刚）[淳录云："伯恭《文鉴》去取，未足为定论。"]（《语类》卷第一百二十二，论吕祖谦之第二十五条，第 2954 页）

定位。第一个问题是《近思录》与《四书》的关系，第二个问题是《近思录》与《诸儒鸣道集》的关系。

1.《近思录》与《四书》

本来，朱熹在《近思录》"题词"中写得明明白白，编这部书的缘起是："淳熙乙未之夏，东莱吕伯恭来自东阳，过予寒泉精舍，留止旬日。相与读周子、程子、张子之书，叹其广大闳博，若无津涯，而惧夫初学者不知所入也。因共掇取其关于大体而切于日用者，以为此编"❶，也就是说，他们从自身读周、张、二程之书的甘苦，将心比心，为方便初学者而编此书，故此书的作用在于帮助学者入门。朱熹希望，入门之后，学者自己再去找原著进一步钻研："以为穷乡晚进有志于学，而无明师良友以先后之者，诚得此而玩心焉，亦足以得其门而入矣。如此然后求诸四君子之全书，沉潜反复，优柔厌饫，以至其博而反诸约焉，则其宗庙之美，百官之富，庶乎其有以尽得之。"四君子之全书，也就是周、张、二程之书。简言之，《近思录》是作为周、张、二程四子之书的入门读物而编的，这里丝毫没有提及它与《四书》有什么关系。

然而，因为《语类》卷一百五有这样一条材料："《近思录》好看。四子，六经之阶梯。《近思录》，四子之阶梯。"（第 2629 页）很多人认为，这里所说的"四子"就是《四书》。❷这样一来，《近

---

❶ 《近思录》朱序，《朱子全书》第十三册，第 163 页。

❷ 持此观点者不在少数，包括研究《近思录》的专家陈荣捷，他在"论《近思录》"的文章里将"四子"直接解作《四书》（详其《朱子新探索》，第 190 页）。他还基于这理解将《近思录》拔到准经典、亚经典的高度。直到晚近，德国学者苏费翔（Christian Soffel）依然在为"《四书》"说辩护。然而，细看苏氏对"北宋四子说"的反驳，实经不起推敲。苏氏之说如下：推想朱熹曾云"《近思录》四子之阶梯"，自己以"四子"为"北宋四子"，陈淳却有误会，谓《近思录》乃《四书》

思录》就与《四书》搭上了关系。

那么，《近思录》真是《四书》的阶梯吗？如果不是，"《近思录》，四子之阶梯"究竟该怎样理解？前一个问题涉及朱熹教学之序的问题，后一个问题涉及这条语录的真实性以及确切含义问题。我们先从后一个问题说起。事实上，黄榦早就对"《近思录》，四子之阶梯"这条语录的真实性表示过怀疑。

> 真丈（引者案：真德秀）所刊《近思》《小学》皆已得之，《后语》亦得拜读。"先《近思》而后四子"，却不见朱先生有此语。陈安卿所谓"《近思》，四子之阶梯"，亦不知何所据而

（接上页）之阶梯，这样就产生跟李方子与黄榦的争论。但是这个说法也可以否定：首先，陈淳不但在他的文中引用"《近思录》《四子》之阶梯"一句话，且很详细地说明朱熹有先读《近思录》再读《四书》的想法。陈淳为朱熹最认真的学生之一，必是曾听到朱熹有关正确读书法的教训。而且，更为重要的是，黄榦在反驳陈淳之说时，亦是把"四子"两字的意义解为《四书》；如果朱熹本身以"四子"视为"北宋四儒"，黄榦就应该纠正陈淳的误解才对。黄榦却也是很自然地视"四子"为《四书》。因此这个推想应该不符合事实。（"《近思录》《四子》之阶梯——陈淳与黄榦争论读书次序"，收入《哲学与时代：朱子学国际学术研讨会论文集》，第509页）按：在逻辑上，从"黄榦在反驳陈淳之说时，亦是把'四子'两字的意义解为《四书》"这一点得不出结论：黄榦同意《近思录》是《四书》阶梯。事实上，黄榦恰恰是否定《近思录》是《四书》阶梯这个命题的。其实，黄榦是归用谬法来反驳陈淳，他是先假设"四子"就是陈淳所理解的《四书》，然后论证说，这不符合朱熹一贯的看法，所以，即便朱熹说了那样的话，"四子"也不能理解为《四书》，当然，黄榦是倾向于认为，朱熹没有说过那样的话。既然"四子"不能理解为《四书》，一个比较合理的解释就是："四子"是指"北宋四子"。而且，正如苏氏自己在文中已经发现的，陈淳自己最后也同意：不需要把《近思录》当作《四书》之阶梯。（苏氏说：陈淳最后承认，既然朱熹已经出了《四书章句集注》，一般学士再不需要把《近思录》当作《四书》之阶梯了。参见前揭文，第508页）"不需要把《近思录》当作《四书》之阶梯"，这意味着什么？难道不等于说：朱熹当年跟陈淳说的"《近思录》，四子之阶梯"，就不应该理解为"《近思录》是《四书》之阶梯"？对"四子"做《四书》那样一种理解，根本上就是陈淳自己的误解。陈淳在很多年后才醒悟到朱熹根本没有要把《近思录》作为《四书》阶梯的意思。悲哀的是，直到今天，还有人沉溺在陈淳当初的错误里而不能自拔。

云。朱先生以《大学》为先者，特以为学之法，其条目纲领莫如此书耳。若《近思》，则无所不载，不应在《大学》之先。（黄榦："复李公晦❶书"，《勉斋集》卷八，页十七下至十八上）

自少师事朱熹的黄榦表示，自己从来没见到朱熹说过"先《近思》而后四子"这样的话。至于陈淳所记《语类》卷一百五那句话"《近思》，四子之阶梯"，他认为也十分可疑，因为它不合朱熹一贯对《大学》的推崇。换言之，黄榦是认为朱熹不太可能说出《近思录》是《四书》阶梯这样的话。虽然没有明说，但黄榦的意思很明显，他是在暗示陈淳有误记之嫌。

误记当然不是没有可能，但黄榦并没有提供足够有力的证据，按照"无罪推定"的原则，我们一开始还必须假定陈淳所记无误。而对陈淳其人及其记录此条情境的考察，使我们不得不得出如下结论：误记（至少故意误记）的可能性很小。

按，陈淳在淳熙十七年（1190）、己未（1199）曾两次师事朱熹，《语类》所记这条材料应当是他这段时间所闻。另一方面，《近思录》对陈淳个人的学问道路有特别的意义，《宋史》本传说他"少习举子业，林宗臣（乾道1165—1172进士）见而奇之，且曰'此非圣贤事业也'。因授以《近思录》。淳退而读之，遂尽弃其业焉"（《宋史》卷四三〇，第12788页）。据此可知，陈淳之学是从《近思录》悟入。据本传，虽然陈淳很早就开始接触朱熹的著作，但真正与朱熹本人见面却是非常后面的事。陈淳从师朱熹，总计时间七月有余，凡二百一十七日，期间，录所闻约

---

❶ 李公晦即李方子，号果斋，南宋昭武（今属福建）人。嘉定七年（1214），廷对擢第三。历官泉州观察推官、国子录。后以"真德秀党"为由，被劾归。

六百条，无所不包，问答亦逾百。既然《近思录》是他早年学问悟入之书，他有所提问或特别留意，都是情理中事。当然，也可以解释为，恰恰是因为他的学问工夫是从《近思录》得力，所以，也许他会对《近思录》给予特别的推崇，从而所记朱熹之语有超乎黄榦平日所闻者。不过，统观陈淳所记，必须说，他的认真小心以及传神都给人留下深刻印象，比如，胡适就曾称赞说："陈淳两次的记录最小心，最用功，最能表现朱子说话的神气，是最可宝贵的史料。" ❶

既然误记的可能性不大，而黄榦说的朱熹教人以《四书》为先亦是事实，那么，这条材料又该如何加以解释呢？我们且来看朱熹更多有关《近思录》的言论。

《语类》卷一百五论《近思录》者共计 12 条，四子阶梯云云，仅陈淳所记一则，而同时谓《近思录》难看者则有数条之多 ❷。

---

❶ "《朱子语类》的历史"，见《朱子语类》（台北：正中书局，1970），卷首。

❷ 其一：或问《近思录》。曰："且熟看《大学》了，即读《语》《孟》。《近思录》又难看。"（叶贺孙录）（第七条，《语类》，第 2629 页）其二：《近思录》首卷难看。某所以与伯恭商量，教他做数语以载于后，正谓此也。若只读此，则道理孤单，如顿兵坚城之下；却不如《语》《孟》只是平铺说去，可以游心。（杨道夫录）（第八条，《语类》，第 2629 页）其三：问蕈卿（引者案：童伯羽）："《近思录》看得如何？"曰："所疑甚多"。曰："今猝乍看这文字，也是难。有时前面恁地说，后面又不是恁地。这里说得如此，那里又却不如此。仔细看来看去，却自中间有个路陌推寻。通得四五十条后，又却只是一个道理。……"（杨骧录）（第十条，《语类》，第 2630 页）以上三条，从录（闻）者叶贺孙（叶味道，初讳贺孙，以字行，更字知道。称西山先生，谥文修。温州人。嘉定十三年 [1220] 进士。录语录辛亥 [1191] 以后所闻，达三四百条。问答在百条以上。贺孙自辛亥始师朱熹，至朱熹死后方归。——据陈荣捷《朱子门人》"叶味道"条，第 279 页）、杨道夫（字仲思，杨骧从弟，建宁府浦城人。录语录己酉 [1189] 以后所闻，凡五六十条。问答亦百余处。讨论多端。——据陈荣捷《朱子门人》"杨道夫"条，第 272 页）、童伯羽（1144—1190，《语类》又作伯雨，字蕈卿，《语类》又作飞卿，称敬义先生，建宁府瓯宁县 [今福建建瓯县] 人。录语录绍熙元年庚戌 [1190] 所闻六七十条，多关《四书》。《语类》问答记载有五六十处，多关《论语》。——据陈荣捷《朱子门人》"童伯羽"条，第 247 页）、杨骧

显而易见，朱熹在将《近思录》与《四书》并论时，皆谓前者难（看）后者平（易）。❶无法想象，朱熹会以先难后易的原则推荐学者读书，而谓"先《近思》而后《四书》"。

如果再联系朱熹在《近思录序》中提到编《近思录》的目的就是要为后学阅读四子之书提供一个能起导引作用的语粹，那么，我们不难认定，陈淳所录"《近思录》，四子之阶梯"这句话中的"四子"不是指《四书》而是指周、张、二程四子❷，整句话的意思是说：《近思录》是周、张、二程之书的入门读物，而不是说读《四书》前先当读《近思录》。

（接上页）（字子昂，杨道夫族兄，杨骏从弟。录语录己酉［1189］甲寅［1194］所闻约四十条，半关《论语》所说。《语类》问答，只数则而已。《文集》无答书。——据陈荣捷《朱子门人》"杨骧"条，第275—276页）等的情况来看，最早不过于己酉（1189），也就是说，与陈淳所录属同一时期（皆当朱熹晚年，上距《近思录》成书十余年），故在思想上应该可以比较。

❶ 这种比较在同卷叶贺孙所记的另一条语录中表现得更加清楚：郑言：《近思录》中语甚有切身处。"曰："圣贤说得语言平，如《中庸》《大学》《论语》《孟子》，皆平易。《近思录》是近来人说话，便较切。"（叶贺孙录）（第六条，《语类》，第2629页）

❷ 朱熹在《近思录》题词中表示，他期望"穷乡晚进，志于学而无明师良友以先后之者"能通过此编入道之门，然后"求诸四君子之全书"。显然，在朱熹心目中，此编正相当于"四君子书"的入门读物，谓之"阶梯"可也。另一方面，朱熹一贯强调，《大学》是学者应当先行讲习之书，从来没有说过学者应当读《近思录》然后才读《大学》，《近思录》只是为学者不能遍览伊洛文字而设的方便法门："熹尝闻之师友，《大学》一篇乃入德之门户，学者当先讲习，知得为学次第规模，乃可读《语》《孟》《中庸》。先见义理根原体用之大略，然后徐考诸经以极其趣，庶几有得。盖诸经条制不同，工夫浩博，若不先读《大学》《论》《孟》《中庸》，令胸中开明自有主宰，未易可遽求也。……伊洛文字亦多，恐难遍览。只前此所槀《近思录》乃其要领。只此一书，尚恐理会未彻，不在多看也。……"（"与陈丞相别纸"，《文集》卷二十六，《朱子全书》第二十一册，第1180—1181页）《近思录》本为学者不能遍观诸先生之书，故掇其要切者，使有入道之渐。若已看得浃洽通晓，自当推类旁通，以致其博。若已看得未熟，只此数卷之书尚不能晓会，何暇尽求头边所载之书而悉观之乎？"（"答或人第十书"，《文集》卷六十四，《朱子全书》第二十三册，第3142页）

2.《近思录》与《诸儒鸣道》 **❶**

之所以要讨论这个问题，是因为晚近不断有学者对《近思录》能否全面反映宋代新儒学的真实面貌表示怀疑。

比如，从 20 世纪 80 年代以来，美国学者田浩就一直以《诸儒鸣道》为材料证明道学（新儒学）起初要宽于程朱哲学。他相信，《诸儒鸣道集》的编成要早于《近思录》，朱熹想通过《近思录》取代和纠正《诸儒鸣道》宽泛的道学（新儒学）观念。田浩认为，朱熹编撰《近思录》的最初目的，就是为研读他确认的北宋新儒家的哲学提供入门书。他提出，要理解朱熹在 12 世纪 70 年代关于新儒家谱系界限的观念，我们还应当关注他的《伊洛渊源录》，这本著作记载吕、胡两家的篇幅比周敦颐为多。因此，在 12 世纪 70 年代，朱熹的道统观念还不像他后来的（他的朋友吕祖谦逝世后）那么狭窄，他后来在论述道学谱系时则略去了他们。尤其是在失去吕祖谦这位学侣后，朱熹致力于提出一种更为狭窄的新儒学道统观，使自己直承北宋五子。田浩的结论是，把《近思录》视为道学（新儒学）或南宋初期所指的道学（新儒学）的基础，是有问题的。 **❷**

田浩的说法令人困惑：一方面他似乎认为《伊洛渊源录》比《近思录》更能代表朱熹在 12 世纪 70 年代关于道学（新儒学）谱

---

❶ 《诸儒鸣道》，又称《诸儒鸣道集》。现存宋刻本（上海图书馆藏）题为"诸儒鸣道"，而一些书目则多以"诸儒鸣道集"称之，如赵希弁《读书附志》、陈振孙《直斋书录解题》、《宋史·艺文志》等。现代研究者对其称呼并不统一，或用《诸儒鸣道》，如邱佳慧《〈诸儒鸣道〉与道学之再检讨》（中国文化大学博士论文，2005）；或用《诸儒鸣道集》，如陈来《略论〈诸儒鸣道集〉》（《北京大学学报》1986 年第 1 期），付云辉《〈诸儒鸣道集〉述评》（复旦大学博士论文，2007）。为简便起见，本书一般以《诸儒鸣道》称之，有时省为《鸣道集》。

❷ 田浩："评余英时的《朱熹的历史世界》"，《世界哲学》2004 年第 4 期，第 103—107 页。

系界限的观念，另一方面，他又说朱熹只是在 12 世纪 70 年代之后（尤其是吕祖谦死后）其道学（新儒学）观才变得愈发狭隘。如此说来，《近思录》既不能反映朱熹 12 世纪 70 年代的道学（新儒学）观，更不能反映朱熹 12 世纪 70 年代后日益变得狭隘的道学（新儒学）观，那么，《近思录》作为朱熹所编选的北宋道学（新儒学）入门书这一点又如何可能？

在我们看来，事情很好解释：如果说朱熹在《伊洛渊源录》及吕祖谦死后的有关言论中所呈现的道学（新儒学）观与《近思录》有很大不同，那是因为，《近思录》所代表的道学（新儒学）观本来就不是朱熹个人意见的完整与准确反映。田浩已经注意到《伊洛渊源录》与朱熹后来有关道学（新儒学）观念与《近思录》的不同，可惜，却囿于陈说，仍将《近思录》归为朱熹一人之见，从而未能将问题揭穿。

21 世纪初大陆与台湾两地各有一篇博士论文专门研究《诸儒鸣道》，它们分别是：邱佳慧的《〈诸儒鸣道〉与道学之再检讨》（中国文化大学博士论文，2005），付云辉的《〈诸儒鸣道集〉述评》（复旦大学博士论文，2007），二文不约而同地提出，应当根据《诸儒鸣道集》来修正受朱熹观点支配的狭隘的道学（新儒学）定义。耐人寻味的是，以上这些作者几乎都是史学出身，而他们所不满的恰是朱熹在构建道统时对以史学见长者的罢黜。如果说朱熹的做法在某种程度上是理学（哲学）对史学的傲慢，那么，这些受史学训练的作者所做的无疑是史学对理学（哲学）的一种反击。看来，不同论者的观点背后还有这种学科之争的驱动。

那么，《诸儒鸣道》是否更能反映道学（新儒学）当时的多元面貌？《诸儒鸣道》是否具有帮助我们修正朱熹通过《伊洛渊源录》《近思录》等书所建构的狭隘道学（新儒学）谱系的意义呢？以下我们就结合已有成果来对《诸儒鸣道》做仔细研究。

《宋史·艺文志》著录了《诸儒鸣道》，但从那里我们并不能获得多少关于它的编者以及确切编成年代的信息："《诸儒鸣道集》，七十二卷，濂溪、涑水、横渠等书。"（《宋史》卷二百○五）查更早的一些书目，亦无所获。赵希弁《读书附志》云："《诸儒鸣道集》，七十二卷，右集濂溪、涑水、横渠、二程、上蔡、龟山、横浦诸公议论著述也，于中有江民表《心性说》一卷，安正《忘筌集》十卷，崇安《圣传论》二卷。"陈振孙《直斋书录解题》谓："《诸儒鸣道集》七十二卷。不知何人所集，涑水、濂溪、明道、伊川、横渠、元城、上蔡、无垢以及江民表、刘子翚、潘子醇等十一家。"（卷九）

而今天所能见到的最早刻本——南宋端平二年（1235）绍兴知府黄壮猷修补本 ❶，亦无一言提及原编者与编成年代。因此，对于编者与编成年代，我们只能借助考证推测。

宋本《诸儒鸣道》总目如下："濂溪《通书》、涑水《迂书》、横渠《正蒙》八卷、横渠《经学理窟》五卷、横渠《语录》三卷、二程《语录》二十七卷、上蔡先生《语录》三卷、元城先生《语录》三卷、刘先生《谭录》一卷、刘先生《道护录》一卷、江民表《心性说》一卷、龟山《语录》四卷、安正《忘筌集》十卷、崇安《圣传论》二卷、横浦《日新》二卷。"

这里的元城先生、刘先生系指刘安世（1048—1125），学者称元城先生，司马光弟子，《宋史》卷三四五有传，《宋元学案》为立

---

❶ 此本现藏上海图书馆，框高 18.8 厘米，宽 13.9 厘米。半叶 12 行，行 21 字。白口，单鱼尾，左右双边。刻工有周彦、许中、毛昌、叶迁、洪新、陈明、王昌、李宪、李文、王永、文伯右、洪悦、文伯祥、陈仁、黄琼、李昌等。卷二、十一至十五、二十六至三十三系清人钞配。国家图书馆藏有清宋氏荣光楼影宋钞本一帙；1992 年山东友谊书社根据哈佛燕京图书馆提供的影印上图书馆藏本影印出版了一个两册本；2004年国家图书馆又根据馆藏出版了线装本（二函二十册）。

《元城学案》。江民表即江公望（生卒不详），神宗熙宁六年（1073）进士，《宋史》卷三四六有传，《宋元学案》以之入《元祐党案》。安正即潘殖，字子醇，生卒不详，大观中以乡荐上礼部，建炎中除官，《宋元学案补遗》卷四十三有传，列为刘（白水）、胡（籍溪）同调。崇安即刘子翚（1101—1147），字彦冲，号屏山，私淑程颐，《宋史》卷四三四有传，《宋元学案》列入《刘胡诸儒学案》。横浦即张九成（1092—1159），字子韶，号横浦居士，又号无垢居士，杨时门人，《宋史》卷三七四有传，《宋元学案》为立《横浦学案》。

据此，《诸儒鸣道》所收，计有十二家：周敦颐、司马光、张载、程颢、程颐、谢良佐、杨时、刘安世、江公望、潘殖、刘子翚、张九成，著作十五种：《通书》《迂书》《正蒙》《经学理窟》《横渠语录》《二程语录》《上蔡语录》《龟山语录》《元城语录》《谭录》《道护录》《心性说》《忘筌集》《圣传论》《日新》。

由于《诸儒鸣道》所收最后一家张九成卒于1159年，且所收录的上蔡《语录》与朱熹在宋高宗绍兴二十九年（1159）校定之《上蔡语录》本相同，所以，《诸儒鸣道》的编成年代，陈来断为1159年之后。❶陈来还根据此书所收周敦颐《通书》不取刊于宋孝宗淳熙六年（1179）的南康本，所收二程《语录》不取朱熹在宋孝宗乾道四年（1168）所编《二程遗书》本，而推测其编成当在此二书之前，即1168年之前，最晚不至迟于1179年。❷另外，他又举

❶ 陈来：《略论〈诸儒鸣道集〉》，原载《北京大学学报》1986年第1期，收入所著《中国近世思想史研究》，商务印书馆，2003，第13页。
❷ 陈来：《略论〈诸儒鸣道集〉》，第19页。陈文指出，《鸣道集》之《二程语录》与朱熹乾道四年（1168）定本《二程遗书》序次、篇目、内容大同而小异，据此，《鸣道集》本《语录》可能稍早于朱熹编定的《遗书》本或与之同时，但非出自《遗书》。近年，赵振通过详细比照后提出，前者很可能亦由朱熹所编，而且就是

出两条理由来说明此书不会太晚：第一，从其收书至张九成来看，如果编者是张氏传人，当为及门弟子，而不会是再传，因为如果是那样的话，一般都会收入他们直接的老师的著作。编者在辈分上既然为张九成及门弟子一辈，而朱熹在张九成死后第二年始正式受学于李侗，那么，他的学术活动要比朱熹更早一些。第二，据宋本卷首黄壮猷端平二年（1235）八月的题词："越有《诸儒鸣道集》最佳，年久板腐字漫"，则原板距离1235年时间已经不短，这也说明它成书较早。❶

陈来从义理入手的考证也得到顾廷龙有关版本考察的支持。端平二年黄壮猷是在原版基础上进行了修补，而并非另外重刻，所谓"命刊工剜蠹填梓，随订旧本，锓足其文，令整楷焉"，所以，这个刻本能够反映端平之前的原版的一些面貌。据顾廷龙鉴定，此刻"慎"字缺笔，"惇"字不避，刻工为孝宗时期浙江一带良工。❷也就是说，黄壮猷所得越板为孝宗时所雕。这说明，《诸儒鸣道》至少在孝宗时期（1162—1189）的浙江已有甚佳之刻本。

综合陈来、顾廷龙两人的考证成果，如果我们将《诸儒鸣道》的编刻年代定在孝宗乾道初年，亦即12世纪60年代中期，应该大致不差。从这个结论来看，《诸儒鸣道》与12世纪70年代初期编成的《近思录》时间非常接近，可以说是同一历史时期的作品。换言之，《诸儒鸣道》对《近思录》并不具有时间上的领先。

既然是同一历史时期出现的两部道学（新儒学）选本，那么，

（接上页）朱熹所编《遗书》的初稿。（见所著《〈诸儒鸣道集〉所收〈二程语录〉考述》,《河南师范大学学报》第33卷第1期，2006年1月，第141—144页）按，赵说与陈说并不冲突，更不构成对陈来有关《诸儒鸣道集》编成年代考证的异议。

❶ 陈来：《略论〈诸儒鸣道集〉》，第19—20页。

❷ 《诸儒鸣道》，山东友谊出版社，1992，书首顾廷龙"弁言"。

对它们的比较就应该集中在对选材标准的考量上。首先，我们不能简单地看哪一本选的人多就说哪一本选的标准更符合客观。如果是那样，后来黄宗羲的《宋元学案》就应该是最客观的了，因为它选的人最多，列的学案有上百。其次，我们要了解各自的选材标准之后才能决定是否有可比性。如果选材是随意的甚至自相矛盾的，那么，就根本谈不上什么客观了。应当说，《诸儒鸣道》的去取原则并不是十分清楚，让人一眼就可以看出，陈振孙《直斋书录解题》即说："其去取不可晓。"（卷九）仔细分析，其中还是有一些原则可以找出，正如陈来所观察，《鸣道集》所收，皆二程师友门人和再传弟子及私淑者，因此，他认为，《鸣道集》的取舍原则基本上是以程学为主干。❶

《鸣道集》的编者，似乎从一开始就不为人知晓，这有两种可能。一种可能是编者本来就没有打算署名，这也就意味着他不打算对这部书负责。然而，我们从书的内容看不出有什么犯禁之处，因此，不太可能是出于避祸的原因不署名。如果编者是有名的人，不署名，通常可以理解为，那是考虑到所编的东西没有太大意义，不值得署名，或担心署名会令自己声誉受损。而并不出名的人不署名，则更容易理解：因为本来就不是什么有名的人，署不署名，都没有什么关系。另一种可能是编者之名在不到一百年的流传过程中佚失了❷。然而，如果编者是非常有名的人，这种情况几乎不太可能发生。综言之，无论出于哪种情况，编者在当时都不太可能是什么显赫的人物。就此而论，《鸣道集》是当时学界一个无名之辈所

---

❶ 陈来：《略论〈诸儒鸣道集〉》，第20—21页。

❷ 端平二年（1235）黄壮猷修补本已无片言只字提及原编者情况，而作为时代最接近的书目，《读书附志》（1249）就已经说"不知何人所集"。假定其书在1165年左右初版，当时是有编者姓名的，那么，在它问世七八十年后，编者的信息就已经湮没无闻了。

纂的道学（新儒学）丛书。❶也许正因为编者之无名，这部书在当时影响很小。如果我们对其编成年代的推测无误，那么，在它问世的 12 世纪 60 年代中期，知者寥寥，以至于当时的大书目家晁公武（约 1105—1180）去世前都没有将它写进自己的《郡斋读书志》。也就是说，12 世纪 80 年代以前，《诸儒鸣道集》还不为晁公武这样博洽的大书目家所知。及至 13 世纪中叶，一些重要的书目虽然收录了它，但对它的介绍都似乎漫不经心，以致都出现了遗漏。❷这从一个方面也说明，它在当时并不为人所重。

《鸣道集》编者与朱熹同时，他一定知道朱熹，因为他在书中用了朱熹编的两个本子，而朱熹则对他编的这部书却一无所知，因为朱熹的文集与语录找不到其任何有关《鸣道集》的信息，如果朱熹知道有这样一部书，以他的个性，他不可能对这样一部在他看来一定是不伦不类编排道统的书不做任何评论。

以朱熹当时在学界的名望，无论是敌是友，《鸣道集》编者纂集这样一部书，都没有理由刻意不让朱熹知道。对此，似乎只能做这样的解释，那就是这个编者在编这样一部书时并没有把它当作一件多么严肃的事来做，更没有想着系统地整理新儒学谱系。陈来曾推测，私淑刘子翚、卒于 1162 年、绍兴末曾为秘书省正字入浙的

---

❶ 祝尚书联系宋季科举考试理学化的背景认为，《诸儒鸣道集》当是科场用书，详所著"宋代科举与理学"，收在《宋代科举与文学考论》（大象出版社，2006），第 258—259 页。说亦可参。

❷ 赵希弁《读书附志》成书于宋理宗淳祐九年（1249），陈振孙（约 1183—1262）倾二十年之力编就《直斋书录解题》，书成之时亦入晚境。故称二书皆当 13 世纪中叶。细绎《附志》与《解题》之说，关于总卷数，二书无异词；关于诸书卷数，二书皆未尽录，《附志》仅提到三书，而《解题》无一言及之；关于所选人物，二书则有所出入：《解题》称十一家，《附志》所列亦为十一家，然《附志》无《解题》所云之元城，《解题》无《附志》所云之龟山。对照端平三年黄壮猷修补本总目可知，《附志》与《解题》所列皆有遗漏，两者合之始成完璧。

胡宪（籍溪）有可能为《诸儒鸣道集》编者，因为符合他所分析的编者特征：1. 与朱熹同时而学术活动要早于朱熹；2. 为刘子翚或张九成之学侣或门人；3. 与浙江有一定渊源，或是浙江学者，或曾在浙江为官。❶然而，如果真是胡宪的话，与他关系密切之如朱熹，怎么可能会不知道他编了这样一部书呢？

　　总之，无论是编排的水平还是日后实际影响，《诸儒鸣道》跟《近思录》都不可同日而语。❷指望前者可以带给我们一部更真实全面的道学（新儒学）文本，不能不说失之于盲目乐观。在目前的情况下，《近思录》依然是我们了解宋代新儒学义理的核心文本。

---

❶ 陈来：《略论〈诸儒鸣道集〉》，第 20 页注 1。
❷ 有关《诸儒鸣道集》的详细研究，可参田智忠的专著《诸儒鸣道集研究》（中国社会科学出版社，2012）。

参考文献

一、古籍

毕沅著《续资治通鉴》，北京：中华书局，1957

陈淳著《北溪字义》，北京：中华书局，1983

陈傅良著《止斋文集》，文渊阁四库全书本

陈亮著《陈亮集》，北京：中华书局，1974

陈耆卿著《嘉定赤城志》，文渊阁四库全书本

程颢、程颐著《二程集》，北京：中华书局，2004

范晔著《后汉书》，北京：中华书局，1965

黄宗羲著《明儒学案》，北京：中华书局，1985

黄宗羲、黄百家、全祖望著《宋元学案》，北京：中华书局，1986

江永著《近思录集注》，文渊阁四库全书本

李焘著《续资治通鉴长编》，北京：中华书局，1979

李心传著《建炎以来系年要录》，北京：中华书局，1988

——《建炎以来朝野杂记》，北京：中华书局，2000

刘宰著《漫塘集》，文渊阁四库全书本

楼钥著《攻媿集》，文渊阁四库全书本

理雅各英译、杨伯峻今译《汉英对照四书》，长沙：湖南出版社，1996

茅星来著《近思录集注》，文渊阁四库全书本

阮元校刻《十三经注疏》，北京：中华书局，1980

苏兴著《春秋繁露义证》，北京：中华书局，1992

脱脱主编《宋史》，北京：中华书局，1976

王弼注、孔颖达疏《周易正义》，北京：中华书局，1980

王夫之著《船山全书》，长沙：岳麓书社，1998

王阳明著《王阳明全集》，上海：上海古籍出版社，1992

谢良佐著《上蔡语录》，文渊阁四库全书本

徐松著《宋会要辑稿》，北京：中华书局，1957

杨时著《龟山集》，文渊阁四库全书本

叶采注《近思录》，文渊阁四库全书本

叶采集解、程水龙校注《近思录集解》，北京：中华书局，2017

叶适著《叶适集》，北京：中华书局，1961

——《习学记言》，文渊阁四库全书本

——《习学记言序目》，北京：中华书局，1977

殷翔、郭全芝著《嵇康集注》，合肥：黄山书社，1986

张伯行著《近思录集解》，台北：台湾商务印书馆，"丛书集成新编"第
　　22 册

张载著《张载集》，北京：中华书局，1978

郑玄注、孔颖达疏《礼记正义》，北京：中华书局，1980

周必大著《文忠集》，文渊阁四库全书本

周行己著《浮沚集》，文渊阁四库全书本

周敦颐著《周敦颐集》，北京：中华书局，2009

朱熹著《四书章句集注》，北京：中华书局，1981

——《朱子语类》，北京：中华书局，1986

——《朱子全书》，上海：上海古籍出版社；合肥：安徽教育出版社，2002

二、今人论著

（一）中日文

［美］艾尔曼（Benjamin Elman）2010：《经学·科举·文化史：艾尔曼自选集》，北京：中华书局

［美］包弼德（Peter K. Bol）2010：《历史上的理学》，杭州：浙江大学出版社

陈来 2000：《朱子哲学研究》，上海：华东师范大学出版社

——2004：《宋明理学》（第 2 版），上海：华东师范大学出版社

——2004：《诠释与重建——王船山的哲学精神》，北京：北京大学出版社

——2010：《中国近世思想史研究（增订版）》，北京：生活·读书·新知三联书店

——2015：《从思想世界到历史世界》，北京：北京大学出版社

陈荣捷 1982：《朱学论集》，台北：台湾学生书局

——1988：《朱子新探索》，台北：台湾学生书局

——1992：《近思录详注集评》，台北：台湾学生书局

程水龙 2008：《〈近思录〉版本与传播研究》，上海：上海古籍出版社

——2012：《〈近思录〉集校集注集评》，上海：上海古籍出版社

杜保瑞 2004："从朱熹鬼神观谈三教辨正问题的儒学理论建构"，《东吴哲学学报》第 10 期

杜正胜 1991："形体、精气与魂魄——中国传统对'人'认识的形成"，《新史学》，2：3

方旭东 2009："应举与修身——道学的身心治疗之术"，载吴震主编：《宋代新儒学的精神世界——以朱子学为中心》，上海：华东师范大学出版社

——2012：《绘事后素——经典解释与哲学研究》，北京：北京大学出版社

——2015：《原性命之理》，上海：华东师范大学出版社

——2016：《理学九帖——以朱子学为圆心的研究》，北京：商务印书馆

冯友兰 2001：《新理学》，《三松堂全集》卷四，开封：河南人民出版社

［日］冈元司 2000："南宋温州士大夫的相互关系"，《古典文献与文化论丛》，北京：中华书局

——1998："南宋科挙の試官をあぐる地域性——浙東出身者の位置を中心に一"，《宋代社会のネットワーク》，東京：汲古書院

郭齐勇 2004：《儒家伦理争鸣集——以父子互隐为中心》，武汉：湖北教育出版社

何俊 2004：《南宋儒学建构》，上海：上海人民出版社

何忠礼 1992：《宋史选举志补正》，杭州：浙江古籍出版社

——2006：《科举与宋代社会》，北京：商务印书馆

［美］贾志扬（John Chaffee）1995：《宋代科举研究》，台北：三民书局

姜广辉 1993："理学气灵论的鬼神观"，《孔孟月刊》，31：8，第 25—33 页

——2010：《义理与考据》，北京：中华书局

蒋伟胜 2006：《习学成德：叶适的外王内圣之道》，复旦大学博士论文

——2009：《叶适的习学之道》，北京：中国社会科学出版社

［日］近藤一成 2010：《宋元史学的基本问题》，北京：中华书局

［美］李弘祺 1993：《宋代官学教育与科举》，台北：联经出版事业公司

梁庚尧 2017：《宋代科举社会》，上海：东方出版中心

鲁迅 2005："弟兄"，《鲁迅全集》第 2 卷，北京：人民文学出版社

苗书梅 1996：《宋代官员选任与管理制度》，开封：河南大学出版社

牟宗三 1999：《心体与性体》，上海：上海古籍出版社

［韩］裴淑姬 2000：论宋代科举解额的实施与地区分配，《浙江学刊》2000年第 3 期

蒲慕洲 1993：《墓葬与生死——中国古代宗教之省思》，台北：联经出版事业公司

钱穆 1998：《朱子新学案》，《钱宾四先生全集》11—15，台北：联经出版事业公司

——1998：《灵魂与心》，《钱宾四先生全集》46，台北：联经出版事业公司

饶宗颐 2000："说营魄和魂魄二元观念及汉初之宇宙生成论"，《中国宗教

思想史新页》，北京：北京大学出版社，第44—51页

［日］山井湧 2010：“朱子哲学中的太极”，吴震、吾妻重二主编《思想与文献——日本学者宋明儒学研究》，上海：华东师范大学出版社，第66—83页

商务印书馆编辑部 1988：《辞源》，北京：商务印书馆

沈尚武 2008：《叶适儒学思想研究：德与利统一的哲学试探》，华东师范大学博士论文

［日］市来津由彦 2002：《朱熹门人集团形成の研究》，东京：创文社

束景南 1992：《朱子大传》，福州：福建教育出版社

——2014：《朱熹年谱长编》，上海：华东师范大学出版社

——2017：《王阳明年谱长编》，上海：上海古籍出版社

苏费翔 2012：“《近思录》《四子》之阶梯——陈淳与黄榦争论读书次序”，陈来主编：《哲学与时代——朱子学国际学术研讨会论文集》，上海：华东师范大学出版社

孙金波 2004：《叶适事功思想研究》，南京大学博士论文

［美］田浩（Hoyt Tillman）1993：《功利主义儒家：陈亮对朱熹的挑战》，南京：江苏人民出版社

——2001：“朱熹的鬼神观与道统观”，载朱杰人编《迈向21世纪的朱子学——纪念朱熹诞辰870周年逝世800周年论文集》，上海：华东师范大学出版社

——2009：《朱熹的思维世界》，南京：凤凰出版集团

田智忠 2012：《〈诸儒鸣道集〉研究——兼对前朱子时代道学发展的考察》，北京：中国社会科学出版社

［日］土田健次郎 2010：《道学之形成》，上海：上海古籍出版社

王汎森 2015：《权力的毛细管作用：清代的思想、学术与心态》，北京：北京大学出版社

王祥龄 1992：“儒家的祭祀礼仪理论”，《孔孟学报》63，第61—97页

王宇 2007：《永嘉学派与温州区域文化》，北京：社会科学文献出版社

王云海 2008：《宋会要辑稿考校》，开封：河南大学出版社

［日］吾妻重二 2004："朱子の鬼神论と气の论理"，《朱子学の新研究》，东京：创文社

——2017：《朱子学的新研究——近世士大夫思想的展开》，北京：商务印书馆

吴展良 2001："朱熹之鬼神论述义"，东亚近世儒学中的经典解释传统第七次会议论文，广州：中山大学

徐向东 2007：《美德伦理与道德要求》，南京：江苏人民出版社

［古希腊］亚里士多德 1959：《形而上学》，北京：商务印书馆

杨念群 2001：《空间·记忆·社会转型："新社会史"研究论文精选》，上海：上海人民出版社

杨柱才 2011：朱子《太极解义》研究，《哲学门》第 24 辑，北京：北京大学出版社

余英时 2004：《朱熹的历史世界》，北京：生活·读书·新知三联书店

——2005：《东汉生死观》，上海：上海古籍出版社

——2006：《宋明理学与政治文化》，桂林：广西师范大学出版社

张岱年 1996：《张岱年全集》，石家庄：河北人民出版社

张京华 2010：《近思录集释》，长沙：岳麓书社

张义德 1994：《叶适评传》，南京：南京大学出版社

——2000：《叶适与永嘉学派论集》，北京：光明日报出版社

周梦江 1996：《叶适年谱》，杭州：浙江古籍出版社

——2005：《叶适与永嘉学派》（第 2 版），杭州：浙江古籍出版社

周梦江、陈凡男 2008：《叶适研究》，北京：人民出版社

朱高正 2010：《近思录通解》，上海：华东师范大学出版社

朱荣贵 2003："钱穆论儒家之鬼神观与祭祀论：一位彻底理性主义者的诠释"，《钱宾四先生百龄纪念会学术论文集》，香港中文大学新亚书院，第 261—276 页

祝尚书 2006：《宋代科举与文学考论》，郑州：大象出版社

（二）英文

Kidder Smith 1990. *Sung Dynasty Uses of the I Ching*, New Jersey: Princeton University Press.

Joseph A. Adler 2003. "Varieties of Spiritual Experience: Shen in Neo-Confucian Discourse, " in Tu Weiming and Mary Evelyn Tucker ed., *Confucian Spirituality*, Vol.2, New York: The Crossroad Publishing Company, pp. 120—148.

Bernard Williams 1981. *Moral Luck*, Cambridge: Cambridge University Press.

Daniel Gardner 1995. "Ghosts and Spirits in the Sung Neo-Confucian World: Chu Hsi on Kuei-shen, " *Journal of the American Oriental Society* 115: 4.

Deborah Sommer 2003. "Ritual and Sacrifice in Early Confucianism: Contacts with the Spirit World, " in Tu Weiming and Mary Evelyn Tucker ed., *Confucian Spirituality*, Vol.1, New York: The Crossroad Publishing Company, pp. 172—219.

Graham, A.C. 1992. *Two Chinese Philosophers: The Metaphysics of the Brothers Ch'eng*. Lasalle, Illinois: Open Court.

Hall, David L. & Aimes, Roger T 1987. *Thinking through Confucius*. Albany: State University of New York Press.

Julia Ching 2000. *The Religious Thought of Chu Hsi*, Oxford: Oxford University Press.

Yong Sik Kim 1985. "Kuei-shen in terms of Ch'I: Chu Hsi's Discussion of Kuei-shen, " *Tsing Hua Journal of Chinese Studies* 17.

Wing Tist, Chan 1969. *A Source Book in Chinese Philosophy*, New Jersey: Princeton University Press.

—— 1967. *Reflections on Things at Hand*, New York and London: Columbia University Press.

Wittgenstein, Ludwig 1953. *Philosophical Investigations*, Trans. G.E.M.Anscombe. Oxford: Blackwell.

综合索引

直觉 183, 199, 274

至命 2, 9-11, 103-106, 120-126, 142, 143

致知 3, 4, 10, 11, 103, 105, 107, 109, 110, 112, 113, 116, 119, 129, 137, 143, 144, 147, 148, 152, 161-163, 165, 169-175, 178, 179, 181, 183, 254, 300, 302-304

中医 194, 195, 201, 229

《中庸》2, 3, 6, 11, 12, 55, 57, 69, 81, 83, 84, 86, 129-133, 137, 143, 145, 146, 148, 161-163, 166, 170-172, 186, 261, 303, 330

《中庸章句》55-57, 69, 71, 73, 75, 146

周必大 290, 291, 340

周敦颐（周子，濂溪）3, 21, 22, 83, 304, 317, 318, 331, 334, 340

周梦江 288, 290, 315, 344

周坦 286

朱子（朱熹）4-5, 6, 14, 18, 21-24, 26-37, 40, 43, 63, 75, 82, 86, 90, 91, 95, 102, 111, 150, 186, 192, 206, 217, 233, 242, 275, 282, 286, 292-294, 298-300, 302-307, 309-312, 316, 317, 319, 321, 323, 324, 326, 327, 329, 330, 341-344

《朱子全书》21-23, 26-31, 43, 63, 75, 82, 86, 89, 91, 95, 111, 150, 206, 217, 233, 275, 282, 286, 292-294, 298, 306, 307, 309-311, 316, 317, 319, 323, 324, 326, 330, 340

《朱子语类》（《语类》）5, 6, 14, 18, 23, 31, 35, 37, 40, 192, 242, 298, 299, 329, 340

《诸儒鸣道集》（《诸儒鸣道》,《鸣道集》）5, 18, 326, 331-333, 335, 337, 338

主观 154, 166, 178, 181, 292

主观能动性 178, 181

主客之分 154

主体 3, 23, 74, 92, 154, 156-158, 167, 178, 181, 185, 186, 190, 197

庄子 136, 298

子产 41, 42

子思 198

自暴 252, 253

自诚明 11, 128-133

自发 70, 140

自觉 5, 6, 30, 35, 38, 54, 85, 103, 163, 198

自明诚 11, 128-132

自弃 194, 252, 253

自然界 112, 156

自然主义 4, 215, 219, 226, 229, 230

自私主义 196

自我 64, 101, 112, 133, 135, 154, 157, 175, 176, 186, 191, 194, 196, 197, 207, 210, 225, 260, 280, 284

自愿 163

自由 210, 357

宗教观 33, 34

最大值 277

佐藤一斋 220, 221, 319

后　记

　　写这个后记时，刚刚进入八月，还在中伏，一年中最热的几十天才走到一半。每天照例出去走路，穿过几个街区，经过一片绿地，树还没有长高，尚不足以遮日，蝉一如既往地鸣嘶。然而，地上隔不多远就出现的蝉的尸骸，引起了我的注意，它们该不会是热死的吧？回来百度，才知道，夏天是蝉出没的季节，但完成交配后一周之内就会死去。原来如此。不禁想起以前读过的法布尔的名篇《蝉》，结尾那段话，今天重温，依然还是那么感人："四年黑暗中的苦工，一个月阳光下的享乐，这就是蝉的生活。我们不应当讨厌它那喧嚣的歌声，因为它掘土四年，现在才能够穿起漂亮的衣服，长起可与飞鸟匹敌的翅膀，沐浴在温暖的阳光中。什么样的钹声能响亮到足以歌颂它那得来不易的刹那欢愉呢？"

　　而在中国古代文人的笔下，除了悲壮，蝉还多了一分高洁。骆宾王的《在狱咏蝉并序》，昔人以为"以蝉自喻，语意沉至"。"露重飞难进，风多响易沉"两句，识者谓"患难人语"，其中饱含了失路者多少酸辛。斯人而有斯疾，写出这样文字的骆宾王，据说天生一副侠骨，专喜欢管闲事，打抱不平、杀人报仇、革命，帮痴心女子打负心汉，最后落得个遭诬下狱的结局，几乎是必然的。

不过，时年四十的骆宾王似乎并不认命，"不堪玄鬓影，来对白头吟"，有几许不甘，有几许愤激。

这世上，有多少昆虫在黑暗中劳作，却只有蝉"一鸣惊人"，可见鸣放还是好过沉默。有多少人身陷囹圄、含冤负屈，却湮没无闻，而骆宾王凭着自己的诗句名垂千古，可见有才会写还是好过不通文墨。也许，从终极的观点看，最后都是"尘归尘，土归土"，所谓一死而销尽无余。然而，我辈凡人，如果不想做"沉默的大多数"，除了写作，还有多少路可投？

少年时，我也曾写诗作文，但最终没有成为一名诗人。读研后，走上学术之路，成了人们眼中的一名学者。二十年来，我所做的主要工作就是教书、读书、写作。我的写作，大半是在无人的夜间，在黑暗中，点着自己的一盏孤灯，手指不停地敲敲打打。那样子，像一个矿工，又像法布尔笔下的蝉。

当然，这仅仅是一个比喻。与矿工不同，与蝉更不同，作为一个写作者，我要操心的不仅仅是生产，还包括出售。只有成功地实现了交换，我的劳动才告完成。在这点上，我跟一个做鞋的或做陶的手艺人没什么区别。然而，就像传统手艺人，在今天受到大机器生产的挤压，而变得越来越边缘化；今天的写作者也越来越多地受到项目化写作的驱赶，而越来越失去自由空间。有人说，这是一个加工的时代，是一个定制的时代。艺术家、学者变得越来越像艺术工、学术工，主题是别人为你制定的，结论早就写在那里，你要做的就是"上色""码字"。产品越来越多，也变得越来越无趣，或者说，越来越"有趣"了。

如果我的职业生涯当中遇到的只有这些，那也许我早就改行了吧。所幸并非如此。我留下来，是因为我发现，在我做的这个工作当中，还是有一些愉快，有一些智力挑战的存在。如果我愿意，还是可以把这件事做得有趣。当然，我津津有味、孜孜以求的东西，在外界看来也许只是"蜗牛角上争何事？"然而，真正的学术写作本来就不是为大多数人的，毕竟不是在做娱乐秀，也不是在推销成功学。归根到底，学术有自己的尊严，学者有自己的人群。

在我看来，"三联·哈佛燕京学术丛书"聚集的就是这样的人群。当我还是研究生的时候，我看到我的两位老师的著作就出现在丛书最初几辑里。从那以后，跻身其中，就成了我的一个夙愿。现在，这一天终于到来，虽然有些曲折，有些漫长，但我深知，并不是所有的努力都有结果，也不是所有的等待都值得。

出版后记

当前，在海内外华人学者当中，一个呼声正在兴起——它在诉说中华文明的光辉历程，它在争辩中国学术文化的独立地位，它在呼喊中国优秀知识传统的复兴与鼎盛，它在日益清晰而明确地向人类表明：我们不但要自立于世界民族之林，把中国建设成为经济大国和科技大国，我们还要群策群力，力争使中国在 21 世纪变成真正的文明大国、思想大国和学术大国。

在这种令人鼓舞的气氛中，三联书店荣幸地得到海内外关心中国学术文化的朋友们的帮助，编辑出版这套"三联·哈佛燕京学术丛书"，以为华人学者们上述强劲吁求的一种记录，一个回应。

北京大学和中国社会科学院的一些著名专家、教授应本店之邀，组成学术委员会。学术委员会完全独立地运作，负责审定书稿，并指导本店编辑部进行必要的工作。每一本专著书尾，均刊印推荐此书的专家评语。此种学术质量责任制度，将尽可能保证本丛书的学术品格。对于以季羡林教授为首的本丛书学术委员会的辛勤工作和高度责任心，我们深为钦佩并表谢意。

推动中国学术进步，促进国内学术自由，鼓励学界进取探索，是为三联书店之一贯宗旨。希望在中国日益开放、进步、繁盛的氛围中，在海内外学术机构、热心人士、学界先进的支持帮助下，更多地出版学术和文化精品！

生活·读书·新知三联书店

一九九七年五月